城市轨道交通车站设备

第 2 版

主　编　邵震球　杜　放
副主编　刘光辉　杨　勤
参　编　许　锋　柳艳芹　徐　彪　孙晋敏

机械工业出版社

本书结合城市轨道交通车站设备运营的实际情况,按照职业岗位工作的需要并围绕车站的主要设备系统展开编写,内容包括:城市轨道交通概况、城市轨道交通车站售检票系统、城市轨道交通电梯与站台门、城市轨道交通车站火灾防护系统、城市轨道交通车站通风与空调系统、城市轨道交通给排水与环控设备监控系统、城市轨道交通通信与信号系统。

本书是新形态教材,倡导学生"做中学、学中练",在每个单元后以二维码形式嵌入城市轨道交通车站各设备的实训操作视频并配有实训操作工单,各单元后还有单元练习,方便学生巩固提高。

本书可作为职业院校城市轨道交通类专业的教材,也可作为各城市轨道交通企业的岗位培训教材。

为方便教学,本书配有电子课件、习题答案,凡选用本书作为授课教材的教师均可登录 www.cmpedu.com,以教师身份进行注册后免费下载,或来电咨询:010-88379756。

图书在版编目(CIP)数据

城市轨道交通车站设备 / 邵震球,杜放主编.
2版. -- 北京 : 机械工业出版社,2024.11. -- ISBN 978-7-111-76531-8

I. U239.5

中国国家版本馆CIP数据核字第2024J796A2号

机械工业出版社(北京市百万庄大街22号 邮政编码100037)
策划编辑:谢熠萌 责任编辑:谢熠萌
责任校对:梁 园 梁 静 封面设计:张 静
责任印制:常天培
北京铭成印刷有限公司印刷
2024年11月第2版第1次印刷
184mm×260mm・13.5印张・334千字
标准书号:ISBN 978-7-111-76531-8
定价:43.00元

电话服务 网络服务
客服电话:010-88361066 机 工 官 网:www.cmpbook.com
　　　　　010-88379833 机 工 官 博:weibo.com/cmp1952
　　　　　010-68326294 金 书 网:www.golden-book.com
封底无防伪标均为盗版 机工教育服务网:www.cmpedu.com

前　言

　　城市轨道交通以安全、迅速、容量大、能耗低、污染小等优点越来越受到人们的青睐，是现代化城市中的"绿色交通"。随着经济发展和城市化进程的加快，我国的城市轨道交通发展正经历一个前所未有的蓬勃发展期，我国已经成为世界上最大的城市轨道交通建设市场。据统计，截至2023年底，我国城市轨道交通运营总里程超过1万km，开通运营城市轨道交通的城市已有50多个。预计2035年，我国城市轨道交通运营总里程将超3万km，众多城市进入城市轨道交通时代。

　　本书结合城市轨道交通车站设备运营的实际情况，按照职业岗位需要并围绕车站的主要设备系统展开编写，内容包括：城市轨道交通概况、城市轨道交通车站售检票系统、城市轨道交通电梯与站台门、城市轨道交通车站火灾防护系统、城市轨道交通车站通风与空调系统、城市轨道交通给排水与环控设备监控系统、城市轨道交通通信与信号系统。本书落实立德树人根本任务，在教学内容和工作任务中有机融入城市轨道交通相关岗位职业精神、安全意识、职业道德等元素，旨在增强学生的职业自信，培养精益求精的工匠精神。本书突出以学生为中心，以单元教学与课题引领为特点，图文并茂，注重理论联系实际，重点体现车站设备的实操技能，适度拓展车站设备维护知识。

　　本书是新形态教材，倡导学生"做中学、学中练"，在每个单元后以二维码形式嵌入城市轨道交通车站各设备的实训操作视频，并配有实训操作工单，各单元后还有单元练习，方便学生巩固提高。

　　本书由邵震球、杜放任主编，刘光辉、杨勤任副主编，许锋、柳艳芹、徐彪、孙晋敏参与编写。本书在编写过程中，得到了宁波轨道交通集团有限公司运营分公司和浙江海宁轨道交通运营管理有限公司的领导与各部门工程师以及其他各省市地铁公司的鼎力相助，并提供了相关资料和宝贵意见；同时，得到了宁波市职成教教研室与宁波市职业技术教育中心学校领导、轨道交通专业教研大组教师们的支持，在此表示衷心感谢。

鉴于编写人员学术水平和实践经验的局限性，书中错误和不足之处在所难免，期待广大读者和同行朋友多提宝贵意见。

编　者

目 录

前言

单元一　城市轨道交通概况 ········· 1
课题一　城市轨道交通概述 ········· 1
课题二　城市轨道交通发展及车站配置 ········· 4
实训操作及评价 ········· 11
单元练习 ········· 15

城市轨道交通车站设备

单元二　城市轨道交通车站售检票系统 ········· 17
课题一　自动售检票（AFC）系统配置 ········· 17
课题二　城市轨道交通车票知识 ········· 21
课题三　TVM 操作及简单故障处理 ········· 25
课题四　闸机（AGM）操作及简单故障处理 ········· 33
课题五　半自动售票机（BOM）操作及简单故障
　　　　处理 ········· 39
实训操作及评价 ········· 45
单元练习 ········· 49

车站售检票系统

单元三　城市轨道交通电梯与站台门 ········· 52
课题一　电梯的构造 ········· 52
课题二　电梯安全操作及应急处置 ········· 56
课题三　站台门系统 ········· 61
实训操作及评价 ········· 71
单元练习 ········· 80

电梯

单元四　城市轨道交通车站火灾防护系统 ········· 84
课题一　城市轨道交通车站火灾自动报警系统 ········· 84
课题二　城市轨道交通车站气体灭火系统 ········· 93
实训操作及评价 ········· 102
单元练习 ········· 107

火灾自动报警系统（FAS）

v

单元五　城市轨道交通车站通风与空调系统 ·················· 111
　课题一　城市轨道交通车站通风与空调系统概述······ 111
　课题二　城市轨道交通车站通风与空调系统实务······ 120
　实训操作及评价 ·· 127
　单元练习 ··· 133

单元六　城市轨道交通给排水与环控设备监控系统 ·················· 136
　课题一　城市轨道交通给排水系统 ····················· 136
　课题二　城市轨道交通环境与设备监控系统 ········ 152
　实训操作及评价 ·· 163
　单元练习 ··· 170

单元七　城市轨道交通通信与信号系统 ······· 173
　课题一　城市轨道交通通信系统 ························ 173
　课题二　城市轨道交通信号系统 ························ 186
　实训操作及评价 ·· 202
　单元练习 ··· 205

参考文献 ·· 210

车站通风与空调系统

车站消火栓系统主要设备和工作原理

通信系统

信号系统

单元一

城市轨道交通概况

单元导入

"城市轨道交通车站设备"是城市轨道交通类专业的基础课程,内容涵盖城市轨道交通的规划设计、工程施工、车站设备、通信信号、运营管理等内容,是典型的工科课程,要想学好此课程,应注重专业知识和实践技能相结合。

课题一　城市轨道交通概述

【课题目标】

1)能识别不同城市轨道交通标志。
2)了解城市轨道交通建设与发展。

【课题内容】

一、城市轨道交通概况

随着我国经济发展和城市化进程的加快,目前我国的城市轨道交通发展正经历一个前所未有的蓬勃发展期,我国已经成为世界上最大的城市轨道交通建设市场。据统计,截至 2023 年底,我国城市轨道交通运营总里程超过 1 万 km,开通运营城市轨道交通的城市已达 50 多个。预计 2035 年,中国城市轨道交通运营总里程将超 3 万 km。

未来城市交通发展的目标是建立高效、舒适、安全、环保的现代化综合交通运输系统,通过发展城市轨道交通,构筑以城市轨道交通为骨干、常规公交为基础、出租车为辅助的多种客运交通方式相结合的公共交通体系。

以宁波市为例,宁波城市轨道交通网络规划以主城区为核心,以跨三江(姚江、甬江、奉化江)、连三片(三江片、镇海片、北仑片)、沿三轴(商业轴、水轴、公建轴)

为指导思想构成骨架。到 2025 年，宁波将形成 8 条线路，运营总里程 278.7km 的城市轨道交通放射状网络；到 2035 年，宁波市城市轨道交通线网将由 10 条线组成，总规模413.3km。未来宁波市总体的轨道交通线网将从市区延伸到周边县城，呈现"一环、两快、七射"的布局结构，如图 1-1 所示。

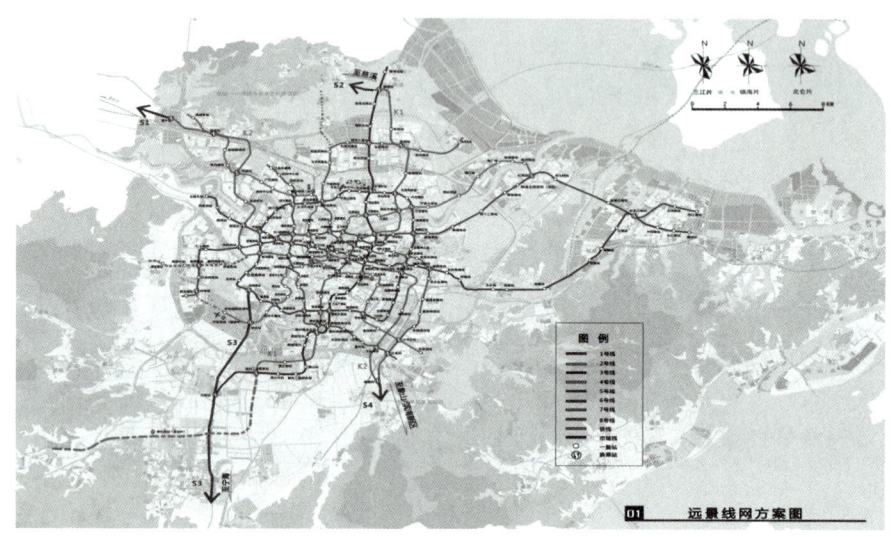

图 1-1　宁波市城市轨道交通第三期建设规划

二、城市轨道交通（地铁）标志

1. 北京地铁

北京地铁标志如图 1-2 所示，标志的外形采用圆形，以字母"G"构成，示意地铁隧道，中间是字母"D"，D 的内心有字母"B"，3 个字母构成"北京高速电车"的缩写。本设计符合目前世界各国地铁标志设计中简练、含义准确和几何化的趋向，具有现代感，并能经受时间的考验。本标志放大后不会空洞，缩小后不会含混不清，做徽章、纽扣、帽徽皆适宜。

2. 上海地铁

上海地铁标志如图 1-3 所示，其圆形的标徽由英文字母"S"和"M"组成（外面的大圈是 S，里面的是 M），其中 S 代表上海（即汉语拼音 ShangHai），M 表示地铁，圆弧状形似地铁的圆形隧道；M 又像在隧道内相向行驶的两辆地铁列车，M 包含在 S 中间寓意着地铁四通八达，贴近市民生活。该图案抽象简练，寓意深远。

3. 沈阳地铁

沈阳地铁标志如图 1-4 所示，此标志采用中国的"中"字及英文沈阳地铁的开头字母"S"以及"M"进行变形设计，其中 M 的变形是国内地铁交通系统普遍使用的半圆弧线加竖线的形式。该标志有 2 个倒扣的 M 变形，形成沈阳的开头字母 S 形，代表中国沈阳地铁。此标志代表了沈阳的现代化交通体系，外圈的圆形代表的是环城交通体系，中间的横线是金廊，而中间的上下贯穿的竖线代表的是沈阳地铁交通工程，连接构成了沈阳的现代化立体交通体系。该标志 2 个倒扣的"M"形状互为倒影，代表与陆上交通系统相互呼应、互为补充。其中横线和竖线交叉而出，象征"四通八达"的地铁交通体系。红色既体现了中国特性,也代表了沈阳地铁人和沈阳人民的热情。

图 1-2　北京地铁标志

图 1-3　上海地铁标志

图 1-4　沈阳地铁标志

4. 宁波地铁

宁波地铁标志如图 1-5 所示,它有以下几方面的含义。

(1) 新颖独特　其标志像一个行驶中的"甬"字,并将轨道、列车头等元素有机地融入,造型惊艳、醒目,极富动感;在颜色上,该标志采用强烈的海洋蓝,视觉冲击力强,新颖独特,让人过目难忘。

(2) 地域色彩鲜明　该标志的核心是宁波的简称"甬"字,直观地表明了宁波城市轨道交通的地域特点,能区别于国内外其他任何一个城市的城市轨道交通标识,具有唯一属性。

(3) 时代感强烈　整个标志时尚、立体,有强烈的时代气息,似呼啸而来的城市轨道交通,带给人民加速迈向未来的信心。

(4) 寓意深厚　标志中各轨道相互交错,无限连通,寓意宁波的城市轨道交通四通八达、快速高效。

5. 香港地铁

香港地铁标志如图 1-6 所示,其有三重寓意:第一,代表香港本岛与九龙半岛之间有地铁贯通;第二,代表地铁的 2 个车站与 1 个区间;第三,图案的字形类似中国"寿"字的古体,喻平安吉祥之意。香港地铁连接香港岛和九龙半岛,方便人们的出行。

6. 广州地铁

广州地铁标志如图 1-7 所示,它由两条分离的线条组成,代表两条无限延伸的铁轨组成了一个羊角的造型,结合了广州的别称"羊城"拼音的缩写"Y"和广州市市徽"山羊"的设计。该标志上半部分代表舒展、灵活、开拓,下半部分代表严谨、有序、规律。另外,此标志还可抽象理解为胜利的手势,寓意着欣欣向荣。

图 1-5　宁波地铁标志

图 1-6　香港地铁标志

图 1-7　广州地铁标志

找一找

以上面不同城市的地铁标志为参考,找出其他城市地铁标志的含义。

三、地铁标志汇集

城市轨道交通作为城市的重要交通工具,每天运载着不同的人到达城市的各个角落。地铁标志作为城市地铁的形象和符号,出现在城市的每个角落。其实地铁本身就代表着城市的特色,是城市精神的物化,同时是城市实力的一种展示。各国(地区)及主要城市地铁的标志设计可从另一个角度来展示城市不同地域、不同文化的特色,见表1-1。

表1-1 各国(地区)及主要城市地铁标志

北京	上海	天津	广州	南京	沈阳	深圳	武汉	中国香港
日本东京	韩国首尔	朝鲜平壤	泰国曼谷	印度德里	新加坡	马来西亚	伊朗	荷兰
俄罗斯	英国伦敦	德国柏林	法国巴黎	意大利	西班牙	希腊雅典	丹麦	芬兰
瑞士洛桑	葡萄牙	瑞典	波兰	奥地利	美国纽约	加拿大	墨西哥	土耳其
古巴	巴西	阿根廷	智利	委内瑞拉	哥伦比亚	埃及	澳大利亚	匈牙利

课题二 城市轨道交通发展及车站配置

【课题目标】

1)掌握城市轨道交通的概念与特点。
2)掌握城市轨道交通车站设备配置情况。

单元一　城市轨道交通概况

【课题内容】

透过国际上城市轨道交通发展的历程可以看出，我国已成为世界上城市轨道交通发展最快的国家之一。北京、上海等城市用二三十年的时间走完了发达国家城市 100 年的路程，如图 1-8 所示。

　　伦敦地铁　　　　　　早期北京地铁　　　　　我国现代城市轨道交通

图 1-8　中外城市轨道交通变迁

一、世界上第一条地下铁道

英国首都伦敦于 1863 年修建了世界上第一条地下铁道，名为"伦敦大都会"。其干线长度约为 6.5km，采用蒸汽机车。

大都会地铁至今已经历了 100 多年，目前这条地铁长度已延伸至 88.5km，有 61 个车站，是当今世界上最长的一条地下铁道。

二、中国最早的地铁城市

北京地铁一期工程于 1965 年 7 月 1 日开工建设，1969 年 10 月 1 日建成通车，使北京成为中国第一个拥有地铁的城市。其线路沿长安街与北京城墙南缘自西向东贯穿北京市区，连接西山的卫戍部队驻地和北京站，采用明挖回埋法施工。2021 年 8 月 29 日，北京地铁 1 号线、八通线贯通运营，线路全长 54.47km（含八通线南延 4.47km），设站 38 座。

谈一谈

未来城市轨道交通会以什么样的状况发展？

三、城市轨道交通的概念

城市轨道交通是以电能为动力，采取轮轨运转方式的快速大运量公共交通的总称。广义的城市轨道交通是指以轨道运输方式为主要技术特征，城市公共客运交通系统中具有中等以上运量的轨道交通系统，主要为城市内公共客运服务，是一种在城市公共客运交通中起骨干作用的现代化立体交通系统。其具有节能、占地少、运量大、全天候、无污染（或少污染）

5

和安全等特点,属绿色环保交通体系,符合可持续发展的原则,成为城市公共交通的骨干。但城市轨道交通具有投资大、路网结构固定不易调整、运营成本高、技术条件要求高等特点。

四、城市轨道交通的分类、意义及特点

城市轨道交通包括地铁系统、轻轨系统、单轨系统、有轨电车等。地铁与轻轨的区别(原城市轨道交通工程建设标准)见表1-2。

建设城市轨道交通具有以下重要意义:解决城市面临的交通拥堵问题;引领城市规划,以适应城市的可持续发展;保护环境,满足人们出行的舒适要求;节约资源,减少能源消耗;拉动城市其他产业的发展;作为战备防空、突发事件的避难场所。

城市轨道交通的特点:

1)在城市内部运行的铁路系统。其具有外部环境接口和内部专业技术接口复杂,地下工程多,投资巨大,建设周期漫长的特点。

2)大容量的城市快速公共交通客运通道。其具有客流吸引量大、运营服务水平高、交通衔接紧密、公益形象好的特点。

3)城市发展主轴。其能引导城市空间有序拓展和城市生活行为高效和谐,需与城市规划、产业发展紧密结合。

4)城市公益服务设施。其具有良好的外部效益(经济、社会、环境)和可持续发展的经营机制。

表1-2 地铁与轻轨的区别(原城市轨道交通工程建设标准)

线路类型	Ⅰ	Ⅱ	Ⅲ	Ⅳ
运能	高运量	大运量	中运量	
分类	地铁		轻轨	
线路形式	全封闭型	地面或高架	部分平交道口	
单向运能/(万人次/h)	4.5~7	2.5~5.0	1.5~3.0	1~2
列车最大长度/m	185	140	100	60
适用车型	A	B 或 L_B	B、C、L_B 或单轨	C 或 D
最高速度/(km/h)	80~100		60~80	
平均站间距/km	1.2~2		0.8~1.5	
运行速度/(km/h)	35~40		20~30	
适用城市城区人口规模/万人	≥300		≥150	

五、城市轨道交通车站配置

城市轨道交通运营系统是由多个分别完成不同功能的子系统构成的,包括车辆、线路、车站三大基础设备,以及电气和信号等控制系统,车站在这一系统中处于一个核心的位置,它既是城市轨道交通系统对外提供客运服务的窗口,又是系统内部最主要的生产基地;它是城市轨道交通客运服务的起始点,也是客运服务的终止点。

单元一　城市轨道交通概况

　　城市轨道交通车站是供乘客上下车和换乘、候车的场所，包括供乘客使用的场所、运营管理的场所、安装技术设备的场所和提供生活辅助设施与服务的场所四大组成部分。其中，供乘客使用的部分主要有地面出入口和站厅、地下中间站厅、售票厅、检票处、电梯等。无论是车站运营管理还是车站设备配备，都应以满足乘客出行需求为基本条件。

　　车站是城市轨道交通重要的组成部分，是乘客上下车和换乘的场所，是集散客流的基本设施，也是列车车辆到发、通过、折返和临时停车的地点。它必须具有供乘客乘降、换乘的功能。因此，要求城市轨道交通车站能安全、迅速、方便地组织乘客进出，能全面、可靠、机动地满足运营要求。

1. 车站设备配置原则

　　城市轨道交通车站设备配置原则包括实用性、功能匹配、先进性、经济性、安全性。根据这些原则配置城市轨道交通车站设备会使车站运营更加安全、便捷、高效。

2. 车站种类

（1）按车站空间位置分　有地面车站、地下车站和高架车站，如图1-9所示。

1）地面车站。地面车站设置在地面层。

2）地下车站。受地面建筑群的影响，城市轨道交通线路通常设置于地下，其车站随之设置于地下，主要目的是节省地面空间。

3）高架车站。高架车站置于高架桥梁的桥面，在结构上比较简单，造价大大低于地下车站。

a）地面车站　　　　b）地下车站　　　　c）高架车站（一）　　　　d）高架车站（二）

图1-9　车站种类

（2）按线路设置功能分　有功能折返站和运转折返站。

1）功能折返站。它是具有调车、存库或折返能力的车站。

2）运转折返站。它是具有折返功能，在日常客运过程中正式实施了折返作业的车站。

功能折返站和运转折返站的主要区别是功能折返站不一定启用为运转折返站，而运转折返站首先必须具备功能折返的条件，否则不能进行折返作业。

（3）按运营管理职能分　有区域车站和各分点车站，如图1-10所示。

（4）按车站换乘功能分　有共线式换乘站、并列式换乘站、交叉式换乘站和叠置式换乘站。

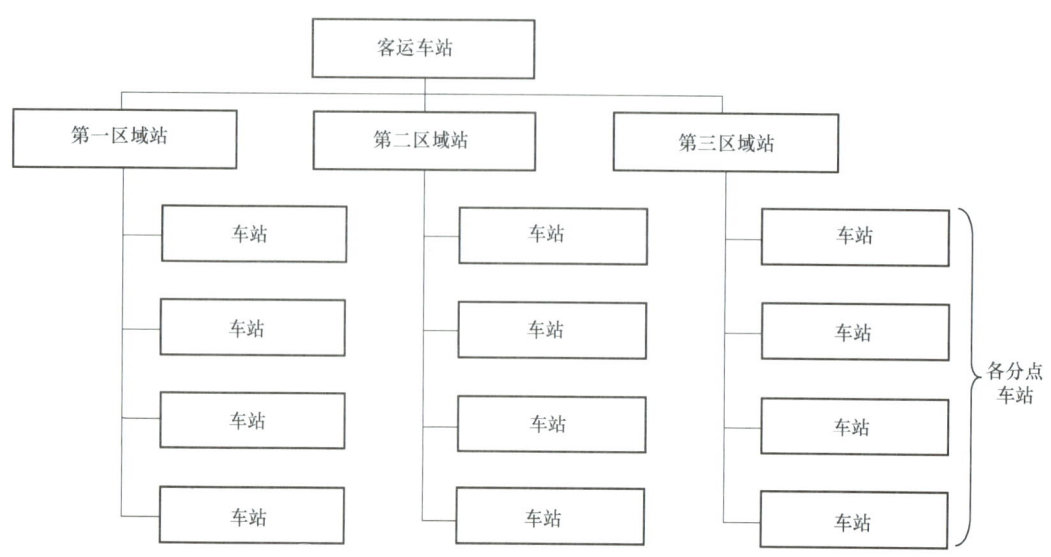

图1-10 按运营管理职能

3. 车站组成

地铁车站平面布置应贯彻紧凑、合理、适用的原则。一般地铁车站由地面出入口、站厅、站台、商铺及生产用房组成。

（1）地面出入口（图1-11） 地面出入口是乘客由地面进入车站或由车站上到地面的通道，出入口位置应满足城市规划及交通的要求，选择人流集中的地点，出入口应尽量与城市过街地道相结合，与地下商场、公共建筑楼群相连通，以方便乘客和过街行人。为方便乘客及疏散客流，一个车站的出入口一般不少于2个，并能保证在规定时间内将车站内的全部人员疏散出去。

图1-11 地面出入口

（2）站厅 站厅的主要功能为集散乘客、售检票、服务，站厅设置管理与设备用房，部分车站设置有商铺。其布局方式主要取决于车站的售、检票方式（人工、半自动和自动售、检票）。高架车站、地面车站地上一层为站厅层。

站厅规模大小、建筑特征既要符合城市规划与交通的要求并与地面建筑相协调，又要各具特色，使其简洁、明快、流畅和富有现代感。站厅面积要根据高峰每小时最大客流量及集散时间的要求计算确定。

（3）站台　站台是供乘客上、下车，集散客流，作短暂停留的候车场所。车站站台的形式有岛式、侧式和混合式3种。

1）岛式站台。岛式站台位于上、下行线路之间，如图1-12所示。

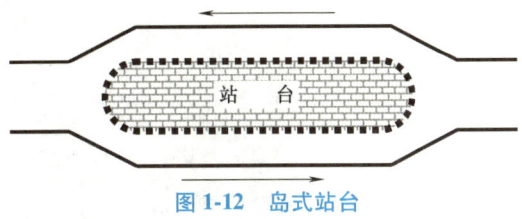

图1-12　岛式站台

2）侧式站台。侧式站台分别位于上、下行线路两侧，如图1-13所示。

3）混合式站台。混合式站台既有岛式站台，又有侧式站台，如图1-14所示。

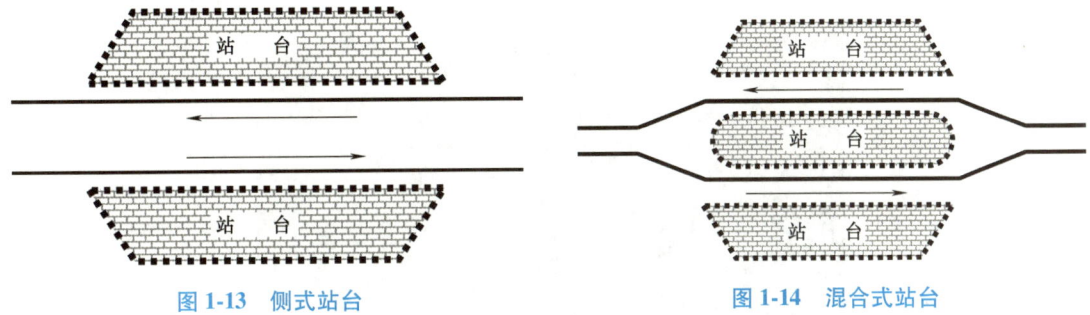

图1-13　侧式站台　　　　　　图1-14　混合式站台

岛式站台和侧式站台的优缺点比较见表1-3。

表1-3　岛式站台和侧式站台的优缺点比较

区别	岛式	侧式
作用	站台利用率高，可起分散人流的作用，在相反方向列车不同时到达时，可相互调节，但同时到达时，容易交错混乱甚至乘错方向	两站台分别利用，利用率低，但相对方向的人流不交叉，不会乘错车，对客流不起调节作用
管理	管理集中方便，便于旅客中途折返	工作人员增加，管理分散不方便，对旅客中途折返不方便，须经天桥、地道或地面才能折返
建筑	须设中间站厅，结构较复杂，建筑费用多	可不设中间站厅，结构较简单，建筑费用节省
空间	建筑艺术管理较好，空间完整，气魄大，站台延长工程困难	在建筑艺术处理上空间较分散，站台延长工程较容易

（4）车站辅助用房

1）运营用房。运营用房包括车站控制室（图1-15）、值班站长室、站长室、售票亭、票务室等。车站控制室是车站运营与管理的中心,一般应设在便于对售票、检票和自动扶梯口等部位进行监控的地方。

图1-15　车站控制室

2）服务用房。服务用房包括工作人员休息室（图1-16）、厕所、盥洗间、茶炉间等。

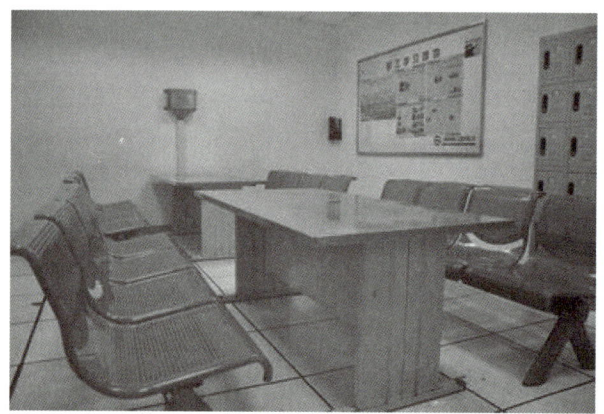

图1-16　工作人员休息室

3）电力用房。电力用房包括降压变电所、牵引变电所、照明配电室（图1-17）等。

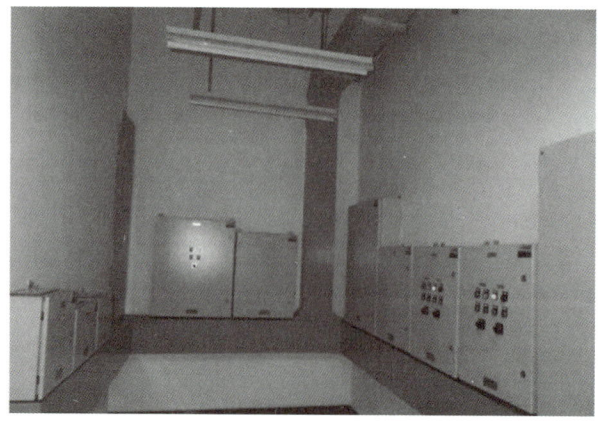

图1-17　照明配电室

单元一 城市轨道交通概况

4)技术用房。技术用房包括机电设备用房(图1-18)、环控与通风机房、消防水泵房和废水及污水泵房等。

图1-18 机电设备用房

实训操作及评价

【实训操作】 地铁车站认知

实训准备:
车站图片、多媒体设备等。

安全注意事项:

1)进站前,注意出入口的整体布局,防止踏空或与玻璃围墙发生碰撞,严禁翻越护栏、奔跑、追逐打闹。

城市轨道交通车站设备

2)使用闸机时,站在黄线外进行验票,禁止奔跑通过闸机;使用扇门闸机时,在通过闸机后,禁止在闸机通道停留或往反方向行走。

3)候车时,勿超出黄色的安全线,按箭头的方向耐心排队候车,先下后上,禁止推挤。

4)列车运行过程中,留意自己的随身物品,避免丢失,上车后马上坐好,站立的乘客需紧握吊环或立柱;在列车的运行过程中,禁止随意走动,以免发生意外。如果在地铁行驶过程中感到身体不适,应立刻在下一站下车,向车站内的工作人员寻求帮助;如果在列车内发生了紧急事件,应保持镇静,严格听从工作人员的指挥。

5)随时关注车厢内的广播和报站提示,提前做好下车准备。到站没能及时下车时,应耐心等待至下一站下车。

6)乘客在灯闪及铃响时勿上、下列车。上、下列车时,应注意列车与站台之间的空隙和高度,以免发生绊倒等意外。禁止阻止车门关闭,以免夹伤。

11

岗位标准：

1）掌握车站结构及组成。

2）掌握车站的基本功能。

3）掌握车站的分类与类型。

操作步骤：

步骤	图示	说明
1		左图所示为_____
2		左图所示为_____
3		左图所示为_____

单元一 城市轨道交通概况

（续）

步骤	图示	说明
4	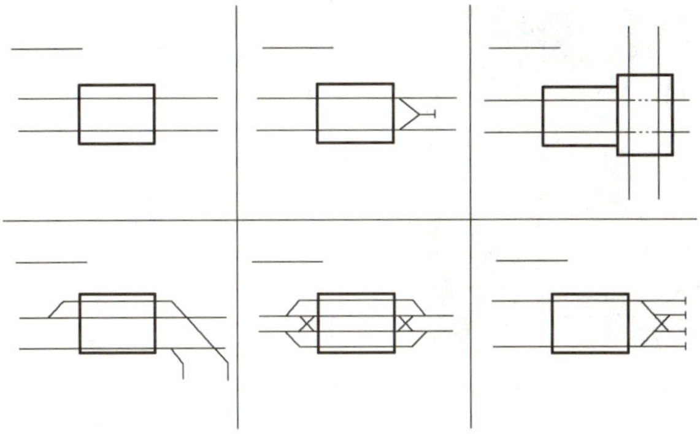	按运营性质分类，车站分为中间站、区域站、换乘站、枢纽站、联运站、终点站。请根据左侧简图判断所绘车站类别，并在相应空格中写出对应名称
5	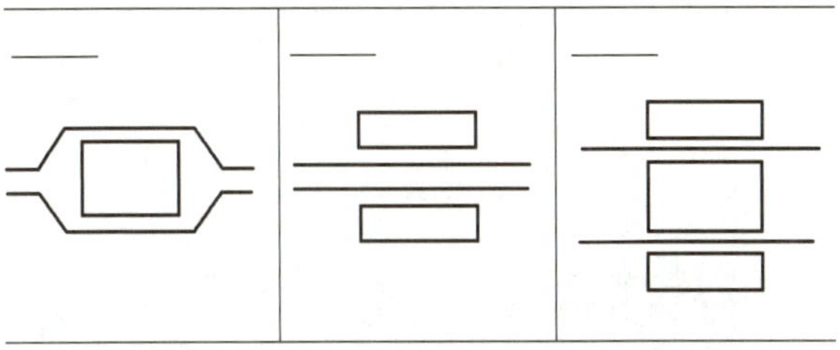	按站台形式分类，车站分为岛式站台、侧式站台、岛侧混合式站台。请根据左侧简图判断所绘车站类别，并在相应空格中写出对应名称
6		左图所示车站的名称为_____
7		左图所示车站的名称为_____

13

（续）

步骤	图示	说明
8	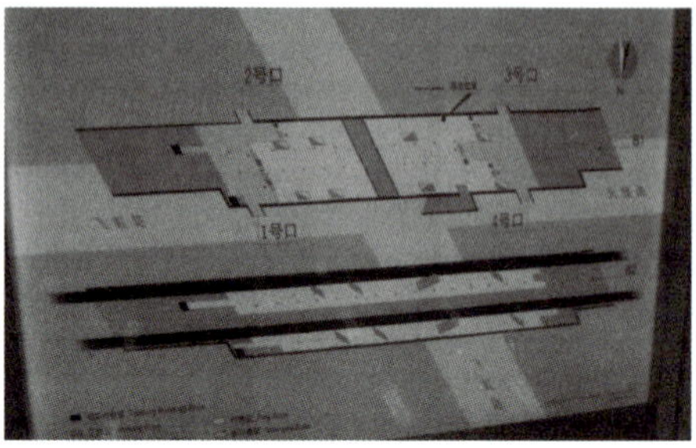	左图所示车站的名称为＿＿＿＿＿

【实训评价】

【课证融通考评单】地铁车站认知		日期：	
姓名：	班级：	学号：	教师签名：
自评：□熟练 □不熟练	互评：□熟练 □不熟练	师评：□合格 □不合格	
日期：	日期：	日期：	

【评分细则】

序号	评分项	得分条件	分值	自评	互评	师评
1	接受任务	明确工作任务，理解任务在企业工作中的重要程度	5			
2	实训准备	实训前掌握安全注意事项和岗位标准的程度	5			
3	能力评价	1）能根据图片识别站台形式	10			
		2）能根据图片描述站台形式的优缺点	10			
		3）能根据线路图，认知地铁车站原理	20			
		4）能结合现场情况，简单画出地铁车站布局的草图	20			
4	素养评价	1）工作计划性强，安排得当	5			
		2）团队合作能力强，善于沟通合作	5			
		3）自主学习能力强，勇于克服困难	5			
		4）严谨认真，积极参与课堂活动	5			
5	评价反馈	1）能快速、正确地识别图片中的站台类型	5			
		2）在任务实施过程中能发现问题、解决问题	5			
合计			100			

单元一 城市轨道交通概况

单元练习

一、名词解释

1. 城市轨道交通
2. 车站
3. 站台

二、单项选择题

1. （ ）标志在颜色上采用强烈的海洋蓝，视觉冲击力强，新颖独特，让人过目难忘。

   A. 宁波地铁　　　B. 北京地铁　　　C. 沈阳地铁　　　D. 上海地铁

2. （ ）是中国第一个拥有地铁的城市。

   A. 北京　　　B. 上海　　　C. 广州　　　D. 深圳

3. 地铁A型车单向运能为（ ）万人次/h。

   A. 1~2　　　B. 1.5~3.0　　　C. 2.5~5.0　　　D. 4.5~7

4. 具有调车、存库或折返能力的车站是（ ）。

   A. 运转折返站　　　B. 功能折返站　　　C. 区域站　　　D. 高架站

5. 车站控制室、值班站长室、站长室、售票亭、票务室是（ ）。

   A. 运营用房　　　B. 服务用房　　　C. 电力用房　　　D. 技术用房

三、多项选择题

1. 上海地铁圆形的标志表示意思有（ ）。

   A. S 代表上海

   B. M 表示地铁

   C. 圆弧状形似地铁的圆形区门隧道

   D. M 像在隧道内相向行驶的两辆地铁列车

   E. M 包含在 S 中间寓意着地铁四通八达，贴近市民生活

2. 城市轨道交通具有（ ）特点。

   A. 节能　　　B. 省地　　　C. 运量大

   D. 安全　　　E. 污染

3. 城市轨道交通包括（ ）等。

   A. 单轨系统　　　B. 有轨电车　　　C. 轻轨系统

   D. 城市快巴　　　E. 地铁系统

4. 城市轨道交通车站按车站空间位置分有（ ）。

   A. 地面车站　　　B. 地下车站　　　C. 高架车站

   D. 中间站　　　E. 区间站

5. 城市轨道交通车站站厅主要功能有（ ）。

   A. 集散乘客　　　B. 售检票　　　C. 服务

   D. 设置管理用房　　　E. 停留候车

四、判断题

(　　) 1. 在地铁出入口外侧20m外可放置易燃、易爆、危险物品。

(　　) 2. 高架站换乘站的主要功能是乘降、服务与供部分列车折返。

(　　) 3. 站厅面积要根据高峰小时最大客流量及集散时间的要求计算确定。

(　　) 4. 高架车站在结构上比较简单，造价大大低于地下站。

五、问答题

1. 简述建设城市轨道交通的意义。

2. 简述车站种类。

3. 简述岛式、侧式站台的优缺点。

单元二

城市轨道交通车站售检票系统

单元导入

自动售检票（Automatic Fare Collection，AFC）系统是通过计算机集中控制的，以磁卡及非接触器或 IC 卡为介质的一种售检票方式。它是城市轨道交通实现票务管理自动化的基础，贯穿了城市轨道交通票务运营的全过程。

课题一　自动售检票（AFC）系统配置

【课题目标】

1）掌握城市轨道交通自动售检票（AFC）系统的概念。
2）熟悉城市轨道交通车站售检票系统的功能及配置情况。

【课题内容】

一、AFC 系统介绍

1967 年，世界上第一套 AFC 系统在法国巴黎地铁安装使用成功。

1999 年 2 月 16 日，在广州地铁 1 号线开通试运营的同时，AFC 系统也投入了使用；同年 3 月 1 日，上海地铁 1 号线 AFC 系统投入使用，这是中国内地最初的两套 AFC 系统。

自动售检票（AFC）系统是基于计算机、通信、网络、自动控制等技术，实现城市轨道交通售票、检票、计费、收费、统计、清分、管理等全过程的自动化系统。国内城市轨道交通 AFC 系统的发展经历了从无到有的过程，随着计算机技术和软件的发展，我国城市轨道交通 AFC 技术已与城市一卡通接轨，实现城市甚至城市区间的一卡通。AFC 系统如图 2-1 所示。

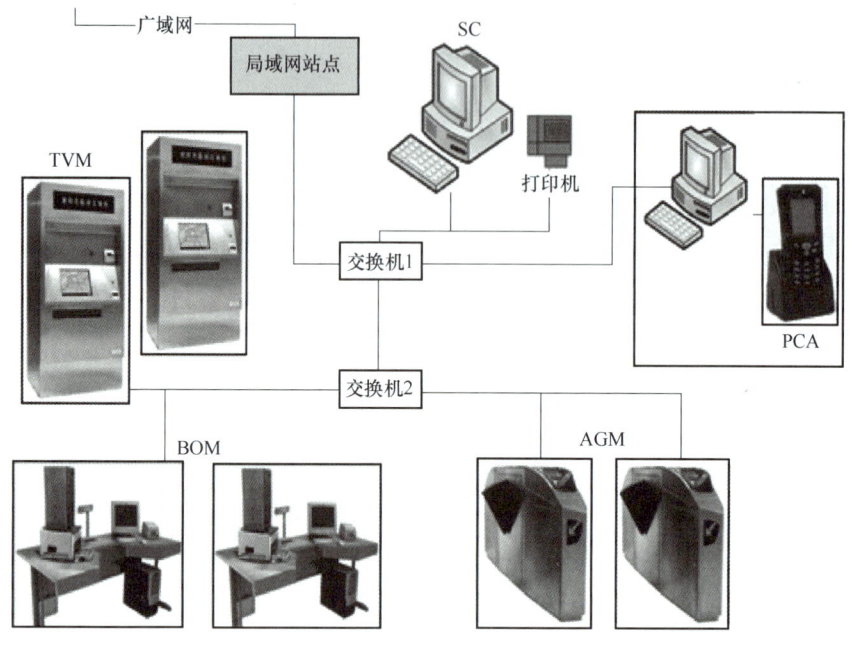

图 2-1 AFC 系统

该系统主要有以下几个功能。

1. 售票

AFC 系统用于乘客自助式购买地铁单程票和乘客自助查询车票。

2. 检票

乘客持车票在非付费区进站通道右侧自动检票机（闸机）刷卡区域上方出示票卡，验证票卡有效后三杆启锁或扇门打开，乘客进入付费区。出站步骤与进站相同，单程票需回收。

3. 统计

车站的 AFC 设备通过网络将数据传到车站计算机（Station Computer，SC），各 SC 将数据传给线路中央计算机运营控制中心（Operation Cooperation Center，OOC），继而传给 AFC 清分中心（AFC Clearing Center，ACC）。ACC 是在联网收费后为各条线路按实际工作量进行收益分配的机构。

城市轨道交通 AFC 系统的结构共分 5 层，分别为车票、车站终端设备、车站计算机系统、线路中央计算机系统、清分系统，如图 2-2 所示。

层次结构是按照全封闭的运行方式，以计程收费模式为基础，采用非接触式 IC 卡为车票介质的组成原则，根据各层次设备和子系统各自的功能、管理职能和所处的位置进行划分的。目前确定的 5 层结构形式，是根据我国国情和城市发展现状，综合考虑了城市轨道交通建设的特点（如线路多而复杂、建设周期长、多个业主单位等情况）而设置的，具有一定的可伸缩性。对各层次必须实现的功能和要求做出如下规定：

第 1 层：车票是乘客所持的车费支付媒介，规定了储值卡和单程票两种类型的物理特性、电气特性、应用文件组织以及安全机制等技术要求。

第2层：车站终端设备安装在各车站的站厅，直接为乘客提供售检票服务，规定了车站终端设备及其运营管理的技术要求。

第3层：车站计算机系统，其主要功能是对第二层车站终端设备进行状态监控以及收集本站产生的交易和审计数据，规定了系统的数据管理、运营管理及系统维护管理的技术要求。

第4层：线路中央计算机系统，其主要功能是收集本线路 AFC 系统产生的交易和审计数据，并将此数据传送给城市轨道交通清分系统并与其进行对账，规定了对该线路的车票票务管理、运营管理及系统维护的技术要求。

第5层：清分系统，其主要功能是统计城市轨道交通 AFC 系统内部的各种运行参数、收集城市轨道交通 AFC 系统产生的交易和审计数据并进行数据清分和对账，同时负责连接城市轨道交通 AFC 系统和城市一卡通清分系统，规定了对车票管理、票务管理、运营管理和系统维护管理的技术要求。

在自动检票机（闸机）系统中，需要多串口应用。例如：车票自动吞吐口、非接触式 IC 卡、用于显示提示信息的显示屏、阻挡装置控制器、中心控制器、报警器等，同时需要网口、USB 接口与系统终端进行信息通信。

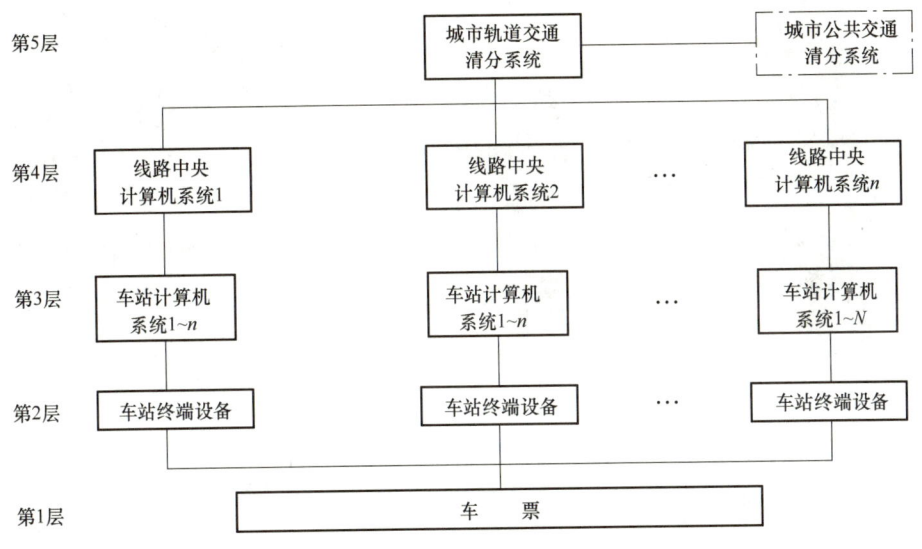

图 2-2　AFC 系统层次图

二、AFC 系统配置

1. 车站设备

1）车站计算机（SC）。它用于闸机、自动售票机、半自动售票机等设备所在车站的控制和本地配置，还有每个车站的本地数据收集。SC 主界面如图 2-3 所示。

2）自动售票机（TVM）。它用于出售单程票，接受银行票据和硬币，如图 2-4 所示。

3）半自动售票机（BOM）。它用于出售票卡，售票亭里接受用户咨询，如图 2-5 所示。

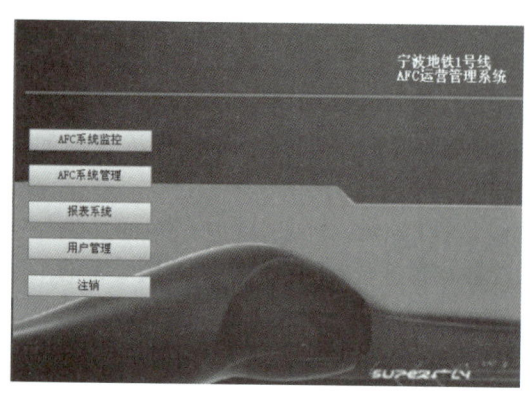

图 2-3　SC 主界面

图 2-4　TVM

4）闸机（AGM）。它装备有票卡控制系统和扇门，在付费区和非付费区之间控制客流，如图 2-6 所示。

图 2-5　BOM

图 2-6　AGM

5）便携式验票机（PCA）。它用来控制付费区内的非接触式筹码和卡。PCA 是个移动设备，它能通过通信单元便携地连接到车站计算机上，如图 2-7 所示。

2. 中央计算机系统

1）数据中心。

2）管理控制台和认证授权服务器（AC&CA）。

3）中间件服务器。

4）网络管理控制台、存档服务器、备份服务器和时钟中心。

5）几台操作员工作站。

3. 介质处理工具

介质处理工具主要指卡的初始化机。

4. 维护和培训中心

AFC 系统带有一套车站设备的维护和培训中心。

图 2-7　PCA

5. 互联网数据中心（IDC）

地铁公司的互联网数据中心（Internet Data Center，IDC），是用于和中央计算机数据中心通信的子系统。

6. 广域网

地铁公司广域网，用来将各车站的计算机连接到中央计算机。

课题二　城市轨道交通车票知识

【课题目标】

掌握车票的类型及维护内容。

【课题内容】

车票是乘客进出地铁车站站台、乘坐地铁车辆必备的有效凭证。城市轨道交通使用的车票以单程票与储值票为主，乘客在 TVM 上或通过 BOM 人工购买到需要的单程票（也可以使用储值卡扣费），通过闸机进入付费区。通常城市轨道交通采用的票价制式有单一票价制和计程票价制。

找一找

学生分组通过网络查找城市轨道交通车票的种类并说明它们的用途。

一、车票的类型

车票按照材质、计价方式和使用性质有多种分类形式。

1. 按材质分

车票按材质可分为纸质车票、磁卡车票和电子车票等。

（1）纸质车票　常见的纸质车票有普通纸票和条形码纸票。

1）普通纸票是将车票的所有信息都直接印刷在车票上，由票务人员视读确认。

2）条形码纸票是将车票的相关信息通过条形码存储，由条形码扫描仪完成信息识别，标识的信息只供读取而不能改写。

（2）磁卡车票　磁卡车票有塑质磁卡车票和纸质磁卡车票，分别如图 2-8、图 2-9 所示。两者多是在基片上设置磁记录区域，通过存储有关的信息，由磁卡读写设备获取相关信息，其信息是可修改的。

（3）非接触式 IC 卡车票　非接触式 IC 卡（Smart Card 或 Integrated Circuit Card）是将

21

车票的所有信息储存在车票的集成电路中,用非接触式IC卡读写设备获取相关信息。非接触式IC卡车票有卡型、筹码(Token)型和CPU卡3种类型。

1)卡型IC车票。某些城市轨道交通使用的单程车票是卡型塑质非接触式集成电路(IC)卡,即卡型IC车票,如北京、上海、苏州、宁波等,其形式如图2-10所示。其尺寸通常为长85.9mm×宽54mm×厚0.5mm。

图2-8 塑质磁卡单程票

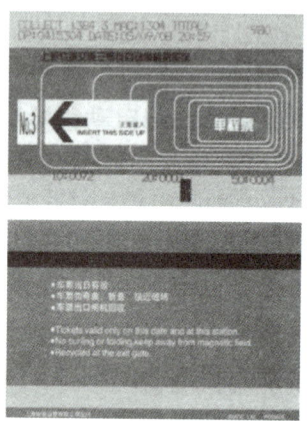

图2-9 纸质磁卡单程票

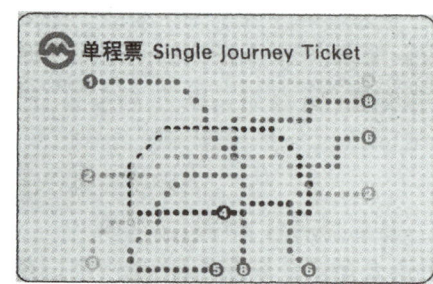

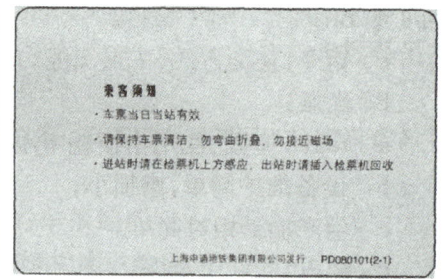

图2-10 上海地铁的卡型IC车票

2)筹码型IC车票。部分城市轨道交通使用的单程票是筹码型非接触式集成电路(IC)卡,简称筹码(Token),如广州、南京、深圳,其形式如图2-11所示。

筹码型IC卡是在直径为30mm、厚度为2.0mm的非金属材料圆盘内,嵌装集成电路及天线,通过电感耦合方式与筹码读写器进行操作的非接触式IC卡。

3)CPU卡。CPU卡又称微处理器卡,由一个或多个集成电路芯片组成,封装在便于人们携带的卡片内。在集成电路中有中央处理器(CPU)、随机存取存储器(RAM)、只读存储器(ROM)、电可擦除可编程只读存储器(EEPROM)以及片内操作系统(COS)。CPU卡具有暂时或永久数据存储能力,其内容可供外部读取或供内部处理和判

图2-11 广州地铁的筹码型IC车票

断之用,同时还具有逻辑处理、命令处理和数据安全保护等功能,用于识别和响应外部提供的信息和芯片本身判断路线和指令执行的逻辑功能。CPU卡由于其安全性高、功能完善,成为技术和市场发展的一种趋势。

(4) 电子车票　电子车票也称为"无纸化"车票,是以电子数据形式体现的地铁乘客运输合同,与普通车票具有同等法律效力。乘客通过互联网或手机支付订购车票后,无须取票,仅凭有效身份证件或购票后手机收到的二维码即可乘车,如图2-12所示。

图2-12　广州地铁的电子车票

支付宝、微信支付等支付方式已改变了我们的生活方式,出门只需带上自己的手机,点开扫一扫等功能,就可以完成移动支付。移动互联网与地铁自助服务系统的融合,使乘客实现了移动购票。地铁出站补票也将逐步实现智能化。随着数字化信息技术应用于地铁运营服务,方便乘客进出站的支付方式会不断推陈出新,创新正在不断改善人们的生活。

2. 按计价方式分

车票按计价方式可分为计次票和计程票,一般计次票比计程票优惠,一般有政府补贴的运营公司才能承担得起由于优惠而减少的利润。

3. 按使用性质分

车票按使用性质可分为单程票、多程票、储值卡、员工票、老年人免费票等。

表2-1为地铁车票简介。

表2-1　地铁车票简介

车票类型	图标	购买地点	使用说明
单程票		地铁站自动售票机	只能用1次,进入地铁站后在自动售票机上购买,方便临时乘坐地铁的人群
多程票		各地铁人工售票营业厅	各地铁已不销售此类票

(续)

车票类型	图标	购买地点	使用说明
储值卡		各地铁人工售票营业厅或与地铁合作的报刊亭	地铁储值票与公交卡一样，乘客可以先往卡里充入定金钱，每次乘车刷卡后，从卡里扣除本次消费额，卡内余额不足时可到指定地点充值。它适合于经常乘坐地铁出行的人群
员工票		不对外发售	此种车票只向地铁公司内部人员发放，只允许员工使用，市场不流通
老年人免费票		各地铁人工售票营业厅或指定服务中心	此种车票主要是照顾老年乘客。符合条件的老年乘客到规定地点办理此种车票后可免费乘车
计次票		各地铁人工售票营业厅	可使用多次，计次消费。平均的单程价格比单程票略低，适合于经常乘坐地铁出行的人群。不同地铁公司对票价、乘坐次数等有不同的规定，如深圳地铁某计次票40元可乘坐地铁12次（不计里程）

二、车票维护

为推进城市轨道交通信息化、智能化的应用终端，目前线网站点已陆续建设智能客服中心。客服中心是集票务、车站信息、资讯服务于一体的综合服务中心。为应对线网客流和员工队伍急剧增长的趋势，客服中心除做好日常服务工作外，在进行车票维护时应做好下列工作。

1. 问题车票

乘客在使用车票的过程中，可能会出现车票不能正常使用的情况，这些车票称为"问题车票"。一般情况下，进/出站闸机将拒绝持问题车票的乘客通行，同时引导乘客到客服中心进行处理。

客服中心的半自动售票机（BOM）将对问题车票进行分析，并进行更新处理，使其能重新在系统中正常使用，BOM 能处理进出站次序错误、超时、过期的车票等异常情况。客服中心 BOM 可以给持数据损坏车票的乘客办理换票和退票的业务。但是对于黑名单车票、损坏车票，客服中心 BOM 将不能进行更新处理。车票分析处理界面如图 2-13 所示。

2. 退票

在乘客要求退票时，客服中心 BOM 应能办理即时或非即时退票手续。系统应确保退票处理有足够的安全性，防止欺骗行为的发生。

单元二　城市轨道交通车站售检票系统

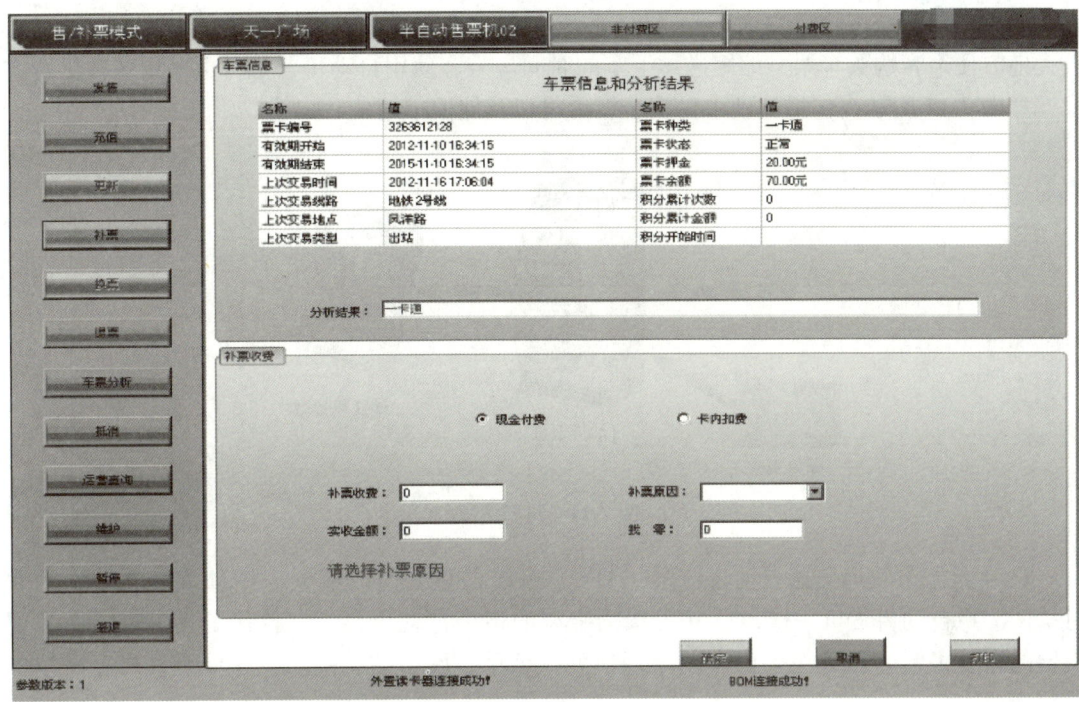

图 2-13　车票分析处理界面

退票处理在车站的客服中心完成，客服中心 BOM 在完成退票处理后将打印相关的处理结果或者收据，有关的退票处理信息将传输到线路中央计算机。

如果退票处理无法即时完成，客服中心 BOM 将信息上传线路中央计算机系统，并给乘客相应的收据。

3. 补票

乘客在乘车过程中发生车票遗失或车费不足而未能出闸机时，应到客服中心办理补票手续。遗失车票的乘客将使用出站票出站。

课题三　TVM 操作及简单故障处理

 【课题目标】

1）掌握自动售票机（TVM）的定义。
2）掌握 TVM 操作方法及简单故障处理。

 【课题内容】

一、自助购票

乘客可以到 TVM 前进行自助购票，也可以到票务中心（票亭）借助 BOM 模式向服务

25

人员购买车票。城市轨道交通车站 AFC 系统中自动售票系统与半自动售票系统一起运作，极大地方便乘客购买车票，缩短进站上车的时间。乘客使用自动售票机时可采用多种付费方式，如图 2-14 所示，包括：硬币付费、纸币付费及储值卡消费。

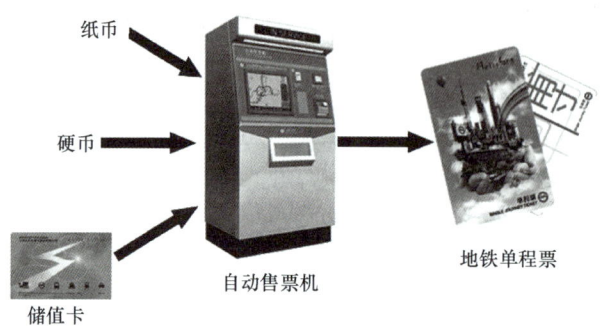

图 2-14 付费方式

TVM 是城市轨道交通自动售检票（AFC）系统的重要组成部分，TVM 安装在车站的非付费区。像自动售货机一样，TVM 可根据乘客的指令自动出票，它替代了人工售票而实现机器的自动售票。TVM 主要由车票处理单元，纸币、硬币的识别、找零单元，乘客操作单元等组成。

乘客通过触摸屏，直接或通过查询来确定所需车票的票价、张数，将购票信息输入 TVM，主控制器根据输入的购票信息传达指令，认证、写、校验 IC 卡车票，直至最后出票。纸币、硬币的识别、找零单元可鉴别乘客投入的人民币，并按照乘客投入的金额与所购票价的差额找零。TVM 的工作流程如图 2-15 所示。

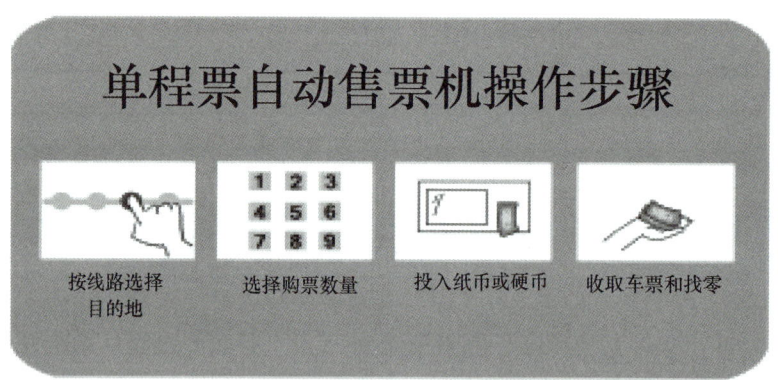

图 2-15 TVM 的工作流程

练一练

学生分组在 TVM 上或通过 BOM 模式体验城市轨道交通单程票与储值票购票流程。

二、TVM 设备正常操作规程

TVM 的整体系统框图如图 2-16 所示。TVM 的外部与内部结构分别如图 2-17、图 2-18 所示。

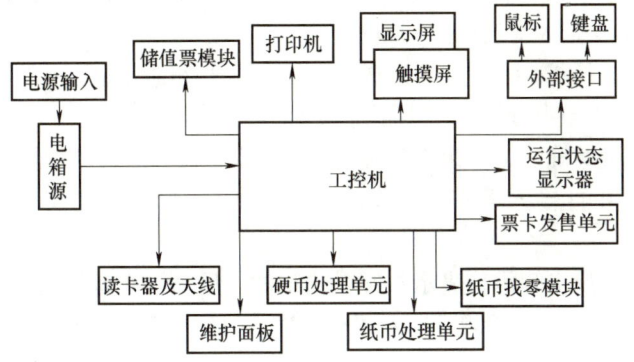

图 2-16　TVM 的整体系统框图

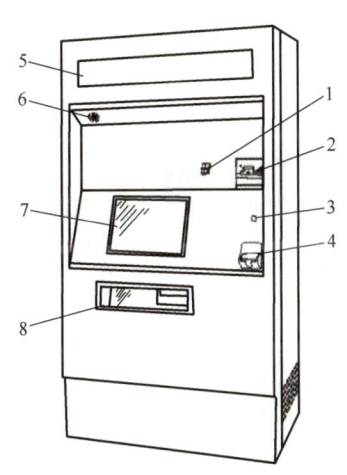

图 2-17　TVM 的外部结构
1—投币口　2—纸币接收器　3—求助按钮
4—CSC 读写器和工作人员认证处　5—顶端显示器
6—喇叭　7—乘客和维护显示屏　8—输出托盘

图 2-18　TVM 的内部结构
1—操作和维护键盘　2—电子主模块　3—找零钱箱
4—纸币接收器　5—硬币处理系统　6—UPS
7—散热风扇　8—显示屏　9—筹码发售器

1. 登录及打开 TVM

1）出具 1 张有效的卡。

2）输入 ID 号码,接着显示操作界面。

3）用两把钥匙开门。

2. 票箱操作

1）以操作者的身份登录 TVM。

2）在运作数据中查看 AR002 容器 1 的数量并且记录下来。

3）在运作数据中查看 AR005 容器 2 的数量，记录下来并退出。

4）如果 AR 表格中显示的数量为 0，筹码滑道中没有票，输入票箱内的数量为 994（1000-6=994，其中 6 张为滑道中票的数量）。

5）如果 AR 表格中显示的数量不为 0，选择"测试外围设备"中的"筹码分发器"。

6）从 TVM 每个票箱中分别弹出 1 张筹码。

7）关于筹码数量的确认，如果发售器可以弹出筹码，表示数字是正确的，这样就可以在 TVM 上插入票箱并且输入票箱中筹码的数量，如果票箱内的实际数量无误，应该为"1000"。

8）如果发售器不弹出筹码，表示数字是错误的，里面没有筹码。

9）如果筹码的数量小于 1000，插入票箱，输入筹码的数量（数量=1000-AR 报表中显示的数量）。

10）如果筹码的数量大于 1000，手动放入筹码的数量（数量=AR 报表中显示的数量-1000+1），然后插入票箱，最后 AR002、AR005 的数量就是 TVM 中筹码的数量。

11）回收废票槽中所有的筹码并且用袋子装好送回操作维护中心（Operations & Maintenance Center，OMC）重新进行初始化。

3. 钱箱操作

（1）硬币钱箱操作

1）以操作者的身份登录 TVM，然后打开前门。

2）打开位于硬币处理系统较低位置的门。

3）查看 AR030 中收取硬币的总金额。

4）取出硬币，放入另外一个空的硬币箱，同时保证硬币箱顶部的小门处于打开状态。

5）再次查看 AR030，硬币金额应该为 0。

6）取回所有的硬币到点钞室。

7）查看 AR031 里硬币钱箱的序列号。

（2）纸币钱箱的操作

1）以操作者的身份登录 TVM，然后打开前门。

2）查看 AR050 中收取纸币的总金额。

3）取出纸币，放入另外一个空的纸币箱并锁上。

4）再次查看 AR050，纸币金额应该为 0。

5）取回所有的纸币到点钞室。

4. 找零器操作

1）以操作者的身份登录 TVM。

2）打开前门。

3）打开找零器的门。

4）查看 AR100 中找零器内 1 元币的数量（看不到金额只能看到数量）。

5）查看 AR101 中找零器内 5 角币的数量（看不到金额只能看到数量）。

6）取出需要更换的找零钱箱，向新的找零钱箱内放入 1000 个 1 元币或者 50 个 5 角币。

7）再次查看 AR100、AR101，金额应该为：找零钱箱 1 为 1000 元、找零钱箱 2 为 25 元。

8）把空的找零钱箱取出，带回点钞室装满。

5. 开关机操作程序

开机：打开 TVM，推上 TVM 内的空气开关。

关机：登录 TVM，打开 TVM，拉下 TVM 内的空气开关。

三、TVM 设备故障处理

1. 纸币口故障

（1）卡币造成纸币口故障（卡币部位可见）

1）故障现象。在 TVM 上的"乘客维护员用屏幕"中纸币口显示"×"（图 2-19）。

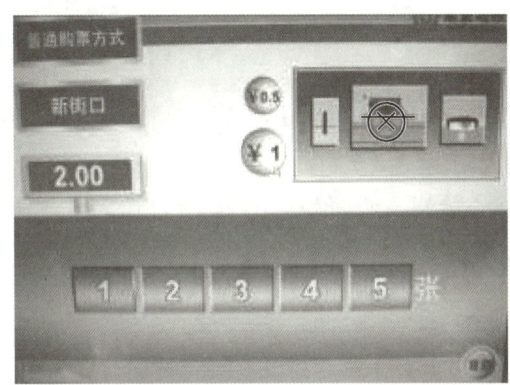

图 2-19　纸币口故障

2）故障处理。

① 查看纸币接收器进币口下部是否有钱币，若有钱币，则小心取出（图 2-20、图 2-21）。

② 若没有钱币，则将纸币接收器拉出，用手将其上的绿色拉柄向上拉起，打开纸币接收器（图 2-22、图 2-23）。

图 2-20　进币口

图 2-21　纸币接收器

图 2-22　拉出纸币接收器

图 2-23　打开纸币接收器

③ 在纸币接收器内部旋转绿色滚轮（图 2-24），看里面是否有纸币，如果发现纸币则小心将其取出。

④ 如果有乘客卡币，并且旋转绿色滚轮后没有发现钱币，则需先将纸币接收器断电后取出钱箱再次确认是否有卡币。

⑤ 纸币接收器内部检查完毕后，向上拉一下绿色小把手，右手提起纸币接收器外部的绿色拉柄，将纸币接收器关闭。

⑥ 查看纸币钱箱（图 2-25）是否自检（自检会发出"嘟嘟"连续长声）；若未自检，则按照以下方法处理：

在纸币接收器后部有一个黑色电源插头，拔插电源插头，利用断/送电方法使纸币钱箱进行自检；若纸币钱箱仍未自检，则按照规定报修。

图 2-24　绿色滚轮

图 2-25　纸币钱箱

⑦ 若自检成功，退出后台维护终端。

3）故障原因及其分析。造成此种故障是由于乘客使用的钱币过旧（或乘客在进行购票时，未将钱币平铺放入纸币接收器），导致纸币口故障。车站应加强对乘客购票的解释和指导工作，减少此种故障的发生。

（2）纸币钱箱未装好造成故障

1）故障原因查找。

① 打开 TVM 门，正确登录后台维护终端（图 2-26）。

图 2-26　登录后台维护终端

② 在后台维护终端中会显示"纸币钱箱：取出"的信息（图 2-27）。

图 2-27　信息显示

2）故障处理。

① 将纸币接收器断电，拔出 BNA 黑色电源插口（图 2-28）。

② 将纸币钱箱钥匙插入纸币钱箱锁孔中（图 2-29），逆时针方向旋转钥匙，当听到"啪"一声时，向外拉纸币钱箱上的把手将钱箱取出（图 2-30）。

图 2-28　电源插口

图 2-29　插入钥匙

③ 用纸币钱箱"门钥匙"打开纸币钱箱门（断电后方可操作）（图2-31）。

④ 用钥匙关闭纸币钱箱门（图2-32）。

图2-30　取出钱箱

图2-31　打开纸币钱箱门

⑤ 将纸币钱箱插入纸币钱箱槽内（图2-33），顺时针方向旋转纸币钱箱钥匙，在听到"咔嚓"声并且纸币钱箱进行自检后，表示纸币钱箱安装成功（发出连续声音）。

图2-32　关闭纸币钱箱门

图2-33　纸币钱箱插入

⑥ 在后台维护终端屏幕上会显示"纸币钱箱：正常"。

⑦ 若仍显示"纸币钱箱：取出"，则按前面步骤再做一遍。

3）故障原因和分析。发生此种故障是由于工作人员在安装钱箱时未装好或者由于软件原因导致纸币钱箱识别码丢失。应特别注意的是，若在运营期间发生此种故障（要以故障信息中显示的故障产生时间为准，不能以发现故障的时间为准），应及时记录相关数据（若TVM不断电进行上述操作，会将纸币钱箱的数据丢失）。

2. 车票发售模块测试（卡票）

（1）故障现象　不出票（卡票）。

（2）故障处理

1）打开TVM门，登录后台维护终端。

2）利用后台维护终端进行弹票测试。

3）若仍然有错误代码，则拉出筹码发售模块（图2-34）。

4）打开筹码分发器（图2-35），取出卡币。

单元二　城市轨道交通车站售检票系统

图 2-34　拉出筹码发售模块

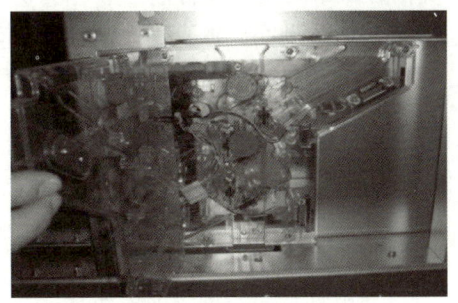

图 2-35　打开筹码分发器

课题四　闸机（AGM）操作及简单故障处理

【课题目标】

1) 掌握闸机（AGM）的定义。
2) 掌握闸机操作要领并能进行简单故障处理。

【课题内容】

闸机是城市轨道交通通道阻挡装置（通道管理设备），用于管理人流并规范行人出入。其最基本、最核心的功能是实现 1 次只通过 1 人，作为非付费区和付费区的出入口，如图 2-36 所示。

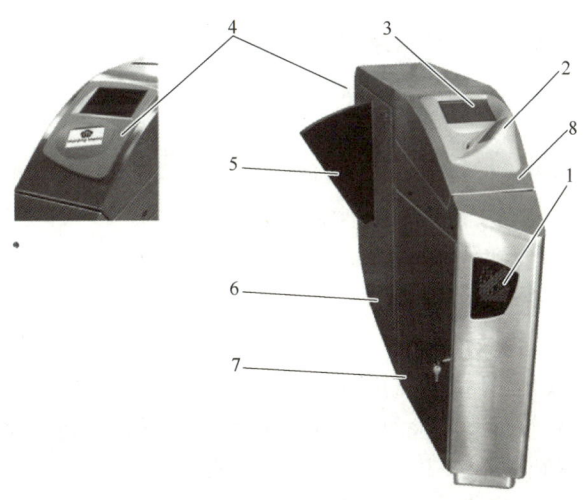

图 2-36　闸机

1—闸机末端显示器　2—票卡处理设备（出站）　3—乘客显示器
4—票卡处理设备（进站）　5—扇门　6—中间面板　7—检修门　8—顶盖

33

翼闸在城市轨道交通行业一般称为剪式门，国外很多地方称为速通门，其拦阻体（闸翼）一般是扇形平面，垂直于地面，通过伸缩实现拦阻和放行。拦阻体的材质常用有机玻璃、钢化玻璃，有的还采用金属板外包特殊的柔性材料（减少撞击行人的伤害）。

> **练一练**
>
> 学生分组在闸机上模拟自动验票，打开闸机柜熟悉票箱取放的过程，掌握闸机信息系统检测的功能。

组成一个通道需要两台闸机：一个主机柜和一个相邻的机柜。

一、操作规程

为了方便地检测闸机各个模块的运行状态，在闸机出现故障时可以及时检测出故障的模块，在闸机的内部配置有维护键盘。维护人员可以使用维护键盘，进入维护模式，对各个设备进行检测。维护键盘如图 2-37 所示。

1. 闸机模式（以扇门式闸机为例）

用键盘上的数字来选择闸机的模式，并按下"Enter"键确认。

1）进站模式。用于进站闸机、双向闸机。
2）出站模式。用于出站闸机、双向闸机。
3）双向模式。用于双向闸机。
4）暂停服务模式。设备故障自动转入此模式。
5）车站关闭模式。关闭车站时使用。
6）常闭模式。通道模式，扇门常闭时选用此模式。
7）常开模式。通道模式，扇门常开时选用此模式。

图 2-37　维护键盘

2. 扇门开关动作

1）闸机扇门的外部封包材料须采用无卤素、阻燃、柔性材料，颜色须醒目。
2）扇门的可通过参数须设置为常开或常闭状态。
3）扇门的开关须完全到位。开启状态下，扇门的位置应不能对乘客通过造成任何阻碍。
4）无论闸机处于服务模式还是暂停服务模式，扇门均处于关闭状态。闸机处于服务模式时，当接收了一张有效车票后，扇门打开，在乘客通过后，扇门在参数设置的时间段内若没有接收下一个乘客的有效车票或检测到有乘客试图无票通过时将关闭。
5）扇门的开关速度和动作方式满足通行控制的要求，保证持有效车票的乘客能够以正常行走速度无停滞地通过，同时，可迅速、无伤害地阻挡试图非法通过的乘客。
6）扇门正常工作时，从扇门开始动作到完全打开（或关闭）的时间小于 0.4s，且可以调节。

7)扇门关闭力度应是可控制的,关闭力度在关闭位置应该是最小的,且应在乘客被门撞击时不会对其造成伤害。当扇门的关闭时间为0.4s时,关闭的冲击力应不大于200N。

8)日常使用过程中及在紧急状态下,扇门开关门声音应低于40dB。

9)扇门在关闭过程中,若承受的冲击力超过一定限度或安全区检测到有物体,扇门应能自动开启。扇门的受力限度应可根据实际运营需要进行调整。

10)在断电情况下,扇门应能自动回收,并保持在打开位置。

3. 更换票箱操作流程

1)用闸机钥匙打开非付费区的维护门。

2)站在黄线外用小键盘输入"123"并输入个人密码直接进入换票箱界面。

3)等扇门完全打开后,通过通道更换票箱。

4)输入票箱号和票箱内所含单程票数。

5)用小键盘恢复到暂停服务界面。

6)关闭维护门。

4. 紧急按钮的使用

1)车站如果发生紧急情况(如火灾、地震等),可使用车控室控制台上AFC专用紧急按钮,把紧急按钮从正常运行状态旋转到紧急状态即可。

2)如果车站进行消防及其他演练等,可使用车站计算机下发紧急按钮命令。

二、故障排除

1. 闸机不回收单程票故障排除

1)检查票箱是否已满。

2)检查闸机车票回收口的塑料盖板是否移位造成车票回收口堵塞。

3)检查从车站计算机上下发智能卡接收器(SMA)的模式是否为非接触式智能卡(CSC)。

2. 收费不正常故障排除

每天在开站之前,在SC上逐台检查闸机的计费模式,查看闸机的计费模式是否为正常;若不是,则设为正常。

3. PLC失败故障排除

1)站在闸机通道中1min左右,然后迅速离开通道。

2)如果上述方法不行,打开非付费区的维护门,用正常的方法登录闸机,然后按下PLC的重置按钮,并迅速离开闸机的通道(站在黄线外即可);等闸机的扇门自动收回后即可用正常的方法退出。

4. SMA卡票故障排除

(1)故障现象及原因 乘客在出站时由于投票速度太快,智能票卡接收器的票口还未打开,乘客将票强行投入智能票卡接收器,导致智能票卡接收器堵塞,如图2-38和图2-39所示。

(2)故障处理

1)进入"闸机维护"主菜单。

2)按"7"进入"闸机自检"界面(图2-40)。

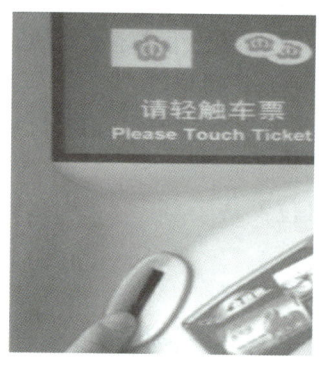

图 2-38　强行投入

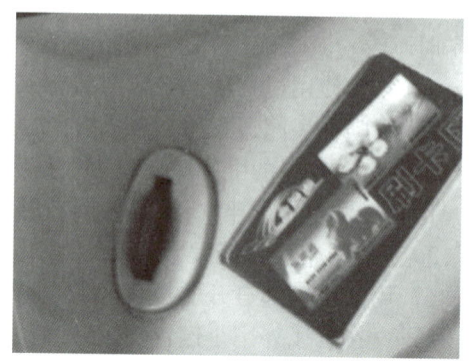

图 2-39　堵塞接收器

3）在"闸机自检"界面中按"8"，进入"智能卡接收器测试"界面（图 2-41）。

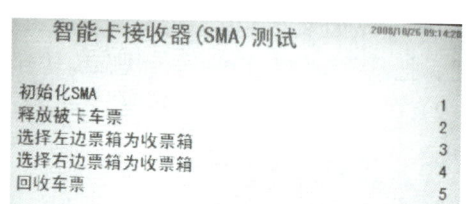

图 2-40　"闸机自检"界面　　　　　　　　图 2-41　"智能卡接收器测试"界面

4）按"1"，进行"初始化 SMA"。

5）按"2"，进行"释放被卡车票"，此时闸机自动释放被卡车票。

6）当测试完成后，查看智能票卡接收器（图 2-42）的票口是否仍有被卡车票。若无，表示被卡车票已释放；若有，则按照规定报修。

7）返回"智能卡接收器测试"界面，按"1"，初始化 SMA。

8）打开 SMA 组件（图 2-43），清理废票槽内的废票。

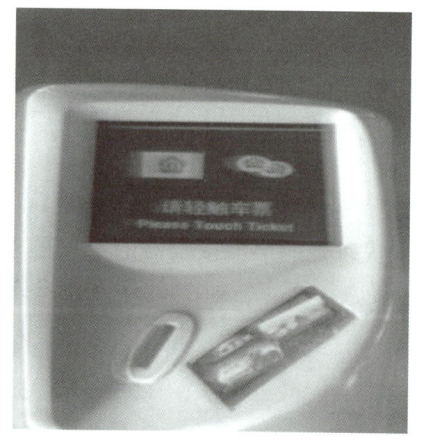

图 2-42　智能票卡接收器

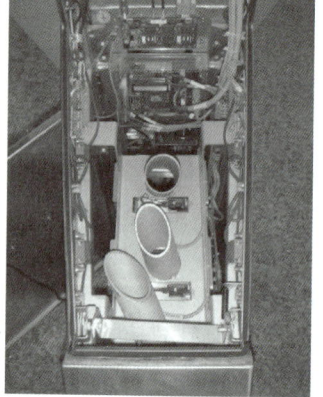

图 2-43　SMA 组件

9）按"ESC"返回至"暂停服务"界面，关闭付费区检修门。

10）若闸机末端显示器显示绿色，且智能票卡接收器的票口正常（无被卡车票），则表示闸机已修复。

5. 刷卡无反应故障排除

（1）故障现象　使用非接触式智能卡（CSC）或单程票在刷卡区刷卡时，闸机无反应。

（2）故障原因

1）若无法回收单程票，有可能是票箱已满或者票箱传感器无法识别到票箱。其故障查找方法如下：用维护键盘进入维护菜单，按"8"进入"更换票箱"界面（图2-44），若显示票箱数量为1000，则需要更换一个新的票箱；若显示"票箱已经被移走，请放入一个新的票箱"，而此时票箱仍在闸机内，则表示票箱传感器无法识别票箱，需将票箱重新插拔装载；若仍无法识别，需按规定流程报修。

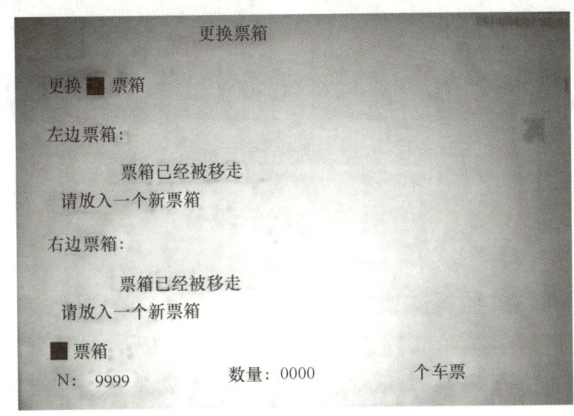

图2-44　"更换票箱"界面

2）若无法验证CSC，有可能是读卡器坏、接线不良或密钥卡损坏。

（3）故障处理　当排除上述的第一种原因后仍无法验证CSC或单程票时，按下述步骤操作：

1）使用维护键盘进入维护主菜单。

2）按"7"进入"闸机自检"界面（见前文图2-40）。

3）按"1"进入"CSC读写器测试"界面（图2-45），选择相应区域（付费区或非付费区）进行测试。测试开始后，将CSC放在刷卡区，检查读写状态是否正常（图2-46）。

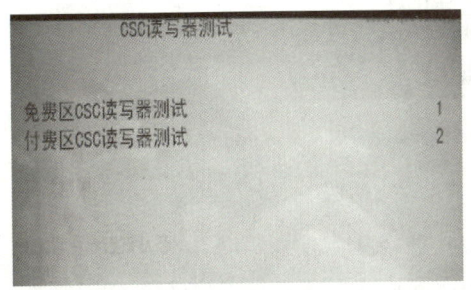

图2-45　CSC读写器测试开始

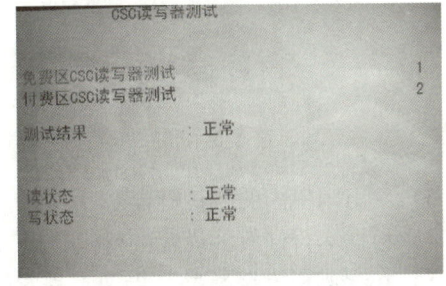

图2-46　CSC读写器测试结果

4)检查读写器上的天线是否脱落。

5)若"闸机常用数据"菜单上显示"SM 失败""ACC PSAM 未连接"或"一卡通 PSAM 未连接",则按规定流程报修。

6. 紧急模式的应急解除方法

(1)故障现象 闸机进入紧急模式[在付费区乘客信息显示器(PID)上显示"紧急情况!请立即离站!"并有绿色箭头;在非付费区 PID 上显示"紧急情况!请勿入站!"并有红色"×"],如图 2-47 所示。

图 2-47 紧急情况显示

(2)故障处理

1)打开非付费区的闸机检修门。

2)在 PCM 板上找到紧急插座并拔下,关闭维护门后,闸机将恢复紧急模式前的状态。若仍无法正常使用,则进行后续步骤检查闸机状态。特别提醒:此方法是在车站遇到非正常使用或出现紧急模式时的应急解除方法,待恢复正常后需将紧急插头插回 PCM 板相应位置,如图 2-48 所示。

图 2-48 PCM 板紧急插头位置

3)拿出闸机内的维护键盘。

4)根据本台闸机的模式进行模式设置。

5)在"闸机常用数据"界面上查看闸机的费率和模式是否正常。若不正常,则按照后

续步骤操作。

6）在闸机"维护"界面（图 2-49）中按"3"进入"设置计费模式"界面。

7）在"设置计费模式"界面（图 2-50）中按"1"，选择"正常"选项。

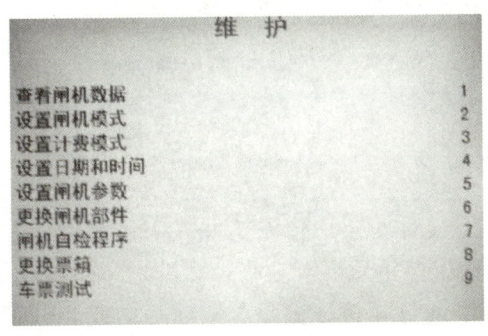

图 2-49 "维护"界面

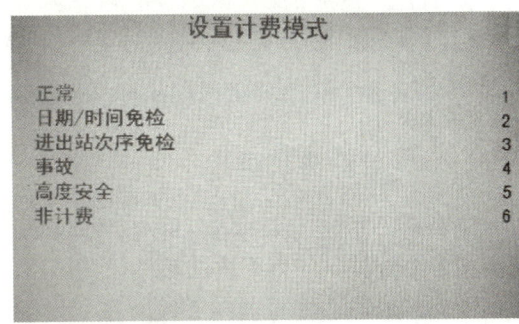

图 2-50 "设置计费模式"界面

8）按"ESC"，直至返回到"暂停服务"界面，关闭非付费区的闸机检修门。

9）闸机恢复正常。

7. 正确开、关机步骤

（1）开机步骤

1）打开闸机非付费区闸机检修门。

2）在电气主模块（Electric Main Module，EMM）上面打开"总进电"空气开关。

3）待闸机完全启动好后，关闭闸机非付费区闸机检修门。

（2）关机或重启步骤

1）打开闸机非付费区闸机检修门。

2）在 EMM 上方，拉下"总进电"空气开关，在闸机完全断电并等待 60s 后再开启，进行重启工作（正确的闸机重启工作是开关空气开关，不能直接开关 UPS）。

3）待闸机重启好后，关闭闸机非付费区闸机检修门。

课题五　半自动售票机（BOM）操作及简单故障处理

【课题目标】

1）掌握 BOM 的定义。

2）掌握 BOM 的操作方法并能进行简单故障处理。

【课题内容】

半自动售票机（BOM）由车站站务员操作，可分别处理非付费区和付费区的乘客事务。

练一练

学生分组完成乘客和站务员角色扮演，情景模拟在 BOM 上操作完成各种车票发售与处理票务突发事件。

一、半自动售票机

半自动售票机（Booking Office Machine，BOM），又称为票房售票机和人工售票机，是安装在各个地铁站售票亭内的车站设备。BOM 主要由主控单元（工业级计算机）、乘客显示器、操作显示器、读写器与天线、车票发售模块、票据打印机、键盘、鼠标等构成。BOM 采用人工方式完成票务处理、车票发售、充值、车票分析、退票及其他票务服务。

半自动售票机有两种操作模式：售票模式和补票模式。

1. 售票模式

这种模式用于给非付费区的乘客处理车票。该模式下可以对车票进行出码更新、发售和充值，如图 2-51 所示。

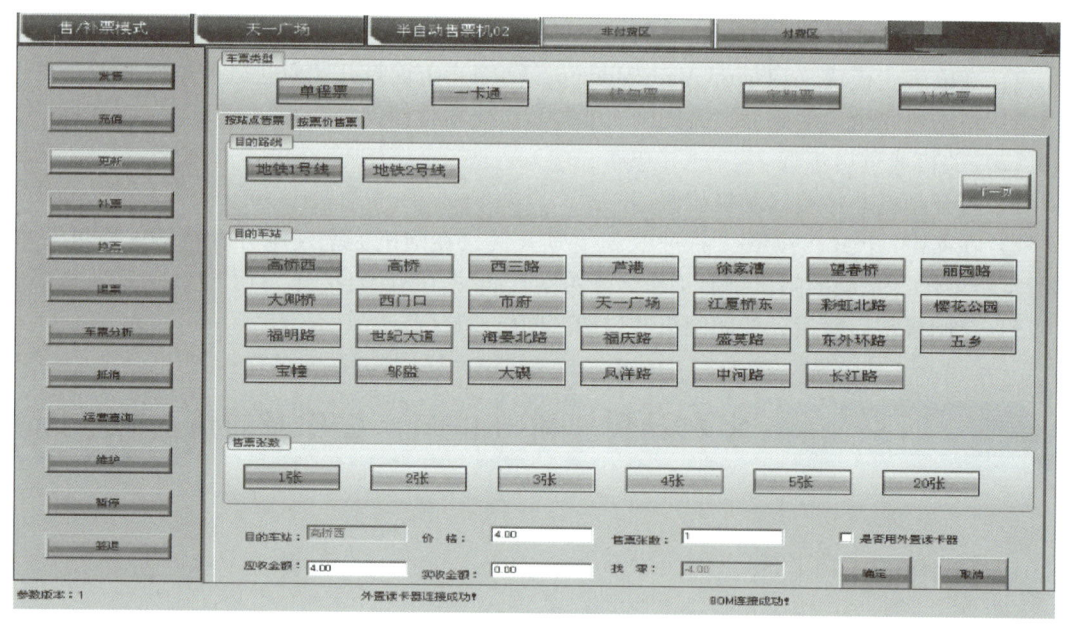

图 2-51　售票模式

2. 补票模式

这种模式用于给付费区的乘客处理车票与补票。该模式下可以对车票进行出码更新、超乘更新、超时更新、发售免费/付费出站票和充值，如图 2-52 所示。

二、基本功能要求

BOM 可以同时为非付费区和付费区服务，兼顾售票和补票功能，使用同一车票处理设

单元二　城市轨道交通车站售检票系统

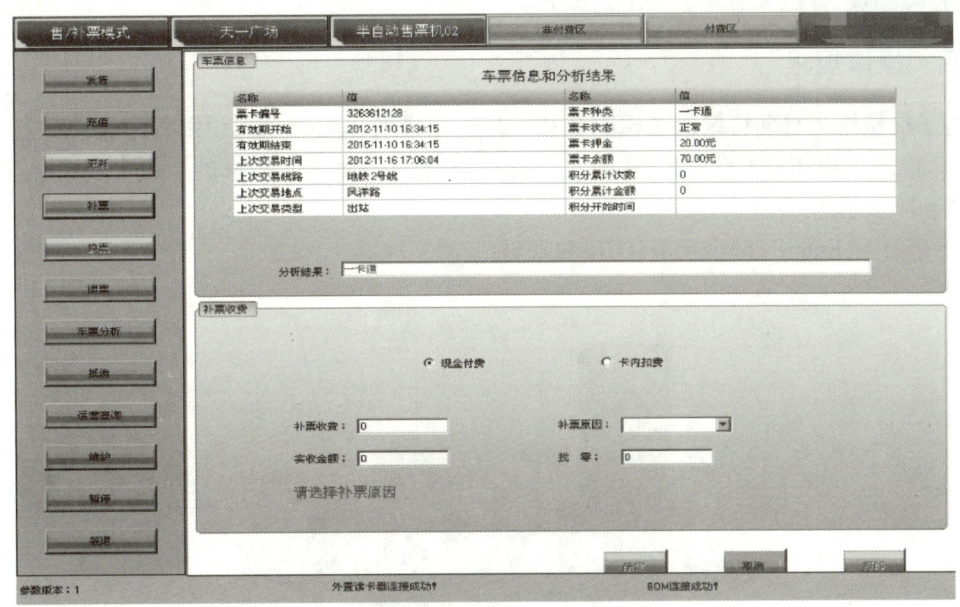

图 2-52　补票模式

备,需对两个区域分别设置单独的乘客显示器,以便处理不同区域乘客事务。

BOM 主要功能包括:

1) 对票卡进行分析、更新、赋值、充值、替换、退款、交易查询等处理。

2) 向乘客发售单程票。

3) 处理车站乘客投诉,对票务管理/行政收款进行记录。

4) 为车站运营部门提供相关信息服务。BOM 将自动按照系统设置要求定时将相关资料上传到车站计算机,以便车站管理部门进行分析、统计,提高地铁运营的整体服务品质和效率。

三、车票分析

半自动售票机(BOM)可以对车票的有效性进行分析。BOM 对车票的分析结果应与自动检票机保持一致。

不同的票种应按照不同的使用范围及用途检查,其应能通过系统参数进行设置。同时,在检查中涉及的各种参数应能通过中央计算机设置。各种车票无效原因应统一赋予不同的代码。

操作显示器应显示车票的主要编码信息,应至少包括票种及编号,车票发售地点及时间,车票押金、余值(乘次)及车票优惠信息,车票过期日期,车票在地铁的最近使用车站、设备及日期,车票的状态标志,车票分析结果/无效原因及更新次数,车票需进行处理的信息。

乘客显示器显示的车票信息应至少包括票种、押金、余值(乘次)及车票优惠信息,过期日期,车票分析结果/无效原因,车票需进行处理的信息。

在完成对车票的分析后,BOM 应可以根据分析结果/无效原因对车票做进一步的处理,如更新、充值、替换、退款、给予优惠等。

四、操作规程

为了能操作半自动售票机（BOM）（图2-53），操作员必须通过识别程序登录。

1）输入"操作员ID"和"密码"。密码是不会完整地显示出来的，每个密码字符均以1个"＊"显示。

2）按下"Enter"键表示确认ID和密码。

图 2-53　BOM 组成

1—筹码自动发售器　2—乘客显示器　3—操作员显示器
4—票据打印机　5—鼠标　6—键盘　7—计算机
8—多功能电源插座　9—读/写模块

五、设备故障处理流程

1. BOM 死机

（1）故障现象　BOM 无法进行任何操作。

（2）故障处理

1）在键盘上同时按下"Ctrl"+"Alt"+"Delete"键重启计算机。

2）若同时按下"Ctrl"+"Alt"+"Delete"键无反应，则按主机上的电源按钮关机，等待15s后再开机。

3）若重启后 BOM 仍然无法使用，则按照规定报修。

（3）故障原因分析　发生此种故障是由于BOM软硬件故障造成的，车站发现后应当立即维修，若无法维修则应立即报修，此外车站还应做好相应的乘客解释工作。

2. BOM 无法登录

（1）故障现象　BOM本身的软硬件故障，导致无法正常登录BOM（图2-54）。

（2）故障处理

1）检查读写器连接线是否插紧（图2-55），重新拔插连接线。

图 2-54　登录故障

图 2-55　读写器

2）检查主机上的网络连接线是否插紧（图 2-56），重新拔插连接线。

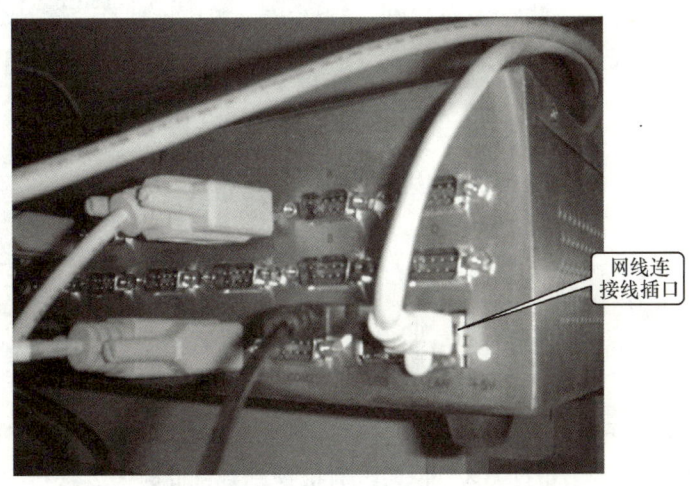

图 2-56　网络连接线

3)以上两步均需要重启BOM主机,方法参照BOM死机重启步骤。

(3)故障原因分析　发生此种故障是由于BOM自身软硬件故障造成无法登录。车站发现故障后,应立即进行维修,无法修复的,应立即按照规定报修,同时做好乘客的解释工作。

3. 黑屏

(1)故障现象　正常启动BOM,主机已启动,但屏幕出现黑屏现象。

(2)故障处理

1)检查BOM显示器后的电源线是否有松动或接触不良(图2-57),检查BOM显示器的电源线的另一端是否接在接线板上。

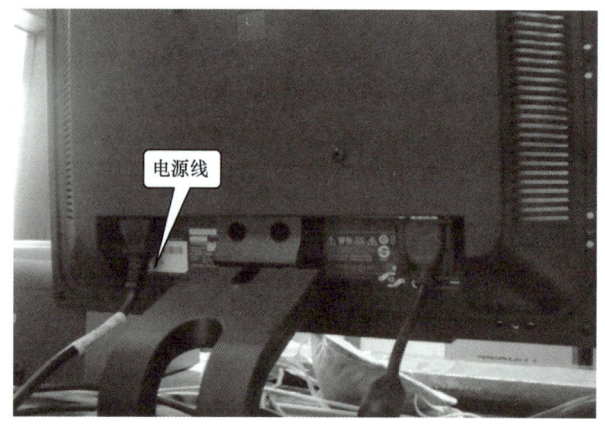

图2-57　电源线

2)检查BOM显示器的信号线(蓝色插头)与主机插口是否有松动或脱落现象(图2-58)。

3)若上述两方法均无效,很有可能是BOM显示器损坏,应按规定流程报修。

(3)故障原因分析　BOM显示器长时间不间断地使用,会导致显示器损坏,所以在夜间停止运营后,应将显示器关闭;在日常使用过程中,注意勿对接线进行拖拽,以免连线出现脱落或接触不良现象。

4. 筹码自动发售模块故障

(1)故障现象　出票机组件无法正常发票。

(2)故障原因

1)票箱无法被识别。

2)筹码自动发售器的弹出器故障。

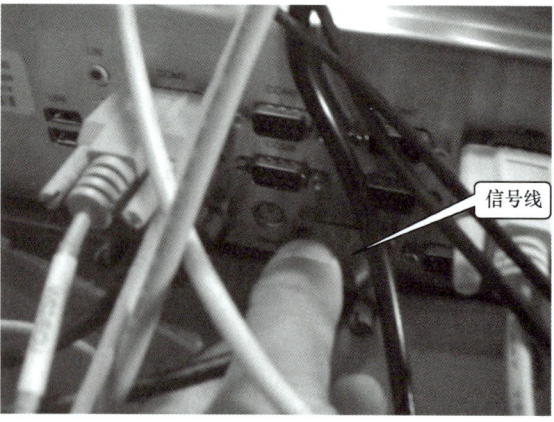

图2-58　信号线

(3)故障处理

1)检查票箱电子标签连线是否正常连接(图2-59),在使用界面下方的状态栏中查看票箱是否被识别到,若票箱打"×"说明没有被识别到,此时需要进行报修。

2）若票无法顺利从弹出口弹出，可打开出票机组件（图2-60），查看控制板上显示器的工作状态。正常状态为蓝色液晶显示，无乱码；若不正常，则按正常流程报修。

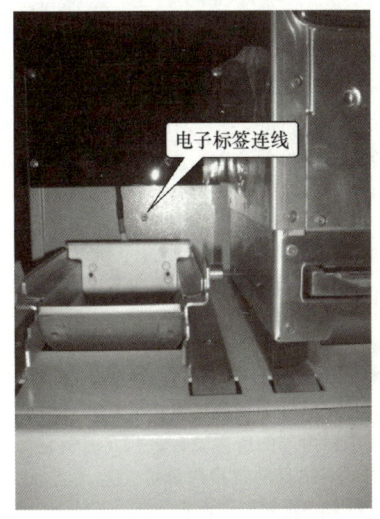

图2-59 电子标签连线

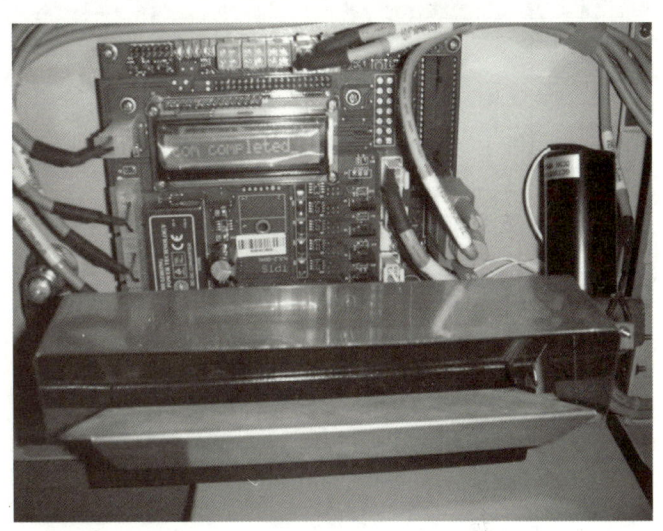

图2-60 出票机组件

实训操作及评价

【实训操作】 城市轨道交通车站 AFC 系统与设备说明

实训准备：
车站 AFC 系统设备实物、图片、多媒体设备等。

安全注意事项：

1）开关维修门、维修顶盖时，要轻开轻关，防止损坏和刮伤维修门或顶盖，严禁在前维护门行程范围内站人。

车站售检票系统

2）在终端设备内部操作时，注意人身安全及设备各模块安全，谨防头部、手臂等磕碰、划伤，确保设备内部各模块不被损坏。

3）严禁通过直接切断电源的方式来关闭设备，防止造成设备软件崩溃和数据文件损坏。

4）更换票箱时应轻拿轻放，更换后确认票箱装好并到位。

5）设备内部所有可移动部件都应具有锁位机构，解除锁定后才可以畅顺地推入或拉出。

6）进行票卡模块操作时，严禁戴手套，不得佩戴围巾等饰物。

岗位标准：

1）掌握 AFC 系统的结构及设备组成。

2）掌握 AFC 设备的基本功能。

3）掌握票卡的分类类型。

操作步骤：

步骤	图示	说明
认知 AFC 系统 5 层架构	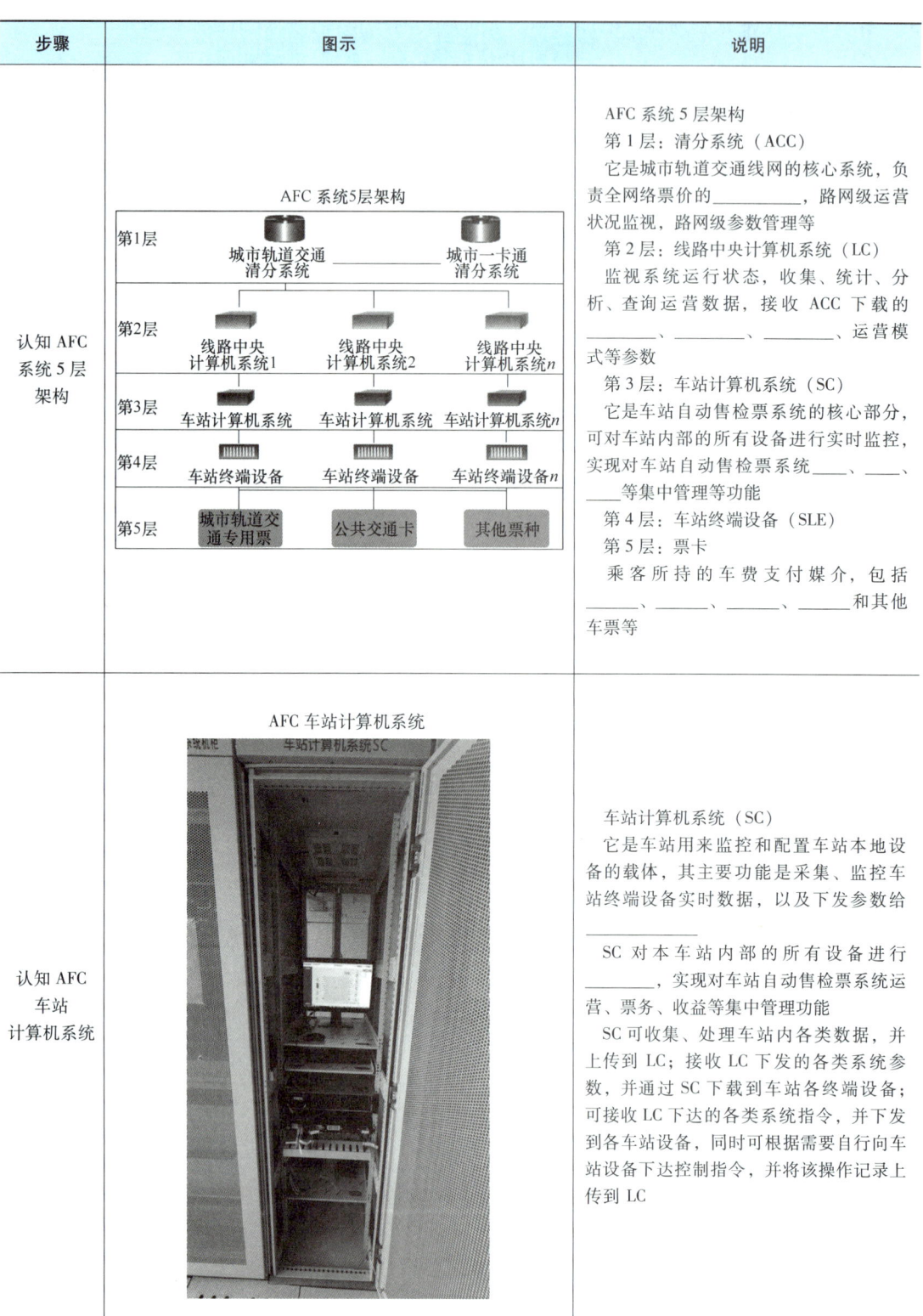	AFC 系统 5 层架构 第 1 层：清分系统（ACC） 它是城市轨道交通线网的核心系统，负责全网络票价的＿＿＿＿，路网级运营状况监视，路网级参数管理等 第 2 层：线路中央计算机系统（LC） 监视系统运行状态，收集、统计、分析、查询运营数据，接收 ACC 下载的＿＿、＿＿＿、＿＿＿、运营模式等参数 第 3 层：车站计算机系统（SC） 它是车站自动售检票系统的核心部分，可对车站内部的所有设备进行实时监控，实现对车站自动售检票系统＿＿、＿＿、＿＿等集中管理等功能 第 4 层：车站终端设备（SLE） 第 5 层：票卡 乘客所持的车费支付媒介，包括＿＿、＿＿＿、＿＿＿、＿＿＿和其他车票等
认知 AFC 车站计算机系统	AFC 车站计算机系统	车站计算机系统（SC） 它是车站用来监控和配置车站本地设备的载体，其主要功能是采集、监控车站终端设备实时数据，以及下发参数给＿＿＿＿ SC 对本车站内部的所有设备进行＿＿＿＿＿，实现对车站自动售检票系统运营、票务、收益等集中管理功能 SC 可收集、处理车站内各类数据，并上传到 LC；接收 LC 下发的各类系统参数，并通过 SC 下载到车站各终端设备；可接收 LC 下达的各类系统指令，并下发到各车站设备，同时可根据需要自行向车站设备下达控制指令，并将该操作记录上传到 LC

单元二　城市轨道交通车站售检票系统

（续）

步骤	图示	说明
认知 AFC 终端设备	自动售票机 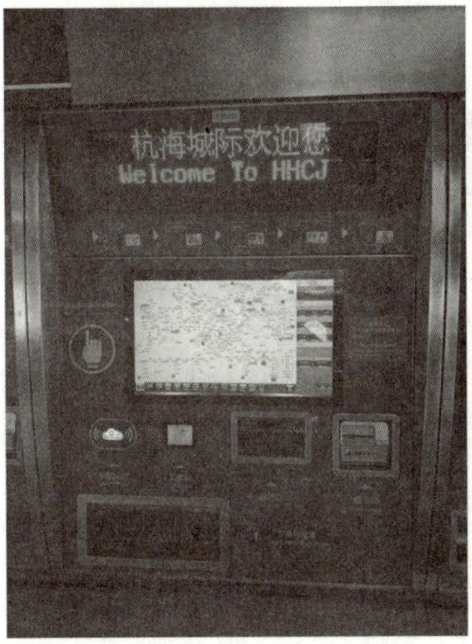	自动售票机（TVM）安装在_____区，其操作界面采用触屏，是由乘客自行操作的自动售票设备，主要完成单程票的发售。乘客根据目的地票价，可在设备上选择相应的票价键，通过现金、电子支付，设备自动将已格式化的卡进行编码发售
	自动检票机（闸机） 	自动检票机（AGM）也称____，设置在付费区与非付费区的交界处，分割两区域，实现票卡有效性的验证、检票、通行控制、车票回收等功能 闸机主要有进站闸机、出站闸机和双向闸机 其主要功能是检查乘客所持车票的_____，即检查该车票是否为本运输系统的车票、是否有值、是否在有效期内、是否有信息码等。如果检查结果符合条件，则闸机在该车票上记录时间、站号、设备号，并编上信息码等，提示乘客是进站、出站还是去客服中心更新、补票
	半自动售票机 	半自动售票机（BOM）设于_____，具有____、____和售补票功能，还有对于一卡通车票的处理功能。同时 BOM 可以发行各种类型的车票，兼有对车票进行查验和票据打印功能，可实现的功能较为灵活

47

（续）

步骤	图示	说明
认知 AFC 终端设备	自动充值机 	自动充值机（TSM）由乘客自主操作，完成对储值卡的分析、充值功能，也可进行周边地图的查询，以及_____、_____的查询
认知 AFC 票卡	AFC 票卡 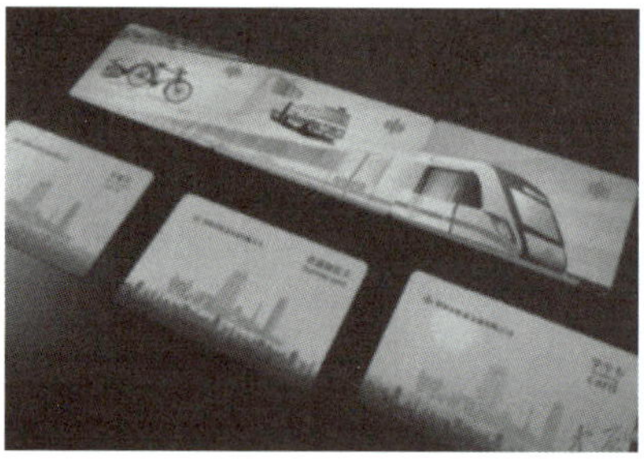	票卡为 5 层架构底层，它是乘客所持的车费支付媒介，常见的类型有_____、_____、一日票、纪念票、免费出站票、往返票、福利票、区段票、支付宝乘车码、微信乘车码、银联云闪付及乘车码等

【实训评价】

【课证融通考评单】城市轨道交通车站 AFC 系统与设备说明			日期：		
姓名：		班级：	学号：		
自评：□熟练 □不熟练		互评：□熟练 □不熟练	师评：□合格 □不合格	教师签名：	
日期：		日期：	日期：		
【评分细则】					
序号	评分项	得分条件	分值	自评	互评	师评

序号	评分项	得分条件	分值	自评	互评	师评
1	接受任务	明确工作任务，理解任务在企业工作中的重要程度	5			
2	实训准备	实训前掌握安全注意事项和岗位标准的程度	5			
3	能力评价	1）能简述 AFC 系统的结构及组成	10			
		2）能根据实物图片区分 AFC 终端设备类型	20			
		3）能简述 AFC 设备的功能	20			
		4）能简述 AFC 票卡主要类型	10			

(续)

序号	评分项	得分条件	分值	自评	互评	师评
4	素养评价	1）工作计划性强，安排得当	5			
		2）团队合作能力强，善于沟通合作	5			
		3）自主学习能力强，勇于克服困难	5			
		4）严谨认真，积极参与课堂活动	5			
5	评价反馈	1）能快速、正确地识别图片中的设备	5			
		2）在任务实施过程中能发现问题、解决问题	5			
	合计		100			

单元练习

一、名词解释

1. 自动售检票系统

2. 车站计算机

3. 非接触式 IC 卡

4. 自动售票机（TVM）

5. 半自动售票机（BOM）

二、单项选择题

1. 1967 年，世界上第一套 AFC 系统在（　　）地铁安装使用成功。

　　A. 法国巴黎　　　B. 美国纽约　　　C. 日本东京　　　D. 德国柏林

2. AFC 系统的（　　）功能用于乘客自助式购买地铁单程票和乘客自助查询车票。

　　A. 售票　　　　　B. 检票　　　　　C. 统计　　　　　D. 清分

3. （　　）与公交卡一样，乘客可以先往卡里充入一定金钱，每次乘车刷卡后，从卡里扣除本次消费额，卡内余额不足时，可到指定地点充值。

　　A. 单程票　　　　B. 多程票　　　　C. 储值卡　　　　D. 计次票

4. （　　）可根据乘客的指令自动出票，它替代了人工售票实现机器的自动售票。

　　A. SC　　　　　　B. TVM　　　　　C. BOM　　　　　D. GATE

5. （　　）最基本、最核心的功能是实现 1 次只通过 1 人，用于非付费区和付费区的出入口。

　　A. 自动售票机　　B. 半自动售票机　C. 闸机　　　　　D. 便携式验票机

6. 扇门正常工作时，从扇门开始动作到完全打开（或关闭）的时间小于（　　）s，且可以调节。

　　A. 0.2　　　　　 B. 0.4　　　　　 C. 0.6　　　　　 D. 0.8

7. （　　）由车站站务员操作，可分别处理非付费区和付费区的乘客事务。

　　A. 自动售票机　　B. 半自动售票机　C. 闸机　　　　　D. 便携式验票机

三、多项选择题

1. 车站 AFC 系统设备包括（　　）。
   A. 闸机　　　　　　　　　　B. 半自动售票机　　　　　　C. 自动售票机
   D. 车站计算机　　　　　　　E. 便携式验票机

2. 非接触式 IC 卡车票有（　　）。
   A. 卡型　　　　　　　　　　B. 筹码型　　　　　　　　　C. CPU 卡
   D. 计次票　　　　　　　　　E. 计程票

3. 车票按使用性质可分为（　　）等。
   A. 单程票　　　　　　　　　B. 多程票　　　　　　　　　C. 储值卡
   D. 员工卡　　　　　　　　　E. 计次票

4. 客服中心对车票维护项目有（　　）。
   A. 问题车票　　　　　　　　B. 退票　　　　　　　　　　C. 补票
   D. 更新　　　　　　　　　　E. 接待

5. 半自动售票机的功能有（　　）。
   A. 车票分析　　　　　　　　B. 车票发售　　　　　　　　C. 车票充值
   D. 车票更新　　　　　　　　E. 车票替换

四、判断题

（　　）1. 车站终端设备安装在各车站的站台，是直接为乘客提供售检票服务的设备。

（　　）2. CPU 卡又称为微处理器卡，由一个或多个集成电路芯片组成，封装在便于人们携带的卡片内。

（　　）3. 在乘客要求退票时，半自动售票机应能立即办理即时或非即时退票手续。

（　　）4. 钱箱操作取出硬币时，应放入另外一个空的硬币箱，同时保证硬币箱顶部的小门处于打开状态。

（　　）5. 组成一个通道需要两台闸机：一个主机柜和一个相邻的机柜。

（　　）6. 更换票箱首先要完成的是用闸机钥匙打开付费区的维护门。

（　　）7. 日常使用过程中及在紧急状态下，扇门开关门应基本保持静音，声音应低于 20dB。

（　　）8. 在断电情况下，扇门能自动回收，并保持在打开位置。

（　　）9. 半自动售票机对车票的分析结果应与自动检票机保持一致。

五、问答题

1. 简述 AFC 系统设备的主要功能。

单元二　城市轨道交通车站售检票系统

2. 如何对问题车票进行处理？

3. 简述更换票箱的操作流程。

4. 自动检票机对乘客放行的判断依据是什么？

5. 简述半自动售票机的操作模式。

单元三

城市轨道交通电梯与站台门

单元导入

城市轨道交通电梯分为垂直电梯与自动扶梯，它们是在城市轨道交通站台、站厅、地面间运送客流的主要设备，每天担负着运送大量客流的任务，对及时疏散客流起着至关重要的作用。

站台门系统是集建筑、机电、材料和信息等于一体的产品，主要应用于地铁、城轨、快速公交等现代快速交通领域。站台门系统安装在站台边缘，将轨道行车区与站台候车区域隔离开来，既可以有效降低车站环控设备用电量，防止车站空调系统通风流失，还能有效防止乘客误入轨行区造成危险，全高门还能很好地隔离轨行区的噪声，给乘客带来安全舒适的候车环境。

课题一　电梯的构造

【课题目标】

1）了解电梯的定义。
2）熟悉自动扶梯的分类及结构。

【课题内容】

乘客无论是从地面进入城市轨道交通车站站厅，还是从候车站台上到站厅区域，都可以乘坐电梯。城市轨道交通车站一般都会备置自动扶梯、垂直电梯，以快速便捷地运送乘客。

一、电梯介绍

电梯是由动力驱动，利用沿刚性导轨运行的箱体或者沿固定线路运行的梯级（踏步），进行升降或者平行送人、货物的机电设备，包括垂直电梯、自动扶梯、自动人行道等。城市轨道交通车站常用垂直电梯与自动扶梯。

自动扶梯与垂直电梯都是向上或向下输送乘客的固定电力驱动设备，它们各有优点，通常会在不同的场合使用。与垂直电梯相比，自动扶梯所占空间较大，而且行走速度（特别是垂直速度）相对缓慢，但是因为自动扶梯是连续运作，不像垂直电梯一样需要乘客等轿厢到来，因此自动扶梯的总载客量高很多。在人流很大，而垂直距离不长的地方，如商场和车站，一般都会使用自动扶梯。人流较小，但垂直距离大的场合，如办公室大楼，则多数使用垂直电梯。

1. 垂直电梯（图 3-1）

垂直电梯具有如下特点：

1) 垂直电梯分为载客、载货两大类：载客电梯除普通乘客电梯外还有专用的医用电梯、观光电梯、无障碍电梯等。

2) 垂直电梯井道需解决防火、隔振、隔声、通风等问题。

3) 垂直电梯门边通常需要为安装层间按钮、指示装置等预留孔洞，为安装推拉门的滑槽，通常在门套下楼板边梁上做"牛腿"（安装在电梯门旁边的丁字形挡板）。

4) 垂直电梯机房一般设置在电梯井道的顶部，液压电梯机房可设在底部，另有无机房电梯。

2. 自动扶梯（图 3-2）

图 3-1　垂直电梯

图 3-2　自动扶梯

自动扶梯具有如下特点：

1) 输送能力大，生产率高，能连续运送乘客，特别适合有大量人流汇集与疏解的场所，如车站、机场、码头、商场等，对地铁车站尤其有用。

2) 自动扶梯上、下行都能运转，近年来又出现了旋转式和平行式等新型自动扶梯，以满足不同场所的需要，甚至可以实现车站从候车站台到地面出入口的连续输送。

3) 自动扶梯的机械装置悬在楼板下面，楼层下做装饰外壳处理，底层则做地坑。在其机房上部自动扶梯口处应做活动踏板，以便于检修。

4) 自动扶梯洞口四周应按照防火分区要求采取防火措施，地铁自动扶梯底坑应做好自排水结构。

5) 与一般电梯不同，当停电或重要零件损坏需停止运行时，自动扶梯可用作楼梯。

6) 自动扶梯构成中有水平区段，会产生附加的能量损失，同时，提升高度较大时，乘客在自动扶梯上停留的时间会较长。

3. 自动人行道

自动人行道是一种运载人员的连续输送机械。它与自动扶梯不同之处在于：运动路面不是形成阶梯形式的梯路，而是平的路面。自动人行道（图3-3、图3-4）主要用于平面输送，也能进行一定角度（12°）的倾斜输送。它适用于人流集中的公共场所。

图3-3 自动人行道（一）

图3-4 自动人行道（二）

二、自动扶梯的分类

1. 按扶手装饰分类

（1）全透明式 指扶手护壁板采用全透明的玻璃制作的自动扶梯，按护壁板采用玻璃的形状可分为曲面玻璃式和平面玻璃式。

（2）不透明式 指扶手护壁板采用不透明的金属或其他材料制作的自动扶梯。由于扶手带支架固定在护壁板的上部，扶手带在扶手支架导轨上做循环运动，因此不透明式自动扶梯的稳定性优于全透明式。其主要用于地铁、车站、码头等人流集中的高度较大的场所。

（3）半透明式 指扶手护壁板为半透明的自动扶梯，如采用半透明玻璃等材料作为扶手护壁板的自动扶梯。

就扶手装饰而言，全透明的玻璃护壁板具有一定的强度，其厚度不应小于6mm，加上全透明的玻璃护壁板有较好的装饰效果，所以护壁板采用平板全透明玻璃制作的自动扶梯占绝大多数。

2. 按梯级驱动方式分类

（1）链条式 指驱动梯级的元件为链条的自动扶梯。

（2）齿条式 指驱动梯级的元件为齿条的自动扶梯。

由于链条驱动式结构简单，制造成本较低，所以目前大多数自动扶梯均采用链条驱动式结构。

3. 按提升高度分类

（1）小提升高度自动扶梯 其提升高度为3~10m。

（2）中提升高度自动扶梯 其提升高度为10~45m。

（3）大提升高度自动扶梯 其提升高度为45~65m。

在设计自动扶梯时，按它的受载情况和使用时间长短可分为普通型和公共交通型。公共交通型自动扶梯每周运行时间约为140h，而且在任何3h的时间间隔内，持续重载时不少于0.5h，其载荷应达到规定制动载荷的100%。因此，特别要求自动扶梯经久耐用。

三、自动扶梯的结构

自动扶梯由梯路（变形的板式输送机）和两旁的扶手（变形的带式输送机）组成。自

动扶梯结构示意图如图 3-5 所示,主要包括如下部件:

1) 桁架。桁架设在建筑结构上,它是支承梯级、踏板以及运动机构等部件的金属结构件。

2) 梯级。它是在扶梯桁架上循环运行,供乘客站立的部件。

3) 裙板。它是与梯级、踏板两侧相邻的金属围板。

4) 梯级链。它是传递运动并带动梯级运行的部件。

5) 梯级导轨。它是供梯级滚轮运行的导轨。

6) 梳齿板。它是位于运行的梯级出入口,为方便乘客上、下过渡与梯级踏板相啮合的部件。

7) 驱动装置。它是驱动自动扶梯运行的部件,包括电动机、减速器、驱动链轮主轴和驱动链轮等。

8) 扶手护壁板及扶手带。扶手护壁板是在扶梯两侧对乘客起安全防护作用,也便于乘客扶握的部件。扶手带是在扶手护壁板顶面,与梯级同步运行,供乘客扶握的带状部件。

9) 扶手带张紧装置。它是当扶手带被拉长或安装过紧时,用于调节扶手带长度的部件。

10) 控制器。它主要由主机板、变频器、主开关、各种继电器、接线端子、通信接口和接地保护装置等构成。

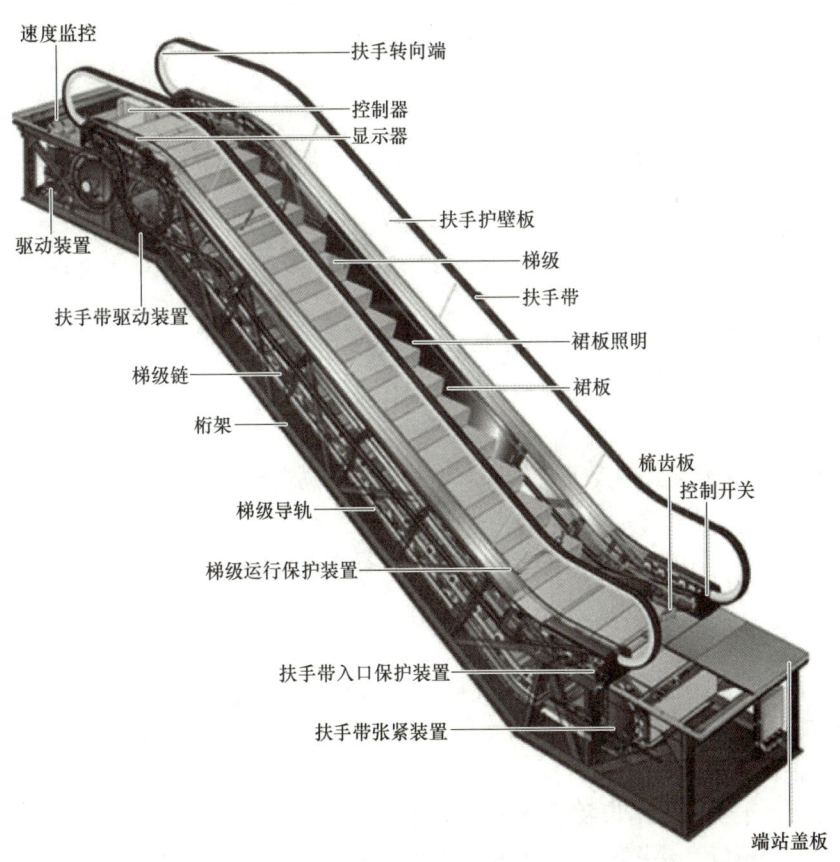

图 3-5 自动扶梯结构示意图

梯级在乘客入口处做水平运动（方便乘客登梯），以后逐渐形成阶梯；在接近出口处阶梯逐渐消失，梯级再度做水平运动。这些运动都是由梯级主轮、辅轮分别沿不同的梯级导轨行走来实现的。

课题二　电梯安全操作及应急处置

【课题目标】

1) 掌握电梯安全操作规程。
2) 了解电梯故障处理知识。

【课题内容】

电梯系统包括垂直电梯系统、自动扶梯系统等，是城市轨道交通系统的一个重要组成部分，它每天担负着运送大量乘客的任务，其对客流的及时疏散起到了至关重要的作用。

练一练

> 学生分组演练，操作垂直电梯、自动扶梯实践练习；角色转换体验电梯正确乘坐规则。

一、操作总则

1) 必须由受过正确培训并取得特种设备操作证的操作人员进行操作，操作时必须严格按规程执行。
2) 电梯专用钥匙须由专人保管，除操作、维修人员及相关责任人授权人员可使用外，不得借出。
3) 必须使用专用钥匙对电梯进行开关操作，操作完毕后，钥匙不得留在电梯开关上。

二、自动扶梯的操作方法

1) 正常情况下，在进行启动、停止、换向操作前，必须确保梯级和扶手带上无人或物。
2) 所有自动扶梯每天至少开行 1h，以保证必要的润滑，预防有害锈蚀及形变。
3) 启动前的准备工作：
① 确认上、下出入口踏板及不锈钢装饰板位置正确，无破损。
② 确认梳齿板齿、梯级凹槽内及梯级周边缝隙内无杂物。
③ 确认粘贴在自动扶梯出入口处的检验合格证、使用说明清晰、明确、无破损，警示

标志牌完好，位置正确。

4）启动操作步骤：

① 将钥匙插入运行开关，向需运行方向旋转约60°，放松钥匙使其自动复位。如果希望自动扶梯在节能自动运行方式下运转，在2s内向需运行的方向连续进行旋转—放松—旋转—放松操作即可。

② 自动扶梯启动后，应将钥匙拔出带走。

③ 试乘自动扶梯，确认有无异响及异常振动，扶手带有无裂痕，是否与梯级同步。若有异常，应立即按下急停按钮，并通知维修人员。

5）正常停梯操作步骤：

① 将钥匙插入运行开关，向正在运行方向的反方向旋转、放松，将钥匙旋至零位后拔出。

② 自动扶梯完全停止后，检查外观有无破损，并请保洁员清洁自动扶梯。

6）换向运行操作步骤：

① 将钥匙插入运行开关，向运行方向的反方向旋转、放松。

② 自动扶梯完全停止后等待30s，再向需运行方向旋转。

③ 待自动扶梯正常运行后，将钥匙拔出。

7）紧急停梯操作步骤（正常情况下必须使用钥匙开关自动扶梯，严禁非紧急情况下使用急停按钮停梯）。

① 发生紧急情况须使用急停按钮时，应先大声警示乘客"紧急停止、抓紧扶手"，然后按下急停按钮。

② 确认人员及设备状况，采取相应应急措施。

8）自动扶梯运行期间，操作人员应尽量经常巡查设备状况，发现问题时及时报告，若无把握可先关停设备，询问专业维保人员后再行处理。

9）停运后，必须清洁自动扶梯外观，特别是梯级周边和扶手带周边。

10）清洁时，标贴和警示牌板只需轻轻擦拭即可，尽量保护字体及底色。

三、垂直电梯的操作方法

1）垂直电梯开放使用前的准备：

① 确认电梯各层站有无漏水、漏电现象，若有，则需通知维修人员检查后才可使用。

② 确认乘客须知清晰、报警电话号码明确清晰。

③ 确认警铃功能完好、报警电话畅通声音清晰。

④ 用钥匙将开关旋至正常运行位，试乘垂直电梯至所有层站，做试运行。若有异常，应通知维修人员检查修复后才可使用。

⑤ 检查内、外控制按钮功能，各类显示是否正确。

⑥ 确认轿厢及层门地坎清洁无异物。

⑦ 观察开门、防夹光幕、照明、通风、启动、平层等各项功能是否正常，有无异响、异味。

2）开放使用期间，操作人员应经常巡检试乘电梯。

3）严禁乘客乱丢杂物、乱按控制按钮、倚靠轿厢门、携带危险品及超重超长物品。

4）垂直电梯受控层必须在受控层用钥匙开启后才可使用。

5）关停垂直电梯时，将钥匙开关旋至锁梯位置，轿厢会自动运行至基站并自动开门，关门后进入锁梯状态，操作人员必须确认轿厢内无人后才可离开。

6）清洁电梯时，须使用较干的洁具，以免设备部件受潮损坏。

7）火灾时，车控室控制台电梯控制系统自动进入消防模式。

8）火灾情况下不能使用垂直电梯。

9）若需长时间开门，可按轿厢内的开门按钮或本层的外呼按钮，长时间站在门中间挡门将会导致死机。

四、自动扶梯的乘坐常识

不少人使用自动扶梯时，除了让自动扶梯带动外，自己还会在梯级上行走，以节省时间。因此，使用自动扶梯时，站着的乘客应该靠梯级的同一边，让出另一边的梯级，供行走的人使用（一般不提倡在自动扶梯上行走）。不同的地区对于应该站到哪一边有不同的俗例。例如：伦敦地下铁路、华盛顿地下铁路、日本关西的铁路、中国台北捷运，要求站立的乘客站到右边；日本东京要求乘客站在左边；而蒙特利尔的地铁更没有任何规则，因为他们认为乘客根本不应在自动扶梯上行走。

中国香港地下铁路的规则是靠右站。在中国内地，根据中国电梯协会的建议，自动扶梯的乘客应该尽量靠右站。

除此以外，使用自动扶梯时还应注意：

1）乘梯时紧握扶手带。

2）不要站到梯级边，应站在梯级警示框内。

3）不要把头或手伸出梯外，否则可能撞到天花或相邻的自动扶梯。

4）不要奔跑嬉戏。

5）不要使用自动扶梯搬运货物。婴儿车、货物推车等应使用垂直电梯。

6）使用轮椅、拐杖的乘客应该尽量使用垂直电梯/无障碍电梯。

7）要照顾儿童和老人。

8）自动扶梯都会有紧急制动的按钮，供遇到意外时使用。

五、垂直电梯的乘坐常识

1）使用垂直电梯时，欲上楼者按向上方向按钮，欲下楼者按向下方向按钮。

2）垂直电梯抵达楼层后，乘客应判明垂直电梯运行方向；当确定垂直电梯运行方向与自己去往的方向一致时再进入轿厢。

3）乘客可以按电梯内操作面板上的"关门按键"关闭电梯门；电梯门扇会定时、自动关闭，乘客切勿在楼层与轿厢接缝处逗留，以免被夹伤。

4）乘客进入轿厢后，通过按动楼层选层按钮确定电梯停靠楼层。乘客不得倚靠轿厢门。

5）垂直电梯均有额定运载人数标准。当人员超载时，电梯内报警装置会发出声音提示，此时乘客应主动减员，退出电梯。

6）当垂直电梯发生异常现象或故障时，乘客应保持镇静，可拨打轿厢内报警电话寻求帮助或等待救援。切不可擅自撬门，企图逃离轿厢。

7）应保持轿厢内的清洁卫生，不在轿厢内吸烟、随地丢弃废物。

8）乘客要爱护电梯设施，不得随便乱按按钮和乱撬厢门。

9）管理人员要严格履行岗位职责，经常检查电梯运行情况；定期联系电梯维修保养，做好维保记录；发现故障时及时处理和汇报。

六、自动扶梯应急处置

自动扶梯简单故障诊断步骤如下：

1）查看自动扶梯运行指示灯是否亮，以确认供电是否正常。

2）仔细检查上、下端梳齿板及扶手带圆弧下端黑色橡胶封口有无卡夹杂物（如石子、螺钉、小棍等），清理后可试开。

3）试开必须开上行，需开下行的，应待上行起动正常后，再停梯换向开行。

4）不能起动的或起动后有异响的应立即按急停按钮停梯，并报修。

七、垂直电梯应急处置

（1）火灾、地震应急处置

1）车站发生火灾时，消防信号统一由系统发送，进入消防模式。

2）若电梯轿厢着火，应使用层门附近的绝缘灭火器灭火。

3）火灾或地震发生后，应由电梯维修人员严格检查或修理后才可重新投入运行。

（2）电梯井道内进水应急处置

1）电梯操作人员应将电梯开至高于进水的楼层后切断电梯电源。

2）若水已经将轿厢淋湿，应立即就近停靠电梯，切断电梯电源，并悬挂警示牌，立即对进水问题报修。

3）水灾过后，应由电梯维修人员严格检查或修理后才可重新投入运行。

（3）停电时的应急操作　确定电梯没有关人后，应将锁梯开关旋至关闭位置，避免恢复供电时电流冲击。

（4）电梯困人应急处置

1）信息报告流程如图3-6所示。

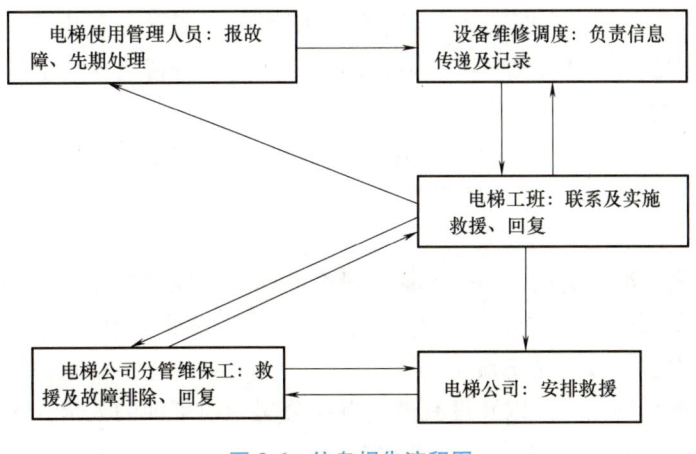

图3-6　信息报告流程图

2）报告程序：

① 车站行车值班员通过各种方式（电梯报警电话、轿厢监视摄像头及人员现场发现口头通知等）发现电梯出现困人情况时，应立即拨打设备维修调度的电话报修（车站员工应告知设备维修调度具体情况）。

② 设备维修调度接到报警电话后，应立即拨打电梯工区电话或电梯工长手机，确保电梯工班人员对困人事件做出响应。

③ 电梯工班人员接到设备维修调度报警电话后，应立即拨打电梯公司报警电话，并携带必要的救援工具赶往现场，在途中应拨打电梯公司分管电梯困人应急处置的维保工手机，确认报警得到响应。

④ 电梯工班人员应及时通知电梯工程师，报告已知情况。

3）先期处理：

① 行车值班员发现电梯困人后，应通过电梯紧急电话安抚受困人员，了解现场情况（人数、身体状况、有无应急照明、风扇是否转动、受困经过等），并劝诫受困人员保持冷静，耐心等待维修人员，不要自行扒撬轿门，应手握扶手靠轿厢壁站立。

② 行车值班员在等待救援过程中，应持续通过轿厢内监视摄像头观察轿厢内的情况，并继续安抚乘客。若发现有受伤或体弱发病的乘客，应提前拨打120急救电话，待受困人员放出电梯后及时救治。

③ 取得电梯维修操作证并通过电梯公司放人操作培训、掌握放人操作技能的电梯使用管理人员，应在30min内赶到现场，并按规定程序步骤尝试放人。

4）现场组织：

① 现场指挥：当班值班站长为现场指挥。

② 组织协调：值班站长负责现场的组织协调，为救援提供便利条件。电梯专业人员提供专业建议，由值班站长发布命令，电梯专业救援人员实施救援。

5）现场救援：

① 取得电梯维修操作证并通过电梯公司放人操作培训、掌握放人操作技能的电梯使用管理人员，应按规定的紧急操作步骤将乘客尽快放出。

② 若紧急放人操作方法不能将受困乘客放出，则此时电梯使用管理人员在电梯公司及电梯工班人员赶到现场前，应携带好全套电梯专用钥匙（包括三角钥匙、控制柜钥匙、锁梯钥匙及受控层钥匙）及对讲机在困人电梯的顶层厅门外等待电梯专业人员到达施救，同时应用开关钥匙关闭电梯。

③ 电梯工班人员或电梯公司救援人员赶到现场后，应先通过对讲机与车控室联系了解情况，再用电梯三方通话装置与受困乘客通话了解轿厢内情况，并安慰乘客不要惊慌，按指示做好准备。

④ 得到乘客做好准备的回复后，电梯工班或电梯公司经过专业培训并持有维修操作证的人员，应按电梯公司规定的标准"紧急放人操作程序"将乘客放出。

⑤ 安抚受困乘客，救治受伤乘客。

⑥ 未持有电梯维修操作证以及没有经过电梯公司专项培训的人员，不得对故障电梯进行任何救援操作，以防因不当操作导致被救援人的伤亡。

单元三　城市轨道交通电梯与站台门

6）应急终止：

①应急终止条件：乘客被安全救出电梯轿厢，乘客无伤亡或得到救治。

②救援完毕的汇报：

a. 电梯工班人员或电梯公司维保工确认乘客救出后，应向车站或现场管理人员报告人员情况及设备情况，并在修复电梯后向设备维修调度回复。

b. 值班站长在受困乘客安全放出后，向控制中心设备维修调度回复。

c. 演练过程中若有突发事件，应及时报告现场指挥，按有关程序处理。

课题三　站台门系统

【课题目标】

1）掌握站台门系统的相关概念与组成。
2）掌握站台门系统的安全作业、维护保养内容及故障处理方法。

【课题内容】

一、站台门系统概述

地铁站台门是一项集建筑、机械、材料、电子和信息等学科于一体的高科技产品，适用于地铁站台。站台门将站台和列车运行区域隔开，通过控制系统控制其自动开启。站台门能有效地减少空气对流造成的站台冷热气的流失，保障列车、乘客进出站时的安全，降低列车运行所产生的噪声对车站的影响。地铁站台门能为乘客营造一个安全、舒适的候车环境，具有节能、安全、环保、美观等功能。

站台门（Platform Screen Doors，PSD）系统由机械和电气两部分构成，机械部分包括门体结构和门机系统，电气部分包括电源系统和控制系统。它是 20 世纪 80 年代出现的在城市轨道交通中应用的一种安全节能装置。其主要构成部分有门体结构、门机系统、门机控制器（DCU）、车站级控制系统、监视系统。站台门门体结构通常由滑动门、固定门、应急门、端头门及门机顶箱、踏步板、上下部连接结构等构成。

1. 站台门系统的优点

与传统的地下车站相比，采用站台门的车站具有如下优点：

1）安全：站台门系统可以防止人员和物品掉落轨道或进入轨行区，使地铁运行的安全性大为提高。全封闭的端墙设计，可以防止人员进入隧道或轨行区，确保行车安全。全面的安全保护系统、障碍物检测系统，可以防止人员被站台门夹伤。

2）节能：站台门系统将车站的站台与轨行区分隔开，有效地降低了车站空调系统的负荷，从而降低车站空调系统的能耗。

3）舒适：应用站台门系统可以改善车站内的空气质量和站台乘客区的环境条件，提高

61

了乘客的舒适感，避免了风速以及压差带给乘客的影响。

4）美观：站台门外表采用优质不锈钢或铝材、高透明度的玻璃屏、隐框的结构设计，使站台外观得到美化。

2. 站台门系统的缺点

1）站台门系统的初期投资是昂贵的。另外，由于增加了站台门系统，每年地铁车站的维修费用也相应增加。

2）在侧式站台上，安装了站台门系统后，会使站台显得狭长。为了提高乘客候车舒适度，对这些站台还必须进行特殊的装修处理，使站台显得明亮、宽敞，这会增加成本。

3）地铁隧道壁面上安装着广告灯箱，这有着很好的广告收入，但安装站台门之后，虽然站台门大多为透明玻璃，但仍会使广告效果下降，影响广告收入。

二、站台门系统的组成

1. 站台门系统的门本体结构

站台门系统的门本体结构如图3-7所示。

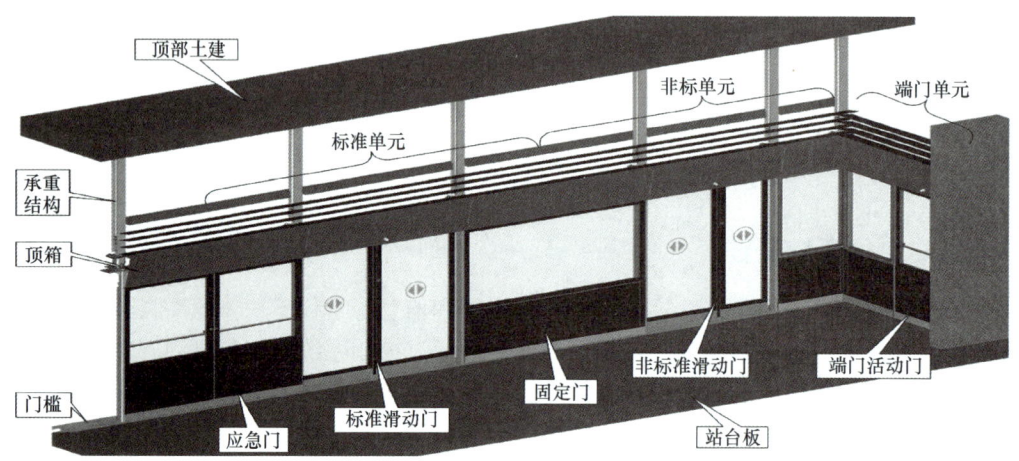

图3-7 站台门系统的门本体结构

2. 门本体结构的双扇滑动门

双扇滑动门的数量应与列车一侧客室门数量一致、位置对应。正常情况下，双扇滑动门的开/关应由门机总成的驱动机构操作，由门控单元（Door Control Unit，DCU）控制，紧急情况下应能实现如下功能：在轨行区侧，乘客可操作设置在门扇上的轨道侧应急把手动开门；在车站站台侧，车站乘务员可用专用钥匙手动开门，如图3-8所示。

3. 固定门（Fixed Panel，FP）

固定门设置在双扇滑动门之间，为不可开启的门体。根据双扇滑动门的间距，在满足门本体结构强度、刚度的前提下，根据轨行区边墙侧灯箱广告的可视性及视觉观感的要求，可将固定门进行分块或不分块处理。

4. 应急门（Emergency Escape Door，EED）

在门本体结构中应设置应急门，不带动力，在应急情况下使乘客能在轨行区侧手动打开逃生。

单元三　城市轨道交通电梯与站台门

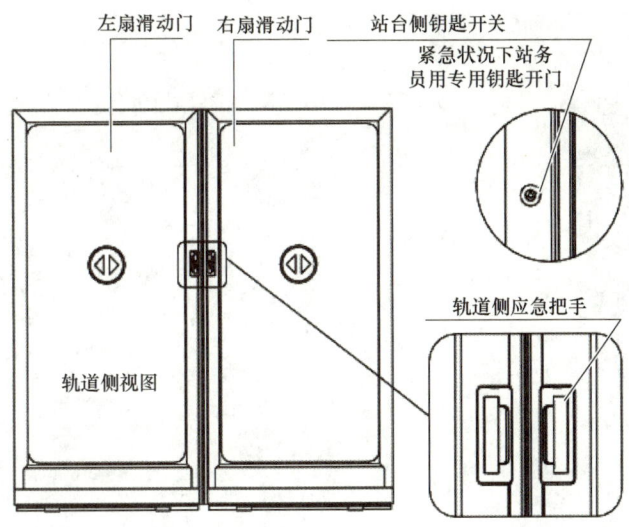

图 3-8　双扇滑动门示意图

应急门设置原则如下：当列车不能够停在站台停车精度范围内时，应至少有一道列车客室门对着一道应急门。应急门在轨行区侧，应设置乘客手动打开的推杆，可以将门扇推向站台方向旋转 90°平开。

5. 端墙（End Wall，EW）

在车站每侧站台的左、右端头设置端墙，垂直于车站站台边线布置，分别与纵向设置的固定门和车站站台设备区的侧墙连接，使车站站台乘客区与轨行区和设备区分隔。端墙的结构形式一般与固定门相同。

6. 手动端门（Manual Secondary Door，MSD）

端墙应设不带动力的手动端门，正常情况下由列车司机或车站站务员手动打开。手动端门上设有手动开门推杆，在站台的乘客区侧手动端门上设有门锁和隐蔽的开门机构。其门扇结构形式为向站台的乘客区侧方向旋转 90°平开。

7. 站台门系统的其他组成部分

（1）双扇滑动门的门机总成　双扇滑动门的门机总成装设在门本体结构的顶箱内，由驱动装置、门锁、门扇已关闭位置检测行程开关（Leaf Closed Switch，LCS）、门扇已闭锁位置检测行程开关（Leaf Locked Switch，LLS）、门控单元、手动解锁装置、状态指示灯、模式转换开关、监视装置等组成。

（2）中央接口盘（Central Interface Panel，CIP）　中央接口盘可安装在专门的站台门系统的机柜室或控制设备室（Control Equipment Room，CER）内，或与站台门系统的动力设备一起安装在站台门系统的设备室（Equipment Room，ER）内。中央接口盘是由信号系统自动列车控制（Automatic Train Control，ATC）系统实现双扇滑动门自动开/关的重要控制及接口设备。

（3）就地控制盘（Local Control Panel，LCP）　地铁系统若采用有司机 ATC 子系统运营模式，则就地控制盘设置在车站站台两端的门本体结构端墙外，如图 3-9 所示。

无法实现由 ATC 系统控制双扇滑动门自动开关而要实行降级运行时，则由列车司机或车站站务员（当地铁系统采用无司机 ATO 子系统时）手动操作就地控制盘的按钮，从而实现双扇滑动门开/关。

图 3-9 就地控制盘（PSL）

（4）动力设备　站台门系统的动力设备安装在站台门系统的侧边，设备包括控制电源和驱动电源。

学生分组，在站台门的滑动门与应急门前进行手动解锁装置打开练习。

三、站台门系统的安全作业

1. 站台门的工作程序

一般站台门有密闭型和开放型两种。前者是在站台侧面从地板到顶棚全部遮挡起来，而后者只有站台门的高度是隔离的，其余部分敞开。对于采用车站进风、区间排风的车站，以开放型为好，有利于站台和隧道的通风和排烟；对于采用全封闭空调的车站，应采用密闭型，以保证车站本身空调的效率。

站台门的开、关是与车厢门联动的。通常司机在打开车门的同时，站台门也自动打开，关闭车门时也是如此。除此之外在站台的相应位置还设有供站务员使用的操作盘，每个站台门都设有个别操纵开关，在车站的调度室和运输调度所均设有相应的控制显示器和开关，以保证站台门开、关的绝对安全。站台门的开、关采用可靠性高的电磁阀控制，电磁阀安装在站台门顶部的顶箱内。

站台门以关闭为定位，正常情况下的开关按以下作业程序进行：

1）列车进站，在指定位置停车，车厢门对正站台门。

2）司机按动开门按钮（中央系统自控），站台门先动作，0.5s后，车辆门开始动作打开。一般从司机给出指令到车辆门全部打开的时间为3s。

3）司机根据列车停站时间，催促乘客抓紧时间上下车，当判断乘客乘降结束时，准备关门。

4）司机按动车上的关门按钮，预告蜂鸣器发出声响后车门先动作，0.5s后站台门动作并关闭。整个关门时间为3s。

一旦出现异常情况，即在列车司机无法操纵站台门或站台门开关不到位的情况下，对站台门的控制权将交给车站乘务员或运输调度所的工作人员；当所有电源被切断时，可用手动解锁方式打开站台门。

2. 站台门的安全保证装置

（1）列车与站台门之间的控制联系　站台门的开关指令是由司机从列车驾驶室发出的，而站台门的执行机构安装在站台上。另外，门的开关到位的确认、动作过程中各种异常情况的感知和信息处理都需要列车与站台固定设备之间的信息往返传递。担当这个任务的通常是发射应答器，它是由信息处理装置的变换器和轨道上设置的有源地上元件组成的。地上元件和车上元件通过高频电波进行信息交换。例如：列车定点停车与站台门及车厢门对准之间的关系判断方法为车上元件发出某信号由地上元件中的两个列车定位检测线圈接收，当车门与站台门对正或在允许的误差范围之内时，两线圈所收到的信号强度达到均衡，综合控制盘确认后发出可以进行开关门的操作信号。如果列车停车位置超出规定的停车范围。这时司机就必须手动驾驶列车，重新修正停车位置，直到能允许进行开关门操作为止。

（2）站台门的安全装置　在站台门上有3种安全探测装置，即：

1）探测站台门与车厢门之间人或物体存在的障碍物传感器。

2）为防止站台门夹人，设在两扇门边缘的门沿传感器。

3）为防止衣物等被站台门或站台门和车门同时夹住的防夹传感器。

其中，障碍物传感器和防夹传感器采用红外线探测，而门沿传感器则采用带状的导电橡胶条。它们都是在站台门关闭的过程中进行检测的，如果其中的任一传感器发出异常信号，站台门将开启后再做关闭门的动作，若反复3次仍不能成功关门，则站台门将在开启的位置停下来，并向列车驾驶室、各操作台和行车调度室发出异常信号，等待工作人员的现场处理，从而保证了乘客乘降的绝对安全。

（3）站台门防电击措施　由于站台门以及地板与列车车体之间存在电位差，当人体跨越车门时，与两者同时接触可能会被电击。为防止这一情况的发生，一般采取如下措施：

1）在站台门的支柱上涂敷高绝缘强度的橡胶保护层。

2）在乘客进出的站台地板上铺装绝缘橡胶板。

3）在站台门及屏蔽墙的表面涂上绝缘的氟化树脂材料。

3. 站台门系统控制方式

控制要求：站台门系统原则上在驾驶室操作，信号系统为站台门系统提供开关门控制信号。如果信号系统发生故障，则由司机通过PSL进行操作。在控制系统故障的情况下，站务人员可在站台侧用钥匙或由乘客在轨道侧手动将门打开。列车无法定点停车时，乘客可推开应急门。区间疏散乘客可从端门通过。

站台门系统可实现系统级控制、站台级控制、手动操作3级控制方式。3种控制方式以手动操作优先级最高，系统级最低。

（1）系统级控制　系统级控制是在正常运行模式下，由信号系统对站台门系统进行开/关门的控制方式。

列车进站停在信号系统允许误差范围内后，信号系统向站台门系统发送本次到站列车的编组信息（4节或6节编组列车），信号系统自动打开列车门，同时将开门信号送至站台门系统，站台门系统通过硬线把开门命令下达至相应位置的每一个门控单元（DCU），控制相应的滑动门打开。

在列车司机按下关门按钮时，列车门关闭，该命令通过与开门相同的途径送到相应的DCU，对应的滑动门关闭。系统确认所有的ASD/EED关闭且锁紧后，通知信号系统可以发车。

（2）站台级控制　站台级控制是在非正常情况即系统级控制故障情况下，由列车司机或站务人员在站台PSL上进行站台门开/关的控制方式。在信号系统开/关门信号发出后，站台门没有动作的情况下，列车司机可对站台侧的PSL进行操作，打开/关闭所有的站台门。

如果某一个站台门不能关闭而影响发车，司机/站台值班员在确认没有危险的前提下，可在PSL上手动解除站台门系统与信号系统的联锁，发车离站。

所有站台门系统出现的非正常情况，均能在车站综合控制室进行显示和报警。

以上操作均应与本次到站列车的编组情况保持一致。

（3）手动操作　手动操作是当控制系统故障或个别控制回路故障或某些站台门的传动装置等发生故障时，站务人员在站台侧用钥匙进行站台门的开/关门操作，或由列车通过广播指导乘客在轨道侧打开站台门。

当运营期间个别站台门故障不能参与正常开关门时，可操作设置在站台门上方的就地控制盒（LCB），使该道门与整个控制系统隔离，保证正常运营，待停运后再进行维护。

紧急状态下值班员可通过设置在车站综合控制室的综合后备盘（IBP）对站台门进行操作，打开站台门。

四、站台门系统的维护保养

1. 每日维保

每天检查门槛上和门槛滑道内是否有阻碍门扇运行的障碍物。具体步骤：维护人员在站台侧通过目测逐一检查每个站台门单元的门槛上有无阻碍门扇运行的障碍物（如碎石等），将检查结果记录在记录表上。

2. 每周维保

维保周期为1周，在夜间列车停止运行期间进行，清洁门扇玻璃、门体和门槛。其具体步骤：关闭设备控制室站台门系统的供电开关，清洁门扇玻璃，清洁门体，维护人员在站台侧用抹布清洁门槛，将检查结果记录在记录表上，恢复设备控制室的站台门系统的供电开关。

3. 每月维保

维保周期为1个月，在夜间地铁列车停止运行时进行，判断站台门侧零部件是否有损坏。

（1）PSL 检查　其具体步骤：将 PSL 的专用钥匙转到手动位置，按下开门按钮检查站台单侧站台门是否打开且 PSL 上的开门指示灯是否亮、关门指示灯是否灭，按下关门按钮检查站台单侧站台门是否关闭且 PSL 上的关门指示灯是否亮、开门指示灯是否灭；将检查结果记录在记录表上；将 PSL 的专用钥匙转到自动位置。

（2）模式转换开关和就地控制盒检查　其具体步骤：用专用钥匙将顶箱盖板打开；检查开关的固定和接线是否牢靠；用模式开关的专用钥匙将模式开关转向手动位置；操作就地控制盒上的开关按钮，门有相应的动作；用模式开关的专用钥匙将模式开关转向自动位置；操作就地控制盒上的开关门按钮，门不动作；操作 PSL 上的开关门钥匙开关，门有相应的动作；用模式开关的专用钥匙将模式开关转向隔离位置；操作就地控制盒上的开关门按钮，门不动作；操作 PSL 上的开关门钥匙开关，门不动作；将检查结果记录在记录表上；用专用钥匙将顶箱盖板锁紧关闭。

（3）电动锁检查　其具体步骤：检查开关组件和接线是否松动；手动将开关的触点压下再松开，观察动作是否灵活；用模式开关的专用钥匙将模式开关转向手动位置；操作就地控制盒上的开关门按钮，观察锁舌是否在开门瞬间抬起，锁到位开关的活动触头同时抬起，锁舌在开门过程中落下，同时压下锁到位开关的活动触点；将检查结果记录在记录表上。

（4）门控器检查（关门防夹功能检查）　其具体步骤：用专用钥匙将顶箱盖板打开；用模式开关的专用钥匙将模式开关转向手动位置，操作就地控制盒上的关门按钮；在门的关闭过程中，施加一个障碍，使门停止运动，在门再次关闭后，再次施加障碍，重复操作，直至门停止运动；操作就地控制盒上的开关门按钮；将检查结果记录在记录表上；用专用钥匙将顶箱盖板锁紧关闭。

（5）门控器检查（紧急解锁功能）　其具体步骤：当站台门关闭后，在轨道侧压下紧急开关，将站台门手动打开；操作门上的 PSL 开关按钮，站台门无响应；将检查结果记录在记录表上。

（6）门到位开关检查　其具体步骤：用专用钥匙将顶箱盖板打开，检查开关组件和接线是否松动；手动将开关的触点压下，再松开，观察动作是否灵活；手动将站台门拉到关门位置，看开关是否被正确压下；用模式开关的专用钥匙将模式开关转向手动位置，操作维护开关上的开关门按钮，门有相应的动作，门动作正常；门控器上的故障指示灯无门关到位故障提示或门未关到位故障提示；将检查结果记录在记录表上，用专用钥匙将顶箱盖板锁紧关闭。

（7）应急门信号开关检查　其具体步骤：将应急门打开；检查开关组件是否松动；手动将开关的触点压下，再松开，观察动作是否灵活；观察在监控界面上是否有对应的应急门打开的显示；关闭应急门，观察在监控界面上是否有对应的应急门关闭的显示；将检查结果记录在记录表上。

（8）端头活动门信号开关检查　其具体步骤：将端头活动门打开；检查开关组件是否松动；手动将开关的触点压下再松开，观察动作是否灵活，观察在监控界面上是否有对应的端头活动门打开的显示；关闭端头活动门，观察在监控界面上否有对应的端头活动门关闭的显示；将检查结果记录在记录表上。

（9）远方报警盘（PSA）面板元件检查　其具体步骤：将 PSA 工作台的后箱板打开，检查所有的开关元件固定是否牢靠；检查开关接线是否松动；拨动 PSA 的使能钥匙开关到使能位置，观察动作是否灵活，对应的使能指示灯是否亮；按上行线的紧急开门按钮，观察在监控界面上是否有上行线的站台门打开的显示，面板上的门状态指示灯是否正确显示；将检查结果记录在记录表上；关闭PSA工作台的后箱板。

（10）PSA监控设备性能检查　其具体步骤：将PSA工作台的后箱板打开；按下计算机的电源开关，系统会自动启动Windows XP操作系统；打开自动加载监控软件PSAMon，在监控软件的主界面上查看是否能监控到所有设备的状态，包括PSA、PSC、PSL、电源设备、总线状态和上下行的门的状态；检查是否有通信故障；将检查结果记录在记录表上；关闭PSA工作台的后箱板。

（11）PSC电气元件检查　其具体步骤：运用PSL专用钥匙操作PSL上的开关门钥匙开关，关闭站台门，PSC机柜上的开关门状态指示灯工作正常；监控界面上有相应的指示；运用PSL专用钥匙操作PSL上的开关门钥匙开关，关闭站台门，在关闭过程中，用障碍物阻挡门的正常关闭，直到3次防夹后门停止运动，观察PSC机柜上关门故障灯是否亮、报警蜂鸣器是否鸣响、监控界面上关门故障按钮是否亮；按PSC上的指示灯测试按钮，观察是否所有指示灯亮3s后自动熄灭；将检查结果记录在记录表上。

五、站台门系统故障处理方法

1. 站台门玻璃破碎

（1）站务人员　发现玻璃破碎应报告车控室，若是站台门/应急门，应将该门隔离（旁路）并断电；若玻璃未掉落，应将其左、右相邻的两档站台门隔离（旁路），断电后处于常开状态［端门破碎时将邻近的1#或24#站台门隔离（旁路）后处于常开状态］；使用封箱胶带将破碎的玻璃粘贴住，并设置隔离带和张贴告示牌；加强监督防护，提醒乘客注意安全。

（2）行车值班员　接报后，通知值班站长到场处理；做好乘客安全广播工作；通报行车调度、维护承包商和维修调度。

（3）值班站长　接报后组织员工处理，并赶赴现场；若玻璃掉落，应组织将其清扫，若掉到轨道内影响列车安全，应向行车调度报告，请人进入轨行区清理。

2. PSL的专用钥匙断在锁孔中

（1）司机　若钥匙断在"门关闭"位，上、下乘客完毕且站台门已关闭，应将连接PSL的LITTON接头从PSL上卸除，关车门动车后报行车调度；若钥匙断在"禁止"/"门关闭"位且乘客尚未上下或断在"门打开"位，应立即将情况报告车控室（使用站台直线电话，直线电话故障时报行车调度转达车站），要求派站务人员到尾端PSL操作站台门，同时将连接PSL的LITTON接头从PSL上卸除；待站务人员关闭站台门后，关闭车门动车，并将情况报告行车调度。

（2）行车值班员　接报后，通知站台保安到尾端墙协助开、关站台门；通报行车调度、维修承包商和维修调度。

（3）站务人员　列车乘客未曾下车时，通过尾端PSL开启站台门；确认乘客上、下车完毕后，操作PSL关闭站台门；后续列车到达对标停稳后，通过尾端PSL开启站台门；乘客上、下车完毕后（列车开门时间约为20s），操作PSL关闭站台门。

（4）行车调度　通知运行前方站交一新钥匙给司机。

（5）运行前方站值班站长　与司机交接新钥匙。

3. 列车进站时自动或紧急停车

（1）司机　若通过 ATC 人机接口显示器查看确认为站台门问题，应立即向行车调度报告；若收不到速度码，应按行车调度指令以受限制的人工驾驶模式（RM 模式）进站；若自动停车后收到速度码，则列车正常进站。

（2）行车调度　车站确认站台安全后通知司机以 RM 模式进站。

（3）行车值班员　查看车控室模拟监控盘"关门"绿灯是否长亮，长亮则报告行车调度站台门正常，不亮则通知站务人员查看站台门状态；通报维修承包商、维修调度及监控调度。

（4）站务人员　接到行车值班员通知后，查看站台门门头状态指示灯是否报警：若指示灯报警，则将该档单元进行隔离（旁路），并报车控室；若指示灯不报警，则表示站台门安全，报告车控室；首列车开车后，查看头端墙 PSL，若"PSD/EED 门关闭"绿灯不亮，应使用"互锁解除"接发后续列车。

4. 列车到站后整侧站台门不能同步开、关

（1）司机　操作 PSL 开/关站台门，将情况报告行车调度。

（2）行车调度　通报维修及监控调度；后续列车仍出现不能同步开、关时，应通知车站报维修承包商。

5. 列车到站后，一个或数个站台门不能正常打开

（1）司机　视情况适当延长站停时间，并报告行车调度；乘客上、下车完毕后，关门动车。

（2）站务人员　将情况报车控室；引导乘客从正常的门上、下车；在故障门上粘贴故障告示。

（3）行车值班员　多档门故障时，报告值班站长和行车调度；做好站台乘客广播工作，引导乘客从正常门上车；通报维修承包商和维修调度。

（4）值班站长　多档门不能打开时，组织人员现场引导乘客从正常的门上、下车。

（5）行车调度　多档门故障时，通知线上后续列车司机做好乘客广播工作。

（6）后续列车司机　多档门故障时，做好乘客广播工作，并引导乘客从正常门下车。

6. 列车到站后，整侧站台门不能打开（使用 PSL 仍不能开启）

（1）司机　使用 PSL 重新开门，若无效，应立即报告车控室（使用站台直线电话，直线电话故障时报行车调度转达车站）；广播引导乘客自行手动开启站台门上、下车，同时报行车调度；凭站务人员"好了"的信号，关闭车门动车。

（2）行车值班员　通知站务人员手动打开站台门；通报值班站长、行车调度、维修承包商和维修调度；做好乘客广播工作。

（3）站务人员　按每节车厢不少于 1 档门的要求，手动打开站台门，并将其隔离（旁路）和断电；引导乘客从已开启门上、下车，乘客上、下车完毕，开启的站台门做好安全防护（或人工看护）后，向司机显示"好了"的信号；做好安全防护，后续列车到站后组织乘客从已开启的站台门上、下车。

（4）值班站长及车站其他员工　按每节车厢不少于 1 档门的要求，手动打开站台门，并将其隔离（旁路）和断电；引导乘客从开启门上、下车；对开启的站台门加强监督和防护。

（5）行车调度　通知线上后续列车司机做好乘客广播工作，适当延长停站时间。

（6）后续列车司机　做好乘客广播工作，让乘客从已开启的站台门下车，适当延长停站时间。

7. 列车发车前，一档或多档站台门不能正常关闭

（1）站务人员　单个门故障时，将故障门隔离（旁路），向司机显示"好了"的信号，待发车后手动将该门关闭，并张贴故障告示；两档门故障时，将就近一档门隔离（旁路）后，手动将其关闭，到另一档故障门确认无夹人、夹物后，向司机显示"好了"的信号，待发车后将其隔离（旁路）并手动关闭，然后张贴故障告示；两档以上门故障时，立即报告车控室，对开启的站台门设置安全防护（或人工看护，人工看护时原则上每个人可监护5档相邻站台门）后，向司机显示"好了"的信号，待列车出发后将故障门隔离（旁路）和手动关闭，并张贴故障告示；对手动不能关闭的站台门，应加设安全防护栏，并加强监督和防护。

（2）行车值班员　通报行车调度、维修承包商和维修调度；做好乘客广播工作，并引导乘客从正常门上、下车。

（3）值班站长　多档站台门故障时，组织人员协助设置安全防护栏或人工看护（人工看护时原则上每个人可监护5档相邻站台门）；组织人员对开启的站台门加强监督和防护。

（4）司机　报告行车调度；凭站务人员"好了"的信号动车。

8. 列车发车时，整侧站台门不能正常关闭（操作PSL仍不能关闭）

（1）司机　立即报告车控室（使用站台直线电话，直线电话故障时报行车调度转达车站）；报告行车调度；凭站务人员"好了"的信号以RM模式动车离站。

（2）站务人员　立即报车控室，对开启站台门设置安全防护；对开启的站台门做好安全防护（或人工看护，人工看护原则上每个人可监护5档相邻站台门）后，向司机显示"好了"的信号；后续列车待乘客上、下车完毕并做好安全防护后，向司机显示"好了"的信号。

（3）行车值班员　通报值班站长、行车调度、维修承包商和维修调度；做好车站站台乘客安全广播工作。

（4）值班站长　接报后，组织人员加强对开启站台门的监督和防护（人工看护时原则上每个人可监护5档相邻站台门）。

（5）行车调度　故障未消除前，向后续列车司机通报故障情况。

（6）后续列车司机　列车自动停车后，以RM模式驾驶列车进站，并对标停车；凭站务人员"好了"的信号以RM模式动车离站。

9. 列车发车时收不到速度码，但站台门门头灯状态指示灯无报警

（1）司机　若PSL"PSD/EED门关闭"绿灯亮，应报行车调度，根据行车调度指示以RM模式动车；若PSL"PSD/EED门关闭"绿灯不亮，应使用PSL尝试开关1次，若仍不亮，将情况报告车控室（使用站台直线电话，直线电话故障时报行车调度转达车站）；报告行车调度，凭行车调度指示或站务人员"好了"的信号动车。

（2）行车值班员　接报后，通知站务人员确认站台门状态安全和无夹人、夹物后显示"好了"的信号；通报行车调度、维修承包商、维修调度及监控调度。

（3）站务人员　确认站台门无夹人、夹物，向司机显示"好了"的信号。

10. 使用PSL关闭站台门，转到"禁止"位后站台门自动打开

（1）司机　立即报告车控室（使用站台直线电话，直线电话故障时报行车调度转达车站），要求派站务人员到头端墙PSL处协助处理；报行车调度；待站务人员关闭站台门后，按规定动车。

（2）行车值班员　接报后，通知站台保安到司机立岗处协助司机手动关闭站台门；通报行车调度、维修承包商、维修调度及监控调度。

（3）站务人员　到司机立岗处操作 PSL 关闭站台门，并保持在"门关闭"位，待列车启动往前移动 2m 后，将钥匙恢复到"禁止"位，并拔出钥匙；后续列车仍存在同样问题时，应协助司机关闭站台门，站台门关闭且待列车启动往前移动 2m 后，将钥匙恢复到"禁止"位。

（4）行车调度　在运行前方站存在同样问题时，应通知运行前方其他站协助司机关闭站台门。

11. 列车起动后突然紧急制动

（1）司机　若通过 ATC 人机接口显示器查看确认为站台门问题，应立即向行车调度报告；按行车调度指令以 RM 模式动车。

（2）行车调度　与车站确认站台安全后，通知司机以 RM 模式动车。

（3）行车值班员　查看车控室模拟监控盘"关门"绿灯是否长亮，长亮则报告行车调度站台门无异常，不亮则通知站台保安查看站台门状态；报告行车调度、维修承包商、维修调度及监控调度。

（4）站务人员　接到通知后，查看站台门门头状态指示灯是否报警：若指示灯报警，则将该档单元门进行隔离（旁路），报车控室；若指示灯不报警，表示站台门安全，报告车控室；查看头端墙 PSL，若"PSD/EED 门关闭"绿灯不亮，应使用"互锁解除"接发后续列车。

12. 使用"互锁解除"接发后续列车

（1）行车值班员　在后续列车因站台门影响行车时〔如故障门未隔离（旁路）或模拟监控盘"关门"绿灯不亮〕，应安排站务人员在头端墙操作"互锁解除"接发后续列车（整侧站台门均不能正常关闭时除外）；通知列车运行方向的后方邻站台后续列车到其站后向本站报点；接到后方站报点后，通知站务人员操作"互锁解除"接发后续列车。

（2）站务人员　接到行车值班员的通知后，到头端墙 PSL 处使用互锁解除专用钥匙操作"互锁解除"接车；列车到达停妥后，松开互锁解除专用钥匙，将开门钥匙转到"门打开"位打开站台门；乘客上、下车完毕后，将开门钥匙转到"门关闭"位关闭站台门，再使用互锁解除专用钥匙操作"互锁解除"发车；待列车完全出站台后，松开钥匙开关。

（3）值班站长　若有站台门/应急门异常开启，应设置安全防护栏或安排人工看护（人工看护时，原则上每个人可监护 5 档相邻站台门）；乘客上、下车完毕后，向司机显示"好了"的信号。

实训操作及评价

【实训操作】　电梯的认知

实训准备：
电梯设备实物、设备图片等。

安全注意事项：
1）操作过程中，注意与带电物体保持一定距离，1 人操作，1 人监护，不要佩戴戒指、耳环、项链等金属物品，以免触电。

电梯

2）注意避免由于操作不当等人为原因而造成设备的损坏。

3）操作过程中，特别注意"三不动、三不离"。"三不动"：未联系登记好不动；对设备性能、状态不清楚不动；正在使用中的设备不动。"三不离"：维修完不复查试验好不离开；发现故障未排除不离开；发现异状、异味、异声，不查明原因不离开。

岗位标准：

1）掌握电梯设备结构及设备组成。

2）掌握电梯设备的基本功能。

3）持有电梯专业上岗证。

操作步骤：

步骤	图示	说明
认知 垂直电梯		左图所示设备的名称为_____
		左图所示设备的名称为_____
		左图所示设备的名称为_____，其作用是_____

72

单元三 城市轨道交通电梯与站台门

（续）

步骤	图示	说明
认知垂直电梯		左图所示设备的名称为_____，其作用是_____
		左图所示设备的名称为_____，其作用为_____
	 	左图所示设备的名称为_____，其作用是_____
		左图所示设备的名称为_____，其作用是_____

73

（续）

步骤	图示	说明
认知垂直电梯	 	左图所示设备的名称为_____，其作用是_____
	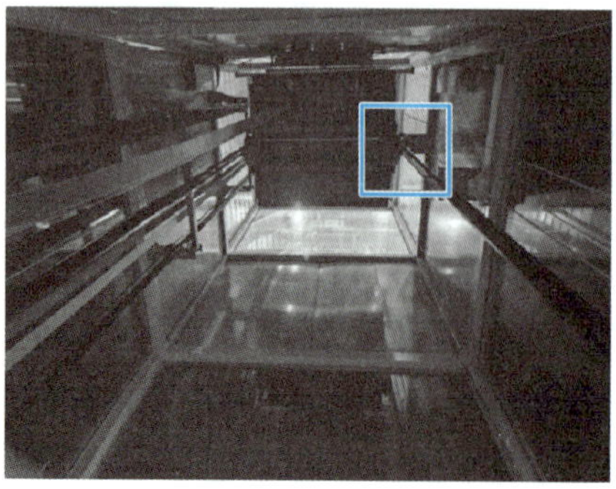	左图所示设备的名称为_____，其作用是_____
		左图所示设备的名称为_____，其作用是_____
		左图所示设备的名称为_____，其作用是_____

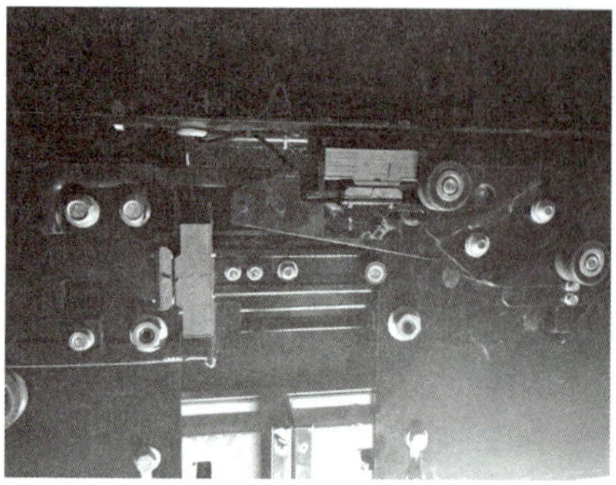

（续）

步骤	图示	说明
认知垂直电梯		左图所示设备的名称为_____，其作用是_____
		左图所示设备的名称为_____，其作用是_____
	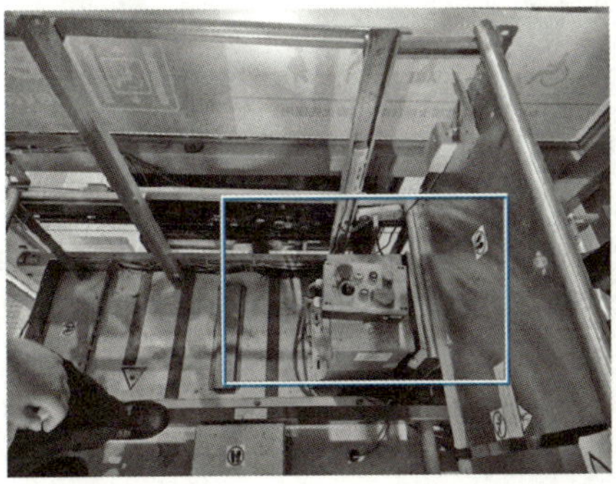	左图所示设备的名称为_____，其作用是_____

（续）

步骤	图示	说明
认知 垂直电梯		左图所示设备的名称为_____，其作用是_____
认知 自动扶梯		左图所示设备的名称为_____
		左图所示设备的名称为_____，_____与梯级同步，可通过紧握扶手带保持身体平衡，_____作用是当电扶梯停运或检修作业时，方便拉起，起警戒线作用

单元三　城市轨道交通电梯与站台门

（续）

步骤	图示	说明
认知自动扶梯	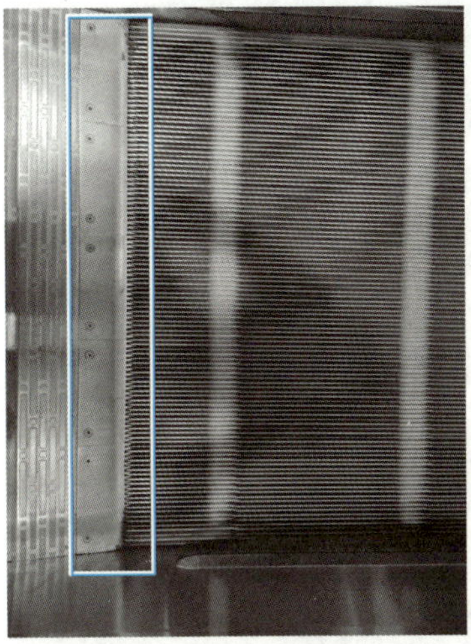	左图所示设备的名称为_____，其主要作用是_____
		左图所示设备的名称为_____，其作用是_____
		左图所示设备的名称为_____，其作用是_____

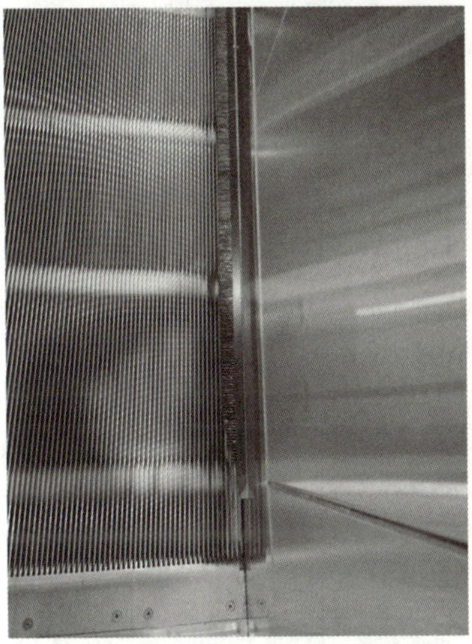

77

（续）

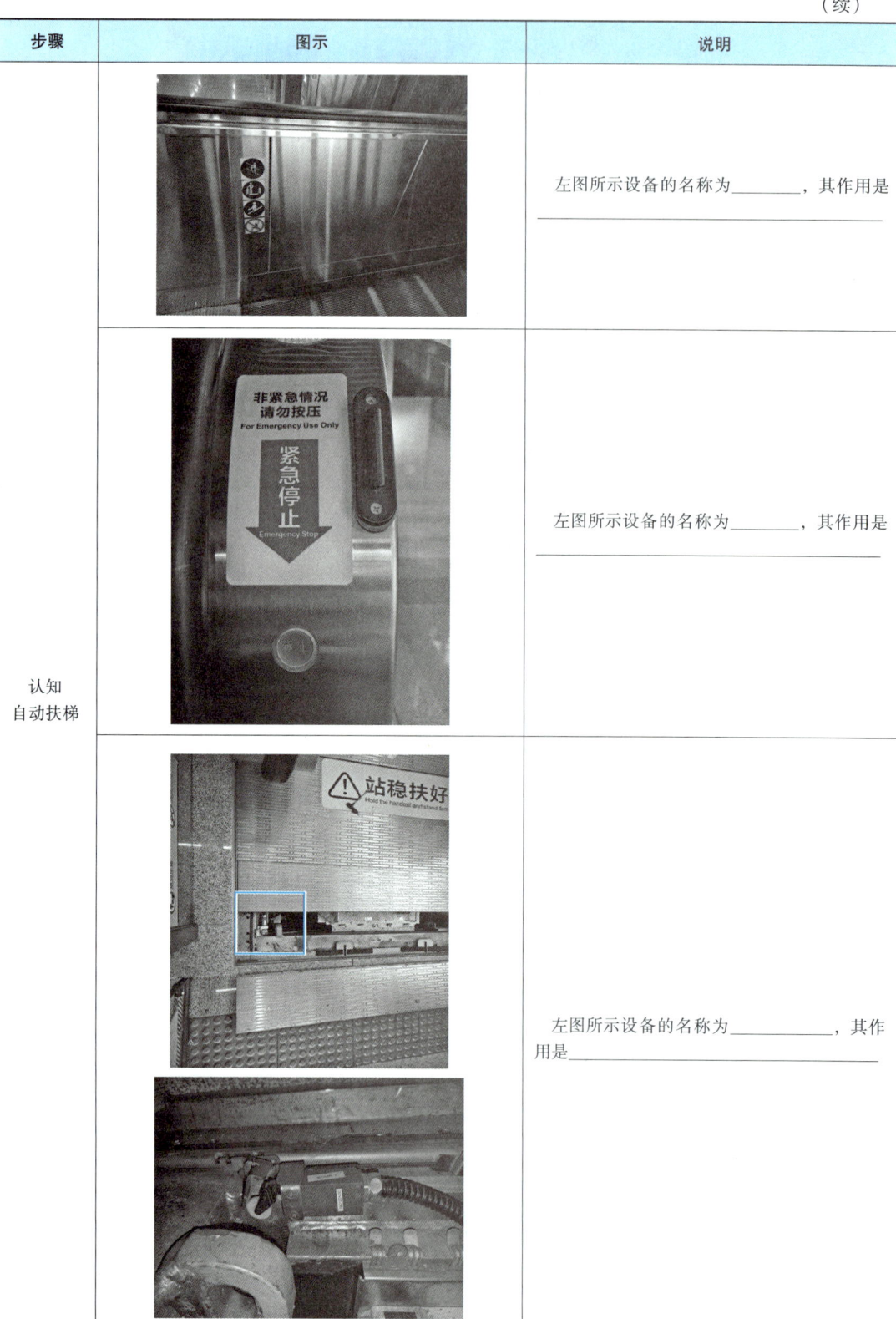

单元三　城市轨道交通电梯与站台门

（续）

步骤	图示	说明
认知自动扶梯		左图所示设备的名称为_____，检修时可通过打开_____进入机舱
		左图所示设备的名称为_____，其作用为_____
		左图所示设备的名称为_____，其作用为_____
		左图所示设备的名称为_____，其作用为_____

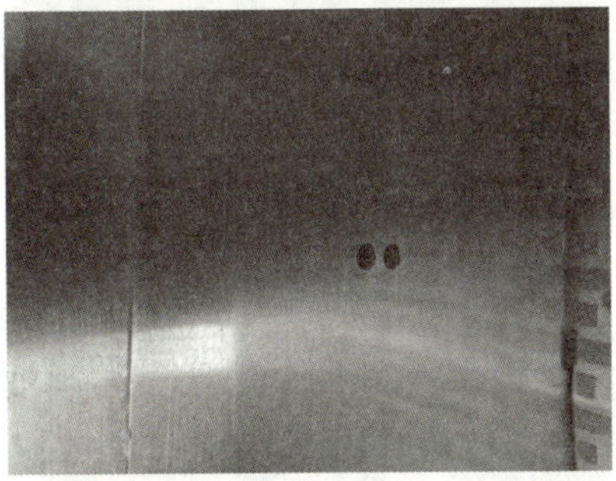

79

【实训评价】

【课证融通考评单】电梯的认知		日期：	
姓名：	班级：	学号：	教师签名：
自评：□熟练 □不熟练	互评：□熟练 □不熟练	师评：□合格 □不合格	
日期：	日期：	日期：	

【评分细则】

序号	评分项	得分条件	分值	自评	互评	师评
1	接受任务	明确工作任务，理解任务在企业工作中的重要程度	5			
2	实训准备	实训前掌握安全注意事项和岗位标准的程度	5			
3	能力评价	1）能根据图片识别电梯设备	7			
		2）能根据图片区分自动扶梯设备或垂直电梯设备	8			
		3）能根据图片描述设备的状态	15			
		4）能简述各部件功能	15			
		5）能简述电梯工作原理	15			
4	素养评价	1）工作计划性强，安排得当	5			
		2）团队合作能力强，善于沟通合作	5			
		3）自主学习能力强，勇于克服困难	5			
		4）严谨认真，积极参与课堂活动	5			
5	评价反馈	1）能快速、正确地识别图片中的设备	5			
		2）在任务实施过程中能发现问题、解决问题	5			
	合计		100			

单元练习

一、名词解释

1. 自动扶梯
2. 自动人行道
3. 梳齿板
4. 站台门系统
5. 站台级控制

二、单项选择题

1. 中提升高度的自动扶梯的提升高度为（　　）。

   A. 3~10m　　　B. 10~45m　　　C. 45~65m　　　D. 65m 以上

2. 公共交通型自动扶梯每周运行时间约为（   ），而且在任何3h的时间间隔内，持续重载时不少于0.5h。

   A. 140h   B. 120h   C. 240h   D. 300h

3. （   ）是在自动扶梯桁架上循环运行，供乘客站立的部件。

   A. 梯级   B. 桁架   C. 驱动链   D. 围裙板

4. 轮椅升降台限载（   ）kg，以免发生意外或损坏设备。

   A. 180   B. 200   C. 225   D. 250

5. 双扇（   ）的数量应与列车一侧客室门数量一致，位置对应。

   A. 站台门   B. 固定门   C. 应急门   D. 端门

6. 每侧站台一般有30对滑动门（ASD）、48扇固定门（FIX）、12扇应急门（EED）和（   ）扇手动端门（MSD）。

   A. 1   B. 2   C. 3   D. 4

7. 一般从司机给出指令到车辆门全部打开的时间为（   ）。

   A. 1s   B. 2s   C. 3s   D. 4s

8. （   ）是在正常运行模式下，由信号系统对站台门系统进行开/关门的控制方式。

   A. 手动操作   B. 站台级控制   C. 车站控制   D. 系统级控制

三、多项选择题

1. 自动扶梯按扶手装饰分为（   ）。

   A. 透明式   B. 全透明式   C. 不透明式

   D. 半透明式   E. 封闭式

2. 自动扶梯分为（   ）四部分。

   A. 供乘客站立并能连续提升的梯路   B. 动力驱动装置

   C. 框架结构   D. 自动润滑系统

   E. 控制与安全装置

3. 自动扶梯按提升高度分类有（   ）。

   A. 小提升高度自动扶梯   B. 中提升高度自动扶梯

   C. 大提升高度自动扶梯

4. 自动扶梯的驱动装置主要包括（   ）。

   A. 电动机   B. 减速器   C. 驱动链轮主轴

   D. 驱动链轮   E. 导轨

5. 与传统的地下车站相比，采用站台门的优点有（   ）。

   A. 避免了车门夹人、夹物事故的发生   B. 保证了乘客的乘车安全

   C. 站台空间显得更宽   D. 降低能耗

   E. 初期投资相当昂贵

6. 站台门系统可实现（   ）控制方式，以手动操作优先级最高，系统级最低。

   A. 系统级   B. 站台级   C. 手动操作

   D. 车站   E. 中心

7. 列车到站后，一个或数个站台门不能正常打开，处理方法有（   ）。

   A. 延长停站时间   B. 引导乘客从正常的门上、下车

C. 做好站台乘客广播通知 D. 在故障门上粘贴告示
E. 及时报告行车调度

四、判断题

（　　）1. 垂直电梯机房一般设置在垂直电梯井道的底部，液压垂直电梯机房可设在顶部。

（　　）2. 自动扶梯适用于小公园、郊区等人流量小的场所。

（　　）3. 自动扶梯构成中有水平区段，会产生附加的能量损失，同时，提升的高度较大时，乘客在自动扶梯上停留的时间会较长。

（　　）4. 由于链条驱动式结构简单，制造成本较低，所以目前大多数自动扶梯均采用链条驱动式结构。

（　　）5. 用垂直电梯时，欲上楼者按向上方向按钮，欲下楼请按向下方向按钮。

（　　）6. 地铁车站安装站台门后不会影响车站的有效候车面积。

（　　）7. 司机按动车上的关门按钮，整个关门时间为5s。

（　　）8. 所有站台门系统出现的非正常情况，均能在车站综合控制室进行显示和报警。

（　　）9. 列车到站后整侧站台门不能同步开、关时，司机应操作PSL开/关站台门，将情况报告行车调度。

（　　）10. 列车起动后突然紧急制动，行车调度与车站确认站台安全后通知司机以自动模式动车。

五、问答题

1. 自动扶梯有什么优缺点？

2. 自动扶梯分成哪四部分？

3. 简述站台门的优点。

4. 简述站台门系统的控制方式。

5. 列车到站后整侧站台门不能同步开、关，应该怎么处理？

单元四 城市轨道交通车站火灾防护系统

单元导入

在地铁系统的规划、设计阶段应当优化安全设计,高度重视火灾预防。站台、站厅、疏散通道、自动扶梯、设备间、机房、值班室以及列车内部等的装饰材料,应使用无毒和阻燃材料,以降低火灾发生时有毒、有害气体的浓度及燃烧可能性,最大限度地满足火灾发生时人员逃生的要求。地铁运营应加强对从业人员的法制教育、技术培训、安全教育、职业道德教育、提升人员的职业素养,牢记"安全第一,预防为主"的原则;加强安全检查,禁止乘客携带易燃易爆物品进站、乘车,加强对乘客的安全乘车意识教育,减少由于乘客违反规定而产生的火灾事故。

课题一 城市轨道交通车站火灾自动报警系统

【课题目标】

1)掌握火灾自动报警系统(FAS)的概念。
2)掌握城市轨道交通车站火灾自动报警系统的组成。
3)掌握自动报警系统的运行与操作要领。

【课题内容】

一、火灾自动报警系统运作

(一)火灾自动报警系统(FAS)的设备组成

火灾自动报警系统(Fire Alarm System,FAS)是由触发器件、火灾警报装置以及具有其他辅助功能的装置组成的火灾报警系统(图4-1)。全线FAS按中央、车站两级调度管理,中央、车站、就地三级监控的方式设置，综合监控系统在控制中心设置环调工作站，完成 FAS 中央级功能，监视全线火灾自动报警系统及重要消防设备的状态，接收全线各车站、车辆段、停车场、主变电站的火灾报警信号并显示报警部位。一般火灾自动报警系统和自动喷水灭火系统、室内消火栓系统、防排烟系统、通风系统、空调系统、防火门、防火卷帘、挡烟垂壁等相关设备联动，通过自动或手动发出指令，启动相应的装置。车站 FAS 示意图如图 4-2 所示。

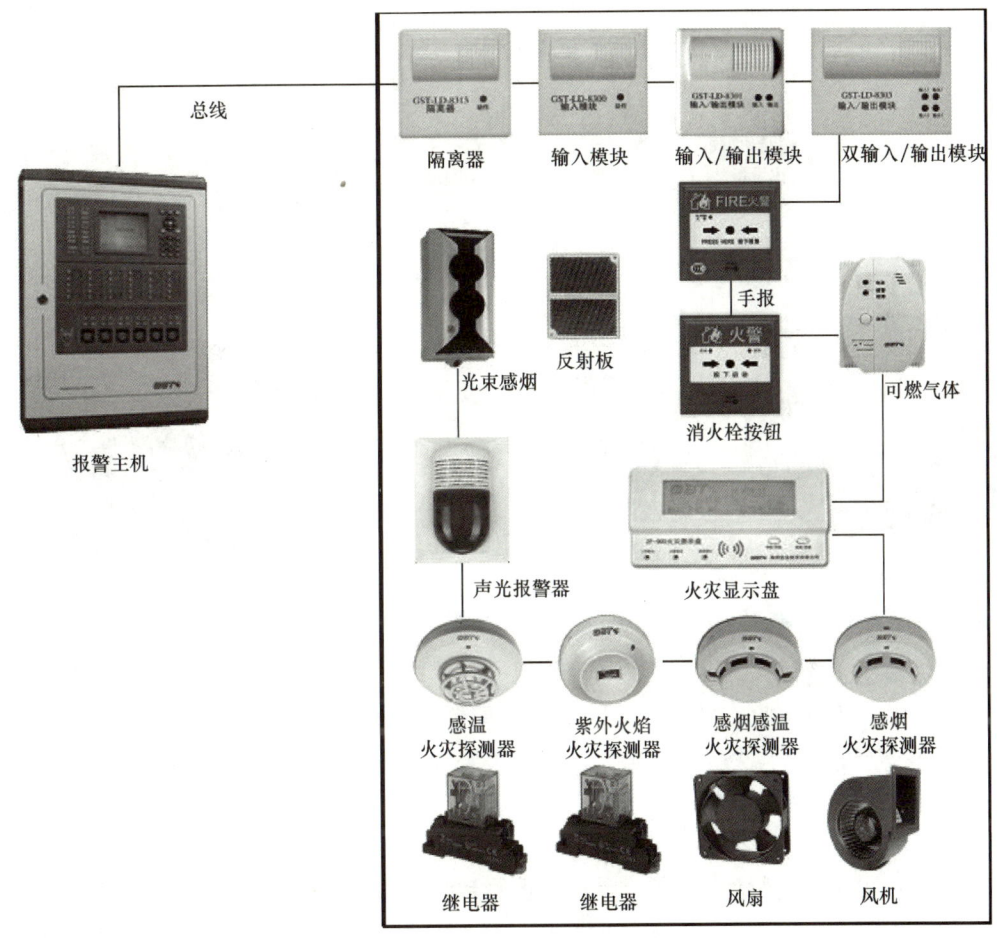

图 4-1　火灾自动报警系统

1. 触发器件

在 FAS 中，自动或手动产生火灾报警信号的器件称为触发器件，主要包括火灾探测器和手动火灾报警按钮。火灾探测器是能对火灾参数（如烟、温度、火焰辐射、气体浓度等）响应，并自动产生火灾报警信号的器件。按响应火灾参数的不同，火灾探测器分成感烟火灾探测器（图 4-3）、感光火灾探测器（图 4-4）、感温火灾探测器（图 4-5）、可燃气体探测器和复合火灾探测器 5 种基本类型。不同类型的火灾探测器适用于不同类型的火灾和不同的场所。手动火灾报警按钮是手动方式产生火灾报警信号、启动火灾自动报警系统的器件，也是火灾自动报警系统中不可缺少的组成部分之一。

85

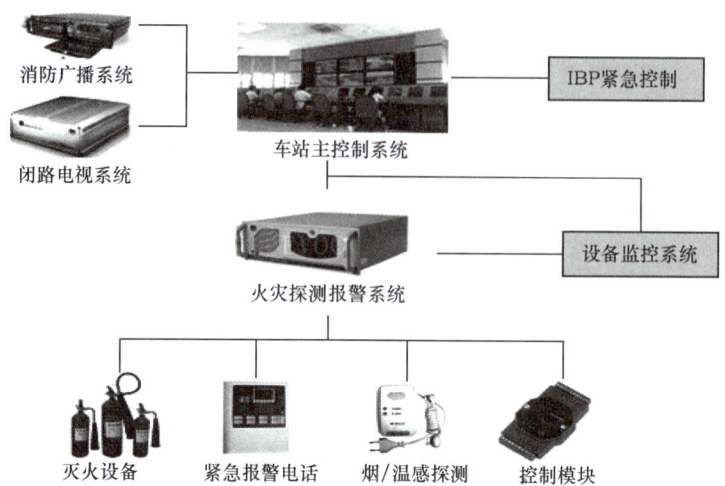

图 4-2　车站 FAS 示意图

图 4-3　感烟火灾探测器　　图 4-4　感光火灾探测器　　图 4-5　感温火灾探测器

2. 火灾报警装置

在 FAS 中，用以接收、显示和传递火灾报警信号，并能发出控制信号和具有其他辅助功能的控制指示设备称为火灾报警装置。火灾报警控制器就是其中最基本的一种。火灾报警控制器担负着为火灾探测器提供稳定的工作电源，监视探测器及系统自身的工作状态，接收、转换、处理火灾探测器输出的报警信号，进行声光报警，指示报警的具体部位及时间，同时执行相应辅助控制等诸多任务，是火灾报警系统中的核心组成部分。

在火灾报警装置中，还有一些如中断器、区域显示器、火灾显示盘等不完整的报警装置，它们可视为火灾报警控制器的演变或补充。它们在特定条件下应用，与火灾报警控制器同属火灾报警装置。

火灾报警控制器的基本功能主要有主电源、备用电源自动转换功能，备用电源充电功能，电源故障监测功能，电源工作状态指示功能，为探测器回路供电功能，探测器或系统故障声光报警、火灾声、光报警及火灾报警记忆功能，时钟单元功能，火灾报警优先报故障功能，消声及再次声响报警功能。

3. 火灾警报装置

在 FAS 中，用以发出区别于环境声、光的火灾警报信号的装置称为火灾警报装置。它以声、光的方式向报警区域发出火灾警报信号，以警示人们采取安全疏散、灭火救灾措施。

单元四 城市轨道交通车站火灾防护系统

4. 消防控制设备

在 FAS 中,当接收到火灾报警后,能自动或手动启动相关消防设备并显示其状态的设备,称为消防控制设备。其主要包括火灾报警控制器、自动灭火系统的控制装置、室内消火栓系统的控制装置、防烟排烟系统及空调通风系统的控制装置、常开防火门控制装置、防火卷帘的控制装置、电梯回降控制装置,以及火灾应急广播、火灾警报装置、消防通信设备、火灾应急照明与疏散指示标志的控制装置等控制装置中的部分或全部。消防控制设备一般设置在消防控制中心,以便于实行集中统一控制;也有的消防控制设备设置在被控消防设备所在现场,但其动作信号必须返回消防控制室,实行集中与分散相结合的控制方式。

5. 电源

FAS 属于消防用电设备,其主电源应当采用消防电源,备用电源采用蓄电池。系统电源除为火灾报警控制器供电外,还为与系统相关的消防控制设备等供电。

(二) 火灾自动报警系统(FAS)的基本形式

1) 控制中心配置设备有 FAS 站级图形显示软件和打印机。

2) 车站配置设备有火灾自动报警控制盘、FAS 站级图形显示软件、充电机、打印机、光电感烟探测器、感温探测器、线形感温电缆、手动报警按钮、紧急电话和插孔、控制模块、监视模块、警铃、24V 直流电源箱、消防电话主机、消防电话分机、消防插孔电话及电话插孔。

3) 车辆基地配置设备有火灾自动报警控制盘、FAS 站级图形显示软件、充电机、打印机、光电感烟探测器、感温探测器、火焰探测器、可燃气体探测器、手动报警按钮、控制模块、监视模块、对射式感烟探测器、消防电话主机、消防电话分机、消防插孔电话及电话插孔。

4) FAS 和自动气体灭火系统设有接口,接收气体灭火系统的故障信号和每个保护区的预警信号、报警信号、喷放信号、手/自动信号、气体复位信号等。

5) FAS 和环境与设备监控系统(BAS)、通信、给水排水、环控等设备设有接口。

(三) 火灾自动报警系统(FAS)车站运行方式

FAS 要求值班室(车控室、运转值班室)24h 有人值班,系统在正常情况下处于广播、系统自动联动状态。

1) 广播手动联动状态[多线集中控制盘(控制显示面板)上的广播手/自动切换旋钮在手动位置,系统封锁灯不闪]:当 FAS 确认现场有火警后,只进行报警,不进行相应的广播联动。如果需要将广播手动联动状态切换到自动状态,首先人为用钥匙将多线集中控制盘(控制显示面板)上的系统封锁旋钮切换到正常位置,然后在多线集中控制盘(控制显示面板)上人为用钥匙将广播切换旋钮切换到自动状态,系统将会在 FAS 确认现场有火警后自动启动消防广播。

2) 系统手动联动状态[多线集中控制盘(控制显示面板)上的系统手/自动切换旋钮在手动位置,系统封锁灯不闪]:当 FAS 确认现场有火警后只进行报警,不进行相应的系统设备联动。如果需要将系统手动联动状态切换到自动状态,首先人为用钥匙将多线集中控制盘(控制显示面板)上的系统封锁旋钮切换到正常位置,然后在多线集中控制盘(控制显示面板)上人为用钥匙将系统封锁切换旋钮切换到自动状态,系统将会在 FAS 确认现场有火警后启动系统联动设备。

3）广播自动联动状态［多线集中控制盘（控制显示面板）上的广播手/自动切换旋钮在自动位置，系统封锁灯不闪］：当 FAS 确认现场有火警后，进行报警并自动进行消防广播。系统自动联动状态［多线集中控制盘（控制显示面板）上的系统手/自动切换旋钮在自动位置，系统封锁灯不闪］：当 FAS 确认现场有火警后，进行报警并自动进行相应的系统设备联动。FAS 通信光纤环网示意图如图 4-6 所示。

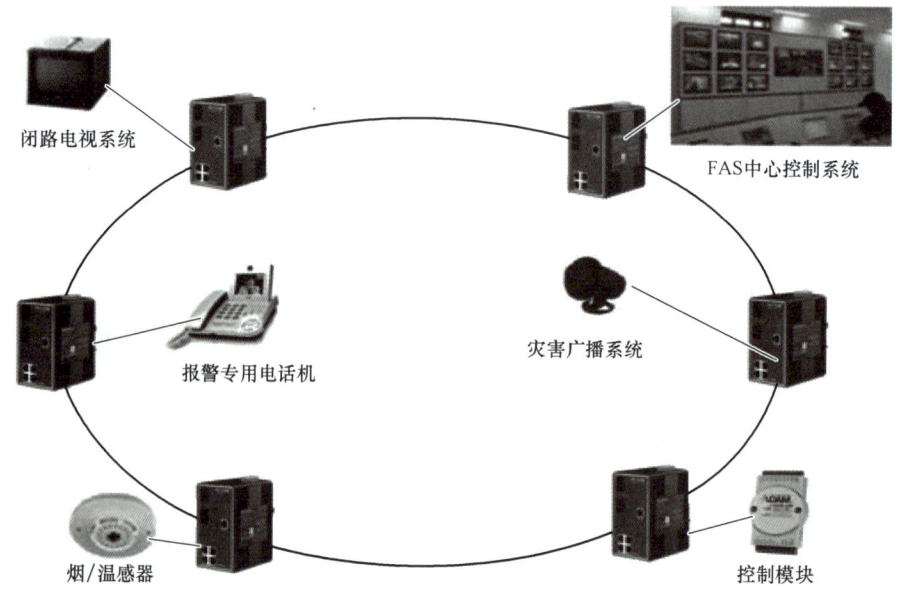

图 4-6 FAS 通信光纤环网示意图

（四）正常运行情况下火灾报警系统各设备的状态

1）FAS 站级图形显示系统应正常工作，图面上无任何事件。

2）火灾自动报警控制盘：信息按钮左边的灯亮，按下信息按钮，信息栏内显示的内容只有"无人值班"。系统正常运行灯亮，其余灯均不亮，面板上无其他内容。

3）控制显示联动板（广播手动、系统手动）：广播切换位于手动位置、系统切换位于手动位置、系统封锁位于封锁位置。保证切换开关的钥匙在控制显示联动板上。

4）充电器：处于打开状态，正常的两个灯（交流电、直流电）亮。

5）打印机处于不间断工作状态，走纸须正常，打印字迹应清晰。

6）消防电话主机、消防电话分机、便携式消防插孔电话、电话插孔应工作正常。

7）各类探测器、模块、手动报警器、感温电缆、警铃应工作正常。

8）充电机、DC 24V 电源箱自动切换装置应工作正常。

9）所有设备外观应无损坏。

（五）车站级 FAS 火灾报警处理流程及操作方法

发生火情时，应按照公司相关火灾处理流程进行操作。

1. FAS 火灾操作方法

火灾报警控制盘如图 4-7 所示。在 FAS 正常运行期间，火灾报警控制盘有声报警，报警灯长亮，报警事件队列键 14 处灯闪烁；火警事件未被查看确认，报警事件队列键 14 处红色报警灯全亮,另有长响蜂鸣声,为报火警。

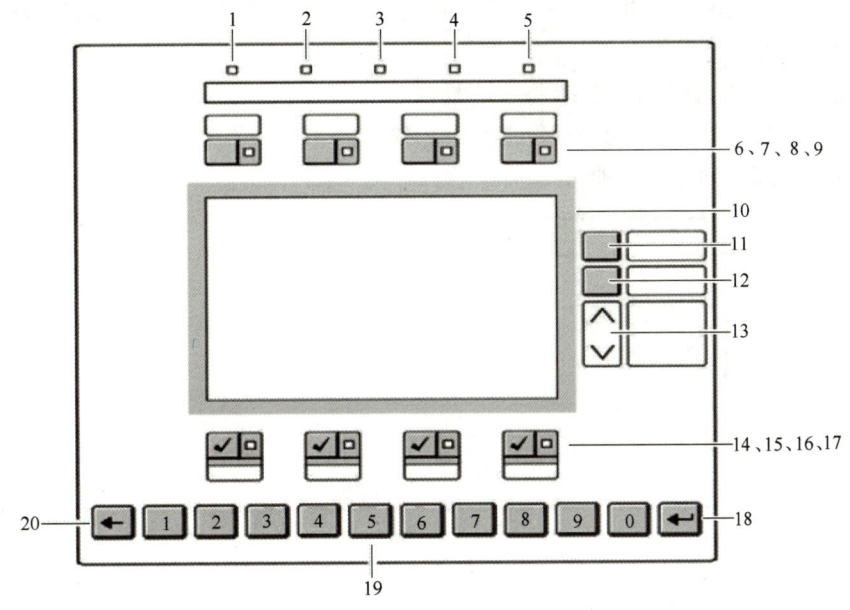

图 4-7 火灾报警控制盘

1—电源指示灯 2—测试指示灯 3—CPU 故障指示灯 4—接地故障指示灯 5—屏蔽状态指示灯
6—复位键/指示灯 7—报警消声键/指示灯 8—控制器消声键/指示灯 9—自检开关/指示灯
10—液晶显示屏(LCD) 11—详细信息键 12—命令菜单键 13—上/下信息键 14—报警事件队列键
15—联动/反馈事件队列键 16—其他事件队列键 17—屏蔽事件队列键 18—回车键
19—数字键区 20—删除/退格键

2. 操作步骤

1)先在 FAS 站级图形或火灾报警控制盘上详细信息键 11 的报警栏内查看火警位置,再按回车键 18 进行确认。

2)利用对讲机、电话或其他方式通知邻近人员立即查看现场。利用消防电话主机呼叫分机的操作如下:

① 总机摘机,显示"呼叫选择"界面,界面按数字编号显示有消防泵房、发电机房、消防电梯机房、值班机房、配电房、空调机房、排烟机房和其他位置选项,根据位置信息编程关系按数字选择所需要呼叫的分机或插孔位置。

② 选择一个具体的分机,如按下 1、2 或 3 进行选择,此时界面显示呼叫该分机或插孔。

③ 现场将该分机手柄拿起通话即可。

3)如果是火警,当确定是火灾后,首先人为用钥匙将多线集中控制盘(控制显示面板)上的系统封锁旋钮切换到正常位置,然后在多线集中控制盘(控制显示面板)上根据现场情况需要及公司相关要求,人为用钥匙进行以下操作:

① 系统切换旋钮切换到自动状态,系统将启动系统联动设备。

② 广播切换旋钮切换到自动状态,系统将启动消防广播。在信息栏内要求有正常反馈信号。

4)值班人员按照火灾模式表,在信息栏内和控制显示联动板上确认 BAS 模式、防火阀、防火卷帘门及风机等是否有正常反馈。若无正确反馈,在火灾报警控制盘或控制显示联动板上手动对设备进行操作。

5)完成灭火及排烟后按照要求将系统复位。

6)如果发现是假火情,则按复位键 6 进行复位。

7)火灾处理流程如图 4-8 所示,需注意:

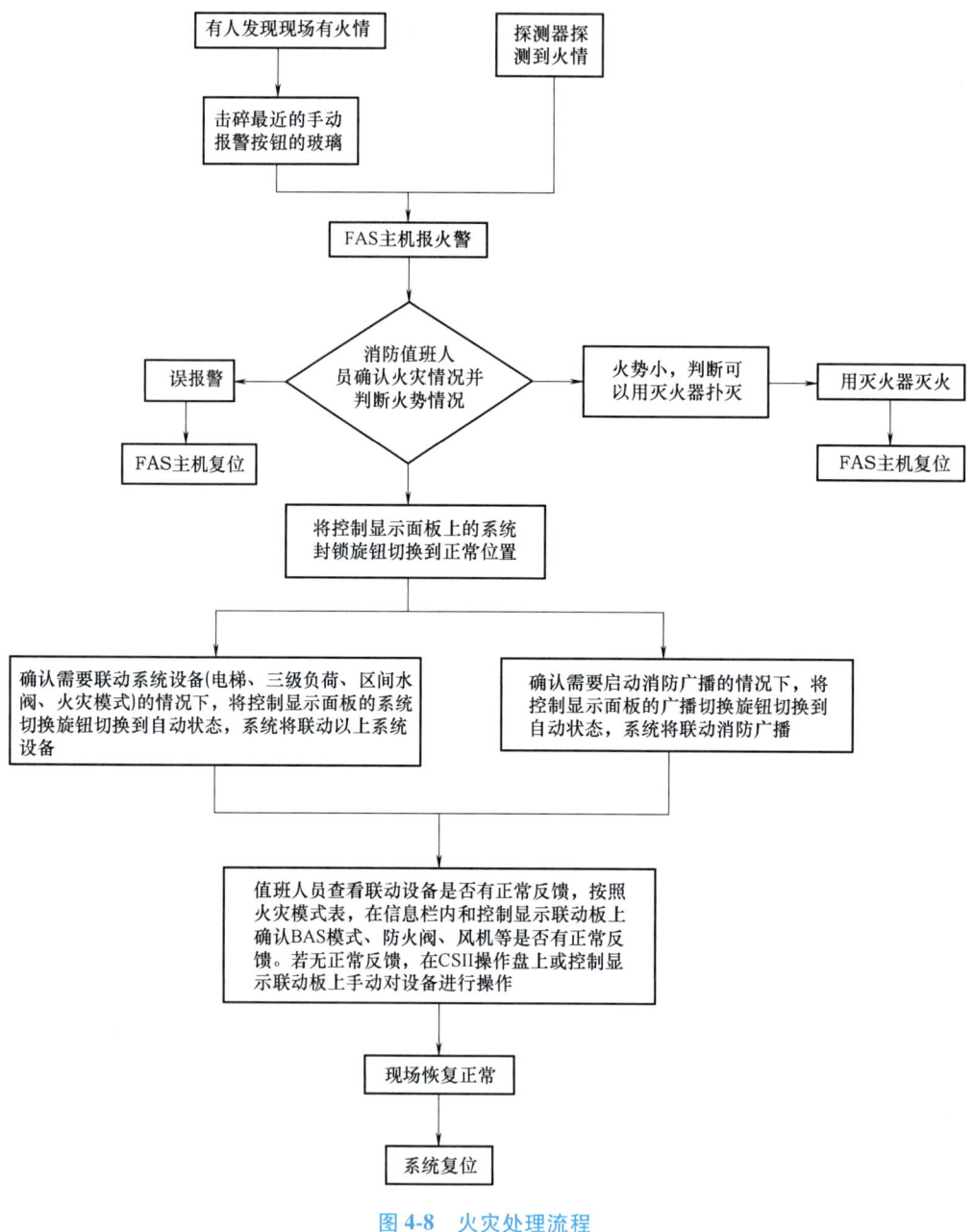

图 4-8　火灾处理流程

① 车站站厅层及出入口的消火栓一般采用单向单阀消火栓(图 4-9)。

a) b)

图 4-9 单向单阀消火栓

② 设置在 A 类火灾场所的灭火器,其最大保护距离应符合表 4-1 的规定(单位:m)。

表 4-1 A 类火灾场所灭火器最大保护距离

危险等级	灭火器型式	
	手提式灭火器	推车式灭火器
严重危险级	15	30
中危险级	20	40
轻危险级	25	50

③ 设置在 B、C 类火灾场所的灭火器,其最大保护距离应符合表 4-2 的规定(单位:m)。

表 4-2 B、C 类火灾场所灭火器最大保护距离

危险等级	灭火器型式	
	手提式灭火器	推车式灭火器
严重危险级	9	18
中危险级	12	24
轻危险级	15	30

④ D 类火灾场所的灭火器,其最大保护距离应根据具体情况研究确定。

⑤ E 类火灾场所的灭火器,其最大保护距离不应低于该场所内 A 类或 B 类火灾场所灭火器的规定。

(六) 车站级 FAS 报故障处理

1. FAS 故障处理

1) 发现新的故障出现,应及时报环控设备调度员,由环控设备调度员报维修设备调度员。如果有故障或信息未报或未及时报,会影响系统的正常工作并有可能造成设备的损坏。

2) FAS 站级图形显示上出现新的故障:最上面一栏的相应提示灯会闪,在事件表中读取新的内容,做好记录并进行确认(如果新的事件和 FAS 主机是重复的,按照 FAS 主机显示的信息内容进行登记)。

3) FAS 主机出现新的故障:有声报警,并且报警事件队列键 14 处的指示灯闪烁,则说明有新的内容出现。

4）故障查看操作方法：

① 在操作盘上详细信息键 11 中"信息""故障"两个按钮左边有灯亮的栏内查询新的信息或故障（如果是新的内容还未确定，会在该信息前有一个"+"号，详见操作手册），读出相应的信息或故障，并做好记录。如果在信息栏内查询到的是探测器警告，则表明该区域有预警，应利用对讲机或其他方式通知邻近人员立即查看现场。

② 按详细信息键 11 对新的信息或故障进行确认消声。

③ 将新的问题及时报环控设备调度员，由环控设备调度员报维修设备调度员，由维修设备调度员通知相关专业人员进行检修。

注：网络故障在 FAS 上无法显示，只有在 FAS 站级图形上有显示。对于网络故障按照 FAS 站级图形的显示进行登记并上报环控设备调度员，由环控设备调度员报维修设备调度员。

2. FAS 联动设备的手动操作

1）消防泵、喷淋泵、排烟风机的手动操作：可以在控制显示联动板上远程实现手动打开、手动关闭，并显示设备的工作状态。

2）防火阀、电梯迫降、三级负荷、区间水阀、BAS 模式等联动设备的手动操作：如果要打开以上联动设备，可以在火灾报警控制盘上通过菜单选项激活对应的输出模块以联动设备。

3）如果要关闭以上联动设备，可通过菜单选项恢复对应的激活模块。

4）手动启动火灾模式。

5）当各车站需要手动启动火灾模式进行防排烟时，可以在烟雾区内按下最近的手动报警按钮，并将车控室内的控制显示联动板上的旋钮置于自动位置，实现防排烟联动功能。

6）探测分区的暂时关闭与开启。探测器和手动报警分区可暂时隔离，但只有在特殊情况下使用，例如主体工程正在施工，出现以下情况：①在感烟探测器分区，由于特殊工作产生了烟尘；②在感温探测器分区，由于特殊工作产生了高温和蒸汽；③在手动报警分区，存在着被偶然启动的可能。

一旦情况恢复正常，隔离的分区必须立即开放。

① 分区隔离步骤：进入主菜单，依次选择"探测区域"和"公共区/非公共区"，找到相应的探测分区，选择"设定分区关闭"，按回车键，所选分区被关闭，即分区被隔离。

② 分区开放步骤：按"隔离"键，显示隔离信息，将选中的信息显示在色带中。按"F1"键显示分区功能目录，选择"设定分区开通"，按回车键，分区被开启，即隔离被取消。

二、城市轨道交通安全常识

1. 城市轨道交通内遇到火灾的处理方法

1）不要贪恋财物。不要因为顾及贵重物品，而浪费宝贵的逃生时间。

2）尽可能寻找简易防护，最简单的方法是用毛巾、口罩蒙鼻（最好是湿的）。在有浓烟的情况下，采用低姿势撤离，因为烟气比空气轻而飘于上部，贴近地面逃离是避免烟气吸入的最佳方法。视线不清时，手摸墙壁徐徐撤离。

3）要镇定。受到火势威胁时，千万不要盲目地相互拥挤、乱冲乱撞。要听从工作人员的指挥或广播的指引，要朝明亮处、迎着新鲜空气跑。

4）遇火灾时，不可乘坐垂直电梯或自动扶梯。

5）身上着火时，千万不要奔跑，可就地打滚或用厚重的衣物压灭火苗。

2. 遇到火灾时的正确逃生方法

乘客首先要及时报警，可以用自己的手机拨打 119，也可按列车车厢内的紧急报警按钮；再用车厢内的干粉灭火器进行扑火自救。

如果火势蔓延迅速，乘客无法灭火自救，应该有序地安全逃生。应将老、弱、妇、幼先行疏散至安全的车厢，关闭车厢门，防止火势蔓延以赢得逃生时间。

地铁列车两站之间的平均到达时间为 2min。列车到站时，要听从车站工作人员的统一指挥，沿正确逃生方向进行疏散。在疏散过程中要注意脚下异物，千万不能进入另一条隧道（地铁是双隧道）。

如果火灾引起停电，可按照应急灯的指示标志有序逃生。注意要朝背离火源的方向逃生。

司机应尽快打开车门疏散人员，若车门开启不了，乘客可利用身边的物品击打破门。同时，将携带的衣物、毛巾蘸湿，捂住口鼻，身体贴近地面，有序地向外疏散。

安全撤离时应注意听广播，如图 4-10 所示。

图 4-10 安全撤离时应注意听广播

课题二 城市轨道交通车站气体灭火系统

 【课题目标】

1) 掌握气体灭火系统的定义。
2) 熟悉城市轨道交通车站气体灭火系统运行与操作的内容。

 【课题内容】

学生角色扮演，一部分学生扮演车站工作人员引导乘客有序撤离火灾现场，及时疏散乘客，另一部分学生扮演乘客进行安全撤离火灾现场防灾演练。

一、气体灭火系统在城市轨道交通中的运用

城市轨道交通地下车站的下列房间设置气体灭火系统：变电所内的所有设备房间、公安通信设备室、商用通信设备室、通信电池室、信号电源室、信号设备室、综合监控设备室、通风空调电控室。

1. 主要设计原则

1）对不宜用水扑救的重要电气设备房间采用气体灭火系统进行保护。

2）灭火剂应为洁净气体灭火剂，对环境无污染，对设备无腐蚀，对人员安全。

3）防护区设置火灾自动报警系统，一路烟感探测器，一路温感探测器。

4）气体灭火系统具备自动控制、手动控制及机械应急操作3种操作方式，且在车控室设置紧急停止按钮。

5）本线车站的气体灭火系统负责保护本站部分的防护区，不与其他线路车站部分交叉使用，以免在运营管理上造成混乱（全线按同一时间内发生1次火灾考虑）。

2. 主要技术标准

1）灭火介质采用IG541混合惰性气体（52%N_2，40%Ar，8%CO_2），采用全淹没组合分配方式设计。

2）设计灭火浓度为37.5%（20℃），经常有人停留的房间灭火浓度不大于43%，气体储存压力为15MPa。

3）IG541喷放至设计用量的95%时，其喷放时间不大于60s，且不小于48s。

4）对于保护房间内净空高度大于300mm的地板及吊顶，应在地板下及吊顶上增设喷头。

5）一个组合分配系统所保护的防护区不超过8个。

3. 安装要求

IG541气体灭火系统管网分为两部分，一部分为集流管部分，即从气瓶至选择阀、减压阀部分，此部分管道的工作压力为15.0MPa；另一部分为气体输送管道部分，即从选择阀、减压阀至喷头部分，此部分管道的工作压力为7.0MPa。系统组件及管道的公称工作压力不小于最高环境温度下承受的工作压力。

IG541气体灭火系统应选用符合GB/T 8163—2018《输送流体用无缝钢管》、GB 5310—2023《高压锅炉用无缝钢管》等规定的厚壁无缝钢管。

灭火剂输送管道采用螺纹连接、法兰连接或焊接，公称直径等于或小于80mm的管道采用螺纹连接，公称直径大于80mm的管道采用法兰连接；焊接后的管道应进行二次镀锌处理；法兰连接应选择耐高压的密封垫片。

管道的固定应牢固，防止气体释放时产生的震动破坏管网系统。管道的支、吊架的制作、安装、固定及间距应与国家有关规范内容相一致。公称直径大于或等于50mm的主干管道，垂直方向和水平方向至少应各安装1个防晃支架，穿越楼层及水平管道改变方向时应设置防晃支架。

灭火剂输送管道安装完毕后应依据GB 50263—2007《气体灭火系统施工及验收规范》的规定对所有的管网系统进行清洗、吹扫、刷漆、水压强度试验和气压严密性试验。

若采用气动方式，启动气体输送管道应采用铜管，且能承受相应启动气体的最高储存压

力。质量应符合现行国家标准 GB/T 1527—2017《铜及铜合金拉制管》规定。

防护区设置自动泄压阀,设置在外墙上,开口朝向隧道或走廊吊顶上。

典型气体灭火系统的配置见表 4-3。

表 4-3　典型气体灭火系统的配置

序号	设备	单位	数量	系统
1	IG541 灭火剂储存钢瓶	套	43	管网系统
2	高压金属软管	根	43	
3	压力开关	个	11	
4	安全泄压阀	个	3	
5	启动装置	套	11	
6	储瓶框架	瓶组	43	
7	启动瓶框架	瓶组	11	
8	储瓶集流管	瓶组	43	
9	选择阀集流管	阀门	10	
10	选择阀(含出管组件)	套	10	
11	出管组件	套	1	
12	减压装置	套	11	
13	气流单向阀	个	16	
14	低通高阻阀	个	11	
15	气动启动管道	m	60	
16	接头组件(扩口管接头)	付	120	
17	IG541 喷头	个	40	
18	喷头挡流罩	个	9	
19	接线盒	个	6	
20	防护区泄压装置	个	11	
21	防护区标志牌	块	22	
22	安全告示牌	块	11	
23	气体灭火控制装置操作说明牌	块	11	
24	系统操作说明牌	块	3	
25	系统控制主机	台	1	控制系统
26	网卡	个	1	
27	蓄电池	对	1	
28	灭火控制盘	个	11	
29	蜂鸣器及闪灯	个	39	
30	警铃	个	11	
31	气体释放灯	个	19	
32	光电烟感探测器	个	21	
33	温感探测器	个	42	
34	探测器底座	个	63	
35	控制模块	个	44	
36	辅助电源箱	只	3	
37	模块箱	只	11	

二、气体灭火系统运作

气体灭火系统是指平时灭火剂以液体、液化气体或气体状态储存于压力容器内,灭火时以气体（包括蒸气、气雾）状态喷射作为灭火介质的灭火系统。气体灭火系统能在防护区空间内形成各方向均一的气体浓度，且至少能保持该灭火浓度达到规范规定的浸渍时间，实现扑灭该防护区的空间、立体火灾的目标。

（一）气体灭火系统的设备组成

多个地下车站的通信设备机房（含通信电源室及通信电缆间）、信号设备机房（含信号电源室）、降压及跟随变电所、整流变压器室、交流开关柜室、直流开关柜室、整流器柜室、动力变压器室等都配备有气体灭火系统。

气体灭火系统如图 4-11 所示，其设备组成有主机、感烟探测器、感温探测器、声光报警器、警铃、放气显示灯、输入/输出模块、单输出模块、单输入模块、气体灭火控制盘、灭火剂储瓶、灭火管网设备等。

气体灭火系统和 FAS 设有接口，将故障信号及每个保护区的预警信号、报警信号、喷放信号、手/自动信号送给 FAS。

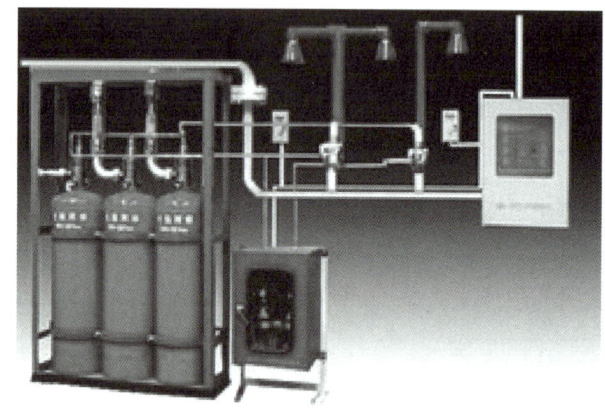

图 4-11　气体灭火系统

（二）气体灭火系统自动联动状态下的运行方式和操作方法

1. 气体灭火系统自动联动状态下的运行方式

1）气体灭火系统应 24h 正常工作。

2）主机处于自动状态。

3）各保护区门口的气灭控制盘（REL）上：

① 功能隔离旋钮位于正常位置。当有人进保护区时，将功能隔离旋钮转到隔离状态；当离开保护区房间后，将旋钮恢复到正常位置（钥匙在车控室）。

② 只有电源显示灯亮。

2. 气体灭火系统自动联动状态下的操作方法

（1）确认方式　本系统有自动确认和手动确认两种火警确认方式。

1）自动确认。防护区内的烟、温探测器都报火警后，系统确认火警［同时将火警信号报到车控室 FAS 主机和 FAS 站级图形工作站，需要车控室人员将 FAS 切换到自动状态（具体操作参看 FAS 操作使用说明）］。

2）手动确认。手动控制设置在防护区外，设备名称为 REL，其位置在防护区每个门的外侧。在有人按下内部手动释放按钮后，系统确认火警（同时将火警信号报到车控室 FAS 主机和 FAS 站级图形工作站，需要车控室人员将 FAS 切换到自动状态）。

（2）控制方式　自动联动方式下的控制方式有自动控制方式、REL 内的手动控制方式和机械应急操作方式 3 种。

1）自动控制方式。自动确认火警，系统延时 30~40s 后，该防护区的气体释放；手动确认火警，系统延时 30~40s 后，该防护区的气体释放。

注：必须确保 REL 内的隔离旋钮在正常位置，气体才能喷放。

单元四　城市轨道交通车站火灾防护系统

2) REL 内的手动控制方式（电磁）。当自动控制方式无法实现气体释放时，按下保护区门口 REL 内部的手动释放按钮，系统延时 30~40s 后，该防护区的气体释放。

注：必须确保 REL 内的隔离旋钮在正常位置，气体才能喷放。

3) 机械应急操作方式。当保护区发生火情，自动控制和手动控制均无法进行时，应立即通知有关人员迅速撤离现场，并在 FAS 主机上启动相应的火灾联动模式，然后拔出相应保护区的启动气体储瓶的电磁阀头上的止动簧片，压下手柄，即可开启电磁瓶头阀，释放启动气体，启动气体开启选择阀、瓶头阀，释放灭火剂，实施灭火。如果此时遇上电磁瓶头阀维修或启动气体储瓶充换氮气不能正常工作，可打开相应保护区的选择阀手柄，敞开压臂，打开选择阀，然后用瓶头阀上的手柄打开瓶头阀，释放灭火剂，实施灭火（一般情况下不推荐使用）。

（三）气体灭火系统手动联动状态下的运行方式和操作方法

1. 气体灭火系统手动联动状态下的运行方式

1) 气体灭火系统应 24h 正常工作。

2) 主机处于手动状态。

3) 各保护区门口的 REL 上：

① 功能隔离旋钮位于正常位置。当有人进保护区时，将功能隔离旋钮转到隔离状态；当离开保护区房间后，将旋钮恢复到正常位置（钥匙在车控室）。

② 只有电源显示灯亮。

2. 气体灭火系统手动联动状态下的操作方法

（1）确认方式　本系统有自动确认和手动确认两种火警确认方式。

1) 自动确认。防护区内的烟、温探测器都报火警后，系统确认火警［同时将火警信号报到车控室 FAS 主机和 FAS 站级图形工作站，需要车控室人员将 FAS 切换到自动状态（具体操作看 FAS 操作使用说明）］。

2) 手动确认。手动控制设置在防护区外，设备名称为 REL，其位置在防护区每个门的外侧。在有人按下内部手动释放按钮后，系统确认火警（同时将火警信号报到车控室 FAS 主机和 FAS 站级图形工作站，需要车控室人员将 FAS 切换到自动状态）。

（2）控制方式　手动联动方式下的控制方式有主机上的手动控制方式、REL 内的手动控制方式和机械应急操作方式 3 种。

1) 主机上的手动控制方式。自动确认火警，在主机上将手动切换成自动后，系统延时 30~40s 后，该防护区的气体释放；手动确认火警，延时 30~40s 后，该防护区的气体自动释放。

注：必须确保 REL 内的隔离旋钮在正常位置，气体才能喷放。

2) REL 内的手动控制方式。自动确认火警后，需要有人按下 REL 内部手动释放按钮，系统延时 30~40s 后，该防护区的气体释放；手动确认火警后，延时 30~40s，该防护区的气体自动释放。

注：必须确保 REL 内的隔离旋钮在正常位置，气体才能喷放。

3) 机械应急操作方式。当保护区发生火情，自动控制和手动控制均无法进行时，应立即通知有关人员迅速撤离现场，并在 FAS 主机上启动相应的火灾联动模式，然后拔出相应保护区的启动气体储瓶的电磁阀头上的止动簧片，压下手柄，即可开启电磁瓶头阀，释放启动气体，启动气体开启选择阀、瓶头阀，释放灭火剂，实施灭火。如果此时遇上电磁瓶头阀维修或启动气体储瓶充换氮气不能正常工作，可打开相应保护区的选择阀手柄，敞开压臂，打开选择阀，然后用瓶头阀上的手柄打开瓶头阀，释放灭火剂，实施灭火（一般情况下不推荐使用）。

（四）气体灭火系统火警操作流程

1）气体灭火系统手/自动联动状态下的手动控制火灾处理流程如图4-12所示。

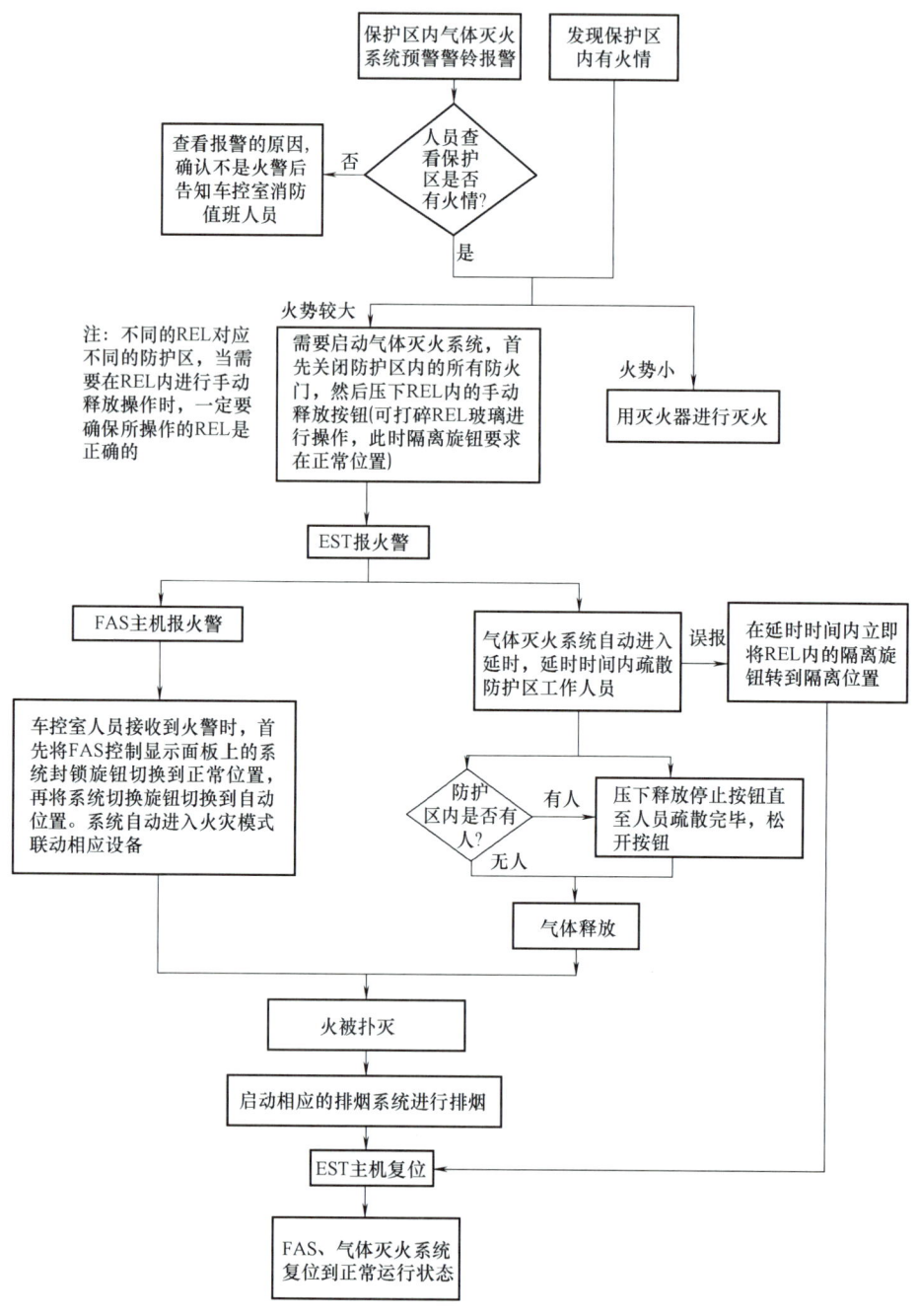

图4-12　手/自动联动状态下的手动控制火灾处理流程

2) 气体灭火系统自动联动状态下的自动控制火灾处理流程如图 4-13 所示。

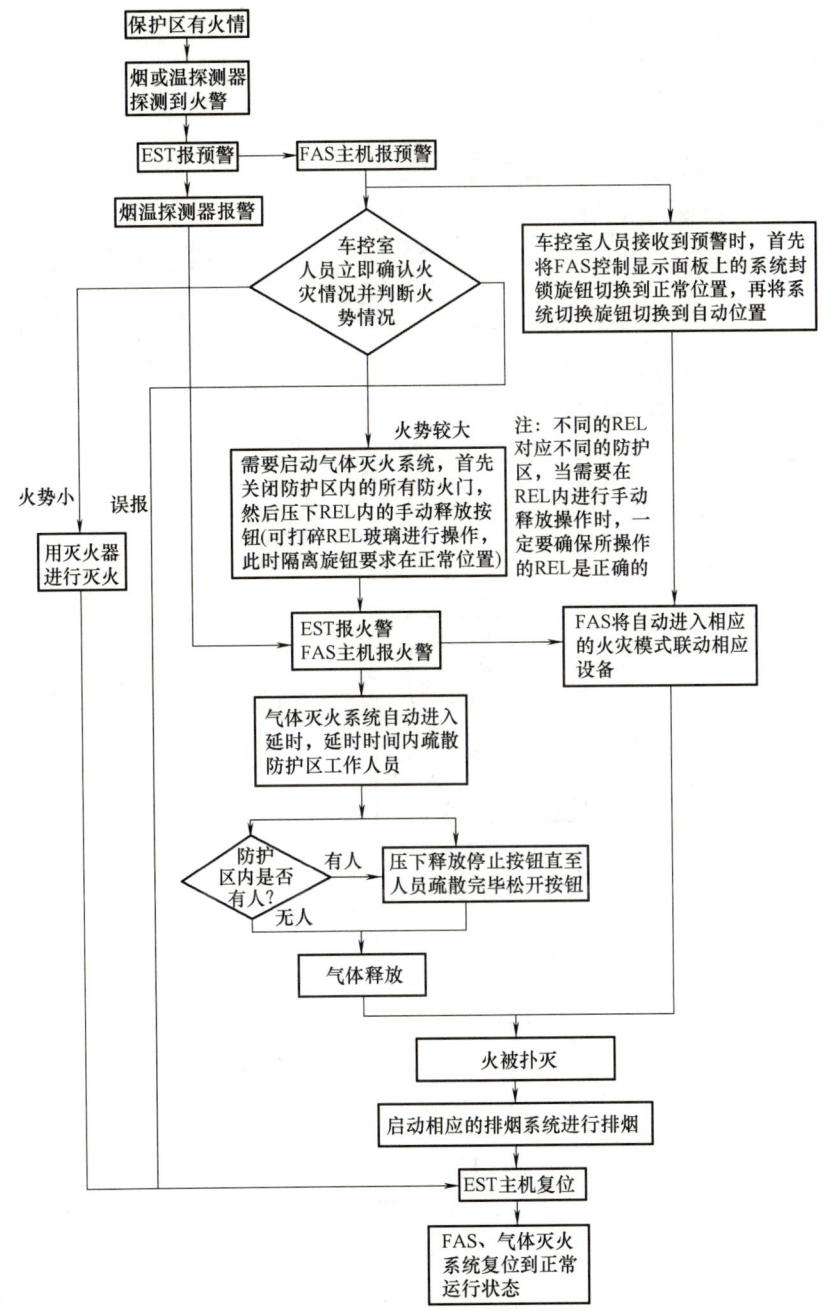

图 4-13　自动联动状态下的自动控制火灾处理流程

3）气体灭火系统手动联动状态下的自动控制火灾处理流程如图 4-14 所示。

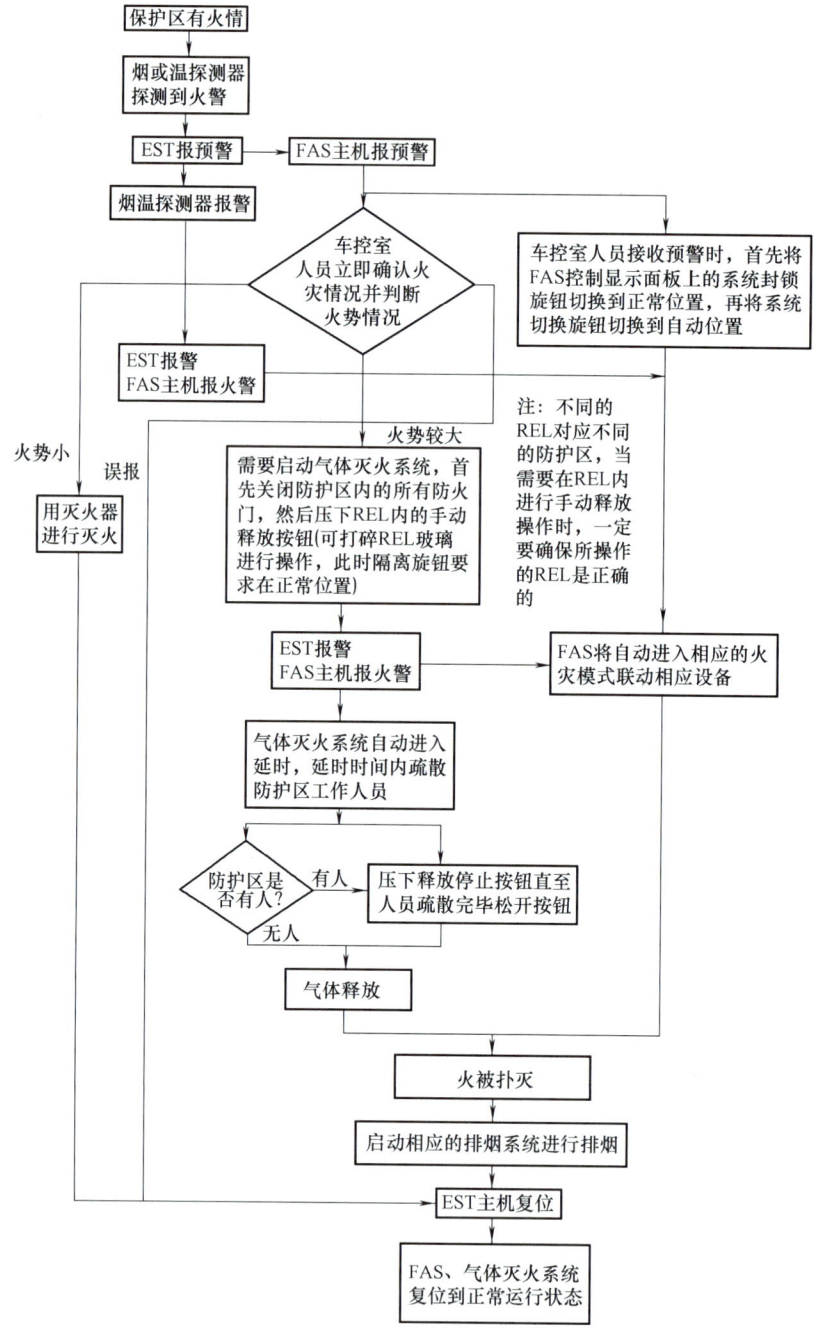

图 4-14　手动联动状态下的自动控制火灾处理流程

（五）气体灭火系统的分类（表4-4）

表4-4 气体灭火系统的分类

分类	特点	图片
七氟丙烷灭火系统	七氟丙烷灭火系统是一种高效能的灭火系统，其灭火剂HFC-ea是一种无色、无味、低毒性、绝缘性好、无二次污染的气体，对大气臭氧层的耗损潜能值（ODP）为零，是目前替代卤代烷1211、1301最理想的替代品	
混合气体灭火系统	混合气体灭火剂是由氮气、氩气和二氧化碳气体按一定的比例混合而成的气体，这些气体都是在大气层中自然存在的，对大气臭氧层没有损耗，也不会对地球的"温室效应"产生影响，而且混合气体无毒、无色、无味、无腐蚀性、不导电，既不支持燃烧，也不与大部分物质产生反应，是一种十分理想的环保型灭火剂	
二氧化碳灭火系统	二氧化碳灭火剂具有毒性低、不污损设备、绝缘性能好、灭火能力强等特点，是目前国内外市场上颇受欢迎的气体灭火产品，也是替代卤代烷的较理想型产品	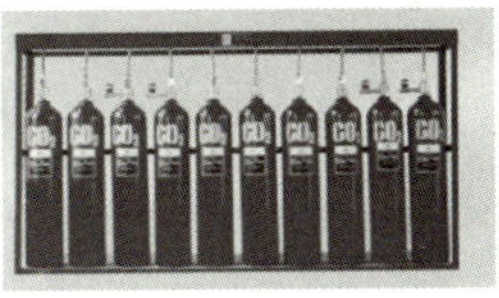
气溶胶灭火系统	气溶胶是一种具有最小影响的有效灭火剂，具有系统简单、造价低廉、无腐蚀、无污染、无毒无害、对臭氧层无损耗、残留物少、高速高效、全淹没全方位灭火等特点，应用范围广	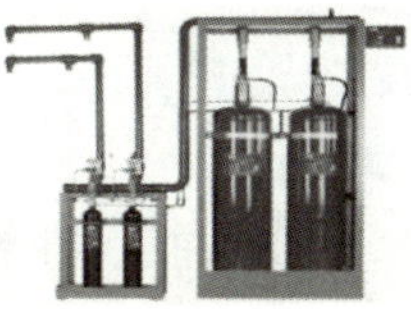

（六）气体灭火系统简单故障处理指南

气体灭火系统故障读取在气灭主机上，参照 FAS 故障处理方式处理。

（七）FAS、气体灭火系统使用注意事项

1）在车控室、运转值班室可实现对 FAS 的监控，和对气体灭火系统的监视，要求车控室 24h 有人值班。

2）FAS 主机上和图形显示系统上如果发现有新的故障或信息出现，应及时做好登记并上报环控调度员，由环控调度员报设备调度员。如果有故障或信息未报或未及时报，将会造成系统无法正常工作及设备的损坏。

3）车控室的 FAS 的多线集中控制盘（控制显示面板）上的系统封锁旋钮在正常情况下位于封锁位置，当需要对多线集中控制盘（控制显示面板）上的按钮及旋钮进行操作时，首先将系统封锁旋钮切换到正常位置。

4）不能随意变动消防设备的安装位置。

5）对于有气体灭火系统保护的防护区（设备间）：

① 有气体灭火系统保护的设备用房无人时，要求防护区的所有防火门处于关闭状态。

② 人员在进设备间前，应将门口的灭火控制盘上的"隔离/正常"旋钮旋至隔离位置，并保证通向外部的防火门处于打开状态。

③ 在离开设备间时，确保防护区的所有防火门已经处于关闭状态。

④ 在离开设备间后，将门口的灭火控制盘上的"隔离/正常"旋钮恢复到正常位置。

⑤ 防护区内禁止抽烟。

⑥ 在平时进出设备间，需要操作 REL 设备时，需到车控室处借用 REL 钥匙；在发生火警，需要操作 REL 设备时，可以直接打碎 REL 的玻璃进行需要的操作。

⑦ 气体灭火系统气体喷放后，一定要等到防护区内气体全部排完才能进入设备间。

6）如果出现报火警，除了按照使用操作说明进行操作外，还应按照公司相关的火灾处理流程进行。

7）当需要手动启动火灾模式进行防排烟时，可以在烟雾区内按下最近的手动报警按钮，并将车控室内的 FAS 的控制显示联动板上的旋钮置于"自动"位置，实现防排烟联动功能。

8）不同的 REL 对应不同的保护区，当需要在 REL 内进行手动释放操作时，一定要确保需要的保护区所对应的 REL 是正确的。

实训操作及评价

【实训操作】 FAS 的认知

实训准备：

FAS 设备实物、各部分组成图片及操作说明等。

安全注意事项：

1）现场设备操作时，禁止在未做 FAS 防护的情况下进行操作，FAS 主机须置于手动位。

2）禁止在火灾报警未复位的情况下撤除 FAS 防护。

3）烟感报警复位后须观察 10min，10min 后未报警才可撤除 FAS 防护。

4）FAS 主机操作时，禁止修改设置参数。

5）未经授权同意，禁止操作任何设备。

火灾自动报警系统（FAS）

岗位标准：

1）掌握 FAS 设备的操作。

2）掌握 FAS 设备的基本功能。

单元四 城市轨道交通车站火灾防护系统

操作步骤：

步骤	图示	说明
FAS 认知		左图所示设备的名称为_____，其作用是_____ _____，它设置在站厅层、站台层、出入口通道、设备区等区域。 其用于人工报告火警信息，激活手动报警按钮时按下中间免击碎玻璃（强力按压下去），确认灯亮
	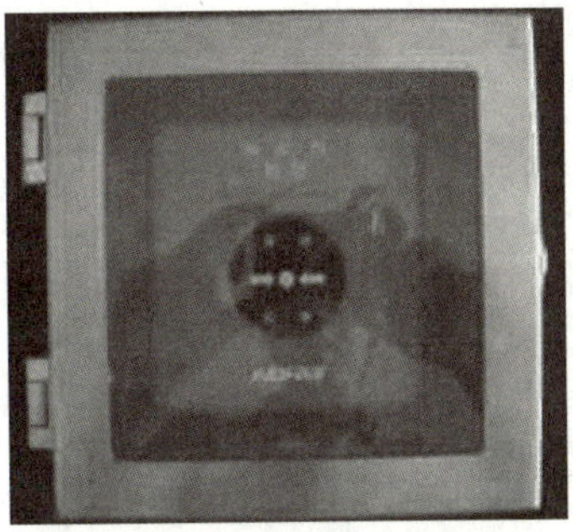	左图所示设备的名称为_____，其作用是_____，其作用是当报警按钮动作时将信号传送到火灾报警控制盘（FACP），设置在隧道区间。 其用于人工报告火警信息，激活手动报警按钮时按下中间免击碎玻璃（强力按压下去），确认灯亮
	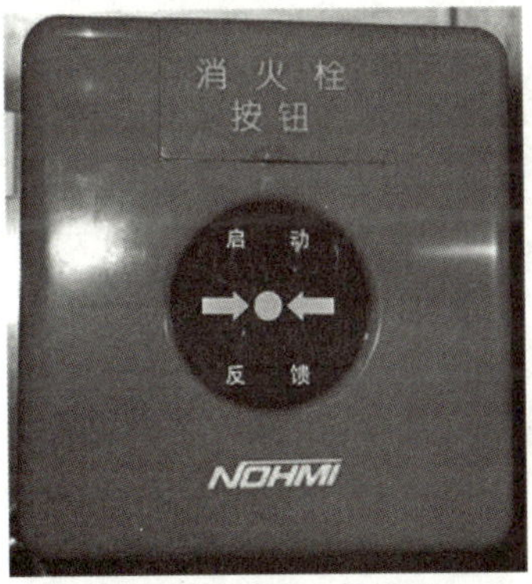	左图所示设备的名称为_____，其作用是_____，此消火栓启泵按钮一般设置在车站及车辆段建筑物等处的消火栓箱内。 其用于人工报告火警信息启动消防泵时，激活手动报警按钮时按下中间免击碎玻璃（强力按压下去），确认灯亮
	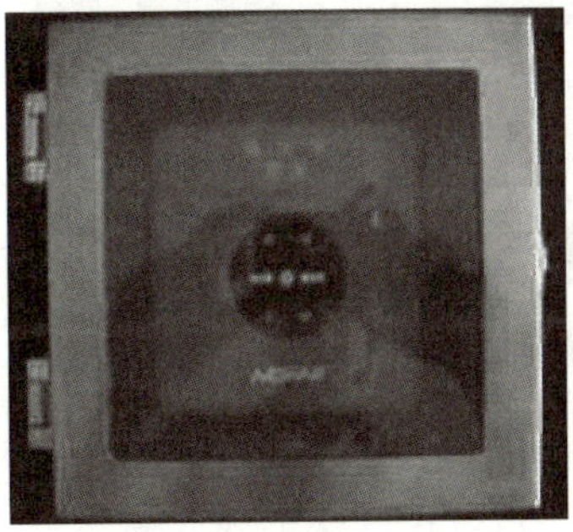	左图所示设备的名称为_____，其作用是_____，此消火栓启泵按钮一般设置在隧道区间。 其用于人工报告火警信息启动消防泵时，激活手动报警按钮时按下中间免击碎玻璃（强力按压下去），确认灯亮

103

（续）

步骤	图示	说明
FAS认知	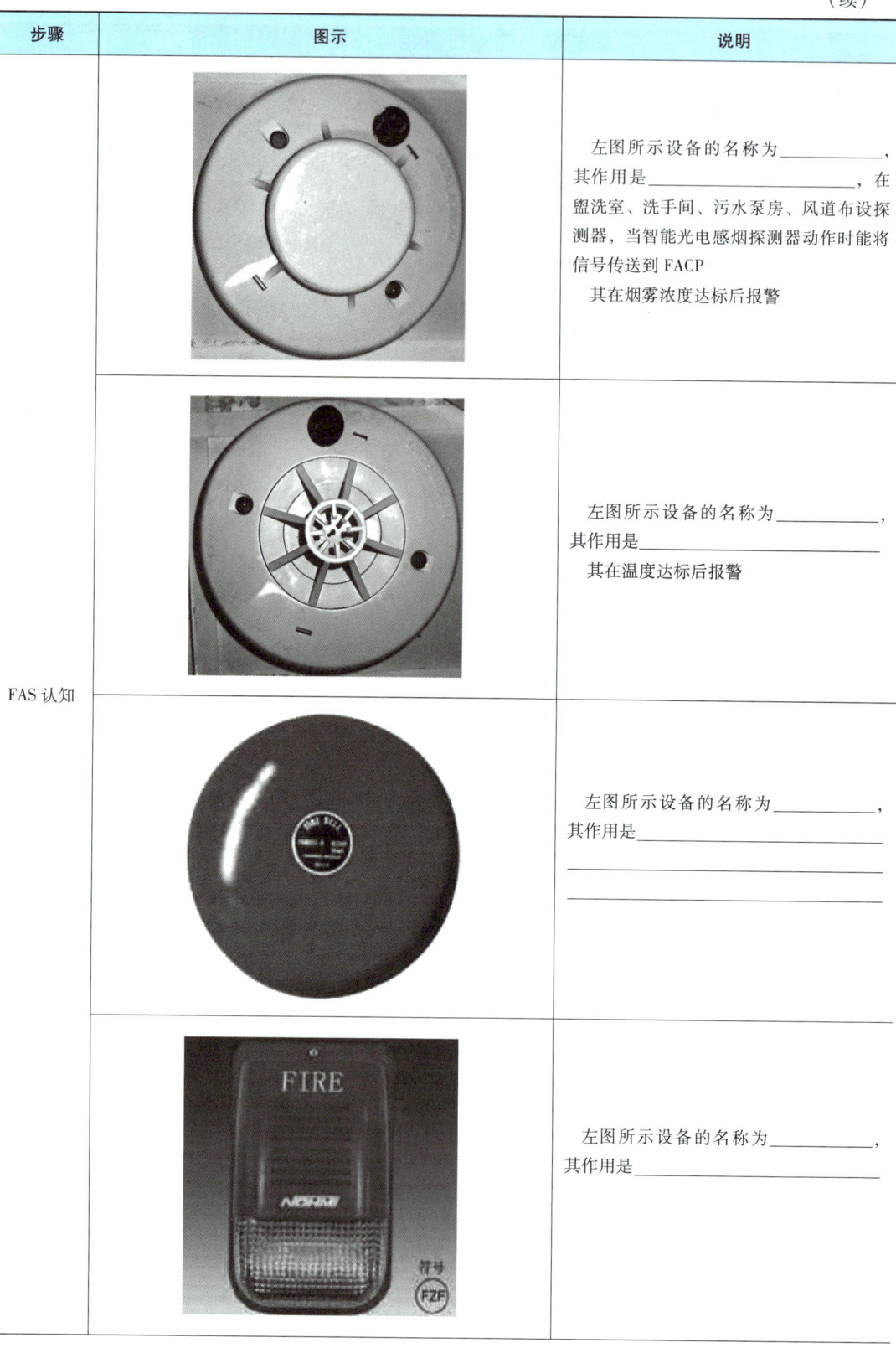	左图所示设备的名称为_____，其作用是_____，在盥洗室、洗手间、污水泵房、风道布设探测器，当智能光电感烟探测器动作时能将信号传送到FACP 其在烟雾浓度达标后报警
		左图所示设备的名称为_____，其作用是_____ 其在温度达标后报警
		左图所示设备的名称为_____，其作用是_____
		左图所示设备的名称为_____，其作用是_____

单元四　城市轨道交通车站火灾防护系统

（续）

步骤	图示	说明
FAS 认知		左图所示设备的名称为＿＿＿＿＿＿，其作用是＿＿
		左图所示设备的名称为＿＿＿＿＿＿，其作用是＿＿
	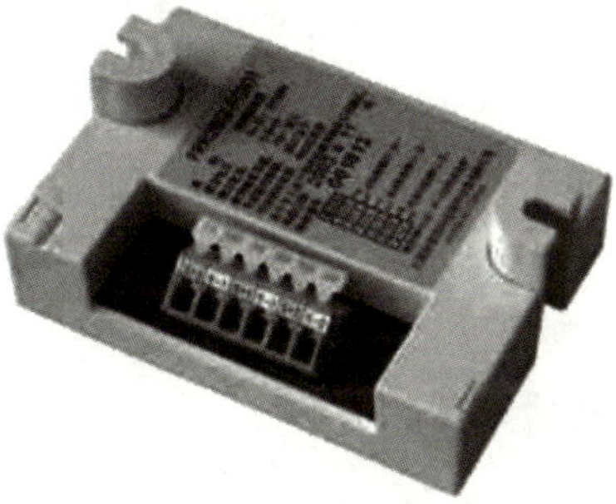	左图所示设备的名称为＿＿＿＿＿＿，其作用是＿＿

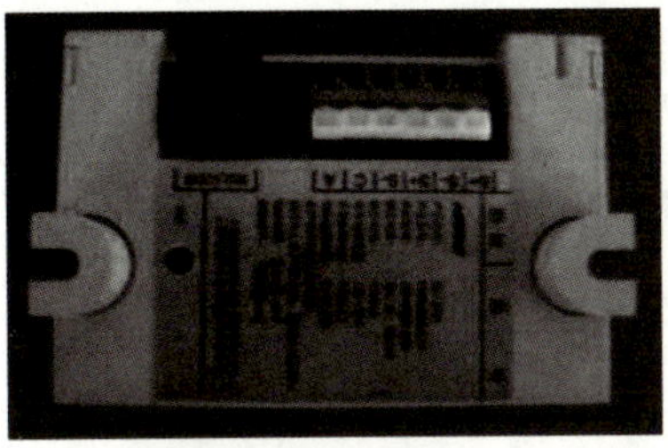

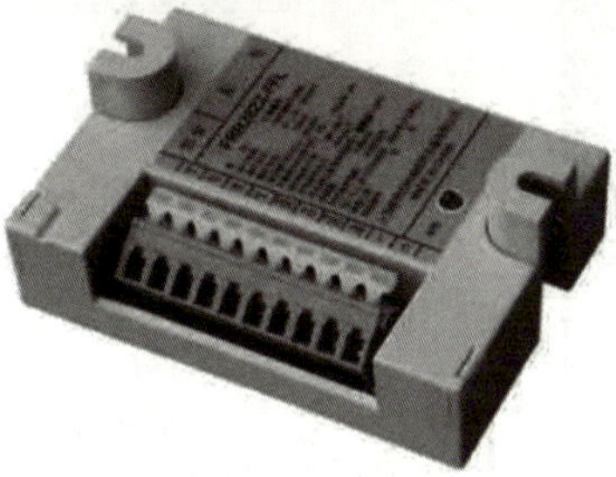

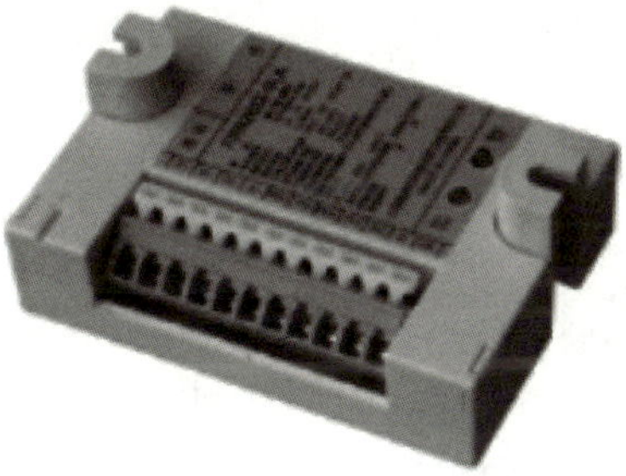

105

（续）

步骤	图示	说明
FAS 认知	 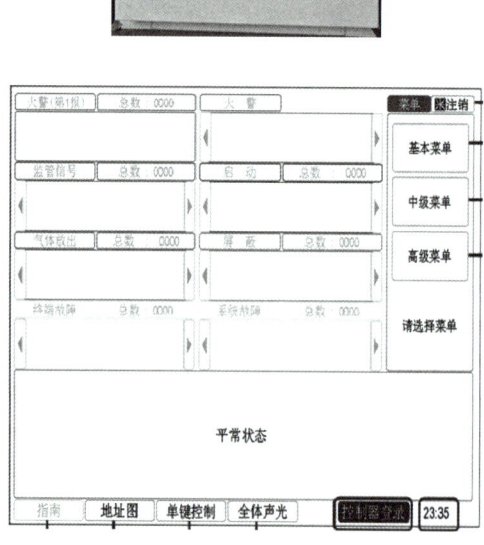	左图所示设备的名称为_____，其作用是_____ 按键操作：主音响、声光设备、自动联动、手动联动 LCD 触摸屏操作： 1) 控制器注销：只要操作本开关，控制器就会注销操作权限。在结束菜单或者盘面开关操作后，使用本操作进行注销 2) 基本菜单：显示基本菜单 3) 中级菜单：显示中级菜单 4) 高级菜单：显示高级菜单 5) 指南：当发生火警报警（包括预警、延时）、监管信号和终端启动的情况时，能够使用本键操作显示发生在各种情况时的行动指南 6) 地址图：显示地址图 7) 单键控制：对预设的多个终端设备同时进行启动控制或复位 8) 全体声光：对本控制器及其关联的其他网络控制器下的全部声光设备进行一键启/停操作 9) 控制器登录：表示控制器的登录状态 10) 控制器时间：以 24h 的方式显示控制器现在的时刻

单元四 城市轨道交通车站火灾防护系统

【实训评价】

【课证融通考评单】FAS 的认知		日期：	
姓名：	班级：	学号：	教师签名：
自评：□熟练 □不熟练	互评：□熟练 □不熟练	师评：□合格 □不合格	
日期：	日期：	日期：	

【评分细则】

序号	评分项	得分条件	分值	自评	互评	师评
1	接受任务	明确工作任务，理解任务在企业工作中的重要程度	5			
2	实训准备	实训前掌握安全注意事项和岗位标准的程度	5			
3	能力评价	1）能根据图片识别 FAS 的设备	15			
		2）能根据图片描述设备的作用	15			
		3）能说出 FAS 各设备的操作方式	30			
4	素养评价	1）工作计划性强，安排得当	5			
		2）团队合作能力强，善于沟通合作	5			
		3）自主学习能力强，勇于克服困难	5			
		4）严谨认真，积极参与课堂活动	5			
5	评价反馈	1）能快速、正确地识别图片中的设备	5			
		2）设备操作描述正确	5			
		合计	100			

单元练习

一、名词解释

1. 火灾自动报警系统（FAS）
2. 火灾探测器
3. 消防控制设备
4. 气体灭火系统
5. 七氟丙烷灭火系统

二、单项选择题

1. 在火灾自动报警系统中，用以接收、显示和传递火灾报警信号，并能发出控制信号和具有其他辅助功能的控制指示设备称为（　　）。

　　A. 火灾报警装置　　　　　　　　　B. 感温火灾探测器
　　C. 感烟火灾探测器　　　　　　　　D. 感光火灾探测器

2. 当 FAS 确认现场有火警后进行报警并自动进行消防广播，属于（　　）状态。

107

A. 广播手动联动 B. 系统手动联动
C. 广播自动联动 D. 系统自动联动

3. 当自动控制方式无法实现气体释放时，按下保护区门口 REL 内部的手动释放按钮，系统延时（　　），该防护区的气体释放。

A. 15~25s B. 20~30s C. 30~40s D. 40~50s

4. （　　）具有毒性低、不污损设备、绝缘性能好、灭火能力强等特点，是目前国内外市场上颇受欢迎的气体灭火产品，也是替代卤代烷的较理想型产品。

A. 七氟丙烷灭火系统 B. 混合气体自动灭火系统
C. 二氧化碳自动灭火系统 D. 气溶胶自动灭火系统

5. 地铁内遇到火灾时，下列不正确的做法是（　　）。

A. 不贪恋财物 B. 尽可能寻找简易防护
C. 要镇定 D. 身上着火要奔跑

6. 车站站厅层及出入口的消火栓一般采用（　　）。

A. 单口单阀消火栓 B. 单口双阀消火栓
C. 双口双阀消火栓 D. 双口单阀消火栓

7. 灭火器的设置要求应按现行《建筑灭火器配置设计规范》的规定执行，灭火器的最大保护距离为（　　）。

A. 10m B. 15m
C. 20m D. 25m

8. 对不宜用水扑救的重要电气设备房间采用（　　）进行保护。

A. 气体灭火系统 B. 液体灭火系统
C. 固体灭火系统 D. 泡沫灭火器

三、多项选择题

1. 一般火灾自动报警系统和（　　）、防火门、防火卷帘、挡烟垂壁等相关设备联动，自动或手动发出指令，启动相应的装置。

A. 自动喷水灭火系统 B. 室内消火栓系统
C. 防排烟系统 D. 通风系统
E. 空调系统

2. 车站配置的火灾自动报警系统设备有（　　）。

A. 火灾自动报警控制盘 B. FAS 站级图形显示软件
C. 充电机 D. 打印机
E. 警铃

3. 用消防电话主机呼叫消防电话分机的方法为（　　）。

A. 拿起电话筒 B. 按下需要呼叫消防电话分机的地方的按钮
C. 电话分机将振铃 D. 对方拿起电话分机即可进行通话
E. 将便携式电话插入电话插孔

4. 气溶胶自动灭火系统特点有（　　）。

A. 系统简单 B. 造价低廉 C. 无腐蚀
D. 无污染 E. 无毒无害

5. 气体灭火系统设有（　　）启动方式。
A. 自动控制　　　　　　　　B. 手动控制　　　　　　　　C. 机械应急操作
D. 自动模式　　　　　　　　E. 手动模式

四、判断题

（　　）1. 火灾自动报警系统属于消防用电设备，其主电源应当采用消防电源，备用电源采用蓄电池。

（　　）2. 气体自动灭火系统应18h正常工作。

（　　）3. 气体灭火系统气体喷放后，不必等到防护区内气体全部排完就可进入设备间。

（　　）4. 遇火灾时，不可乘坐垂直电梯或自动扶梯。

（　　）5. 高架区间消防应利用市政消防设施，不单独设置水消防系统。

（　　）6. 对不宜用水扑救的重要电气设备房间采用气体灭火系统进行保护。

（　　）7. 防护区设置火灾自动报警系统，一路烟感探测器，一路温感探测器。

（　　）8. 气体灭火系统处在手动工作模式，在接到紧急释放按钮指令后，开启手动控制并释放灭火剂。

五、问答题

1. 简述FAS的设备组成。

2. 火灾报警控制器的基本功能是什么？

3. 简述 FAS 的运行方式。

4. 简述气体灭火系统手动联动状态下的机械应急操作。

5. 乘客遇到火灾如何正确逃生?

单元五

城市轨道交通车站通风与空调系统

单元导入

城市轨道交通发展总体战略目标是实现由高速度向高质量的转型发展,由城轨大国迈向城轨强国,为人民群众提供高质量的城市轨道交通服务,提升人民群众的获得感和幸福感。城市轨道交通通风与空调系统的设计与建设应抓住机遇,开拓创新、稳中求变,以精细化设计,促进高质量发展。由于地铁所处的环境较为特殊,确保地铁工程的环境质量十分重要。这就需要加强地铁通风与空调系统的建设和管理,利用该系统对地铁车站内的温度、湿度进行有效的调节,并及时更换空气,可以实现通风系统的优化控制,进而营造舒适的乘车环境。

课题一　城市轨道交通车站通风与空调系统概述

【课题目标】

1)掌握城市轨道交通车站通风与空调系统的分类及组成。
2)了解城市轨道交通车站通风与空调系统的设备组成及基本操作。

【课题内容】

城市轨道交通车站通风与空调系统是指对车站站厅、站台、隧道、设备及管理用房等处所的环境进行空气处理的系统,其功能主要是调节指定区域内空气的温度、湿度,并控制二氧化碳、粉尘等有害物质的浓度,为乘客及工作人员提供一个良好的空气环境,并保证重要设备的正常运行。由于城市轨道交通地下封闭环境的特殊性,在火灾、车辆事故等特殊紧急情况之下,车站通风与空调系统更是起到极为重要的通风排烟作用,也是城市轨道交通工程不可或缺的重要组成部分。

无论是炎热的夏天还是寒冷的冬天,只要乘客进入城市轨道交通地下车站就会感到舒适、凉爽或温暖。

一、通风与空调系统的分类

城市轨道通风与空调系统按照形式可分为开式系统、闭式系统和站台门系统；按照使用场所不同、标准不同分为区间隧道通风与空调系统、车站公共区通风与空调系统（也称为大系统）和车站设备及管理用房通风与空调系统（也称为小系统）；按照控制对象分为空调水系统与通风系统。

(一) 按照形式分

1. 开式系统

开式系统应用机械或"活塞效应"的方法使地铁内部与外界交换空气，利用外界新鲜空气冷却车站和隧道，置换污浊空气。

(1) 活塞效应通风 当列车的正面与隧道断面面积之比（称为阻塞比）大于 0.4 时，由于列车在隧道中高速行驶，如同活塞作用，使列车正面的空气受压，形成正压，列车后面的空气稀薄，形成负压，由此产生空气流动。利用这种原理通风，称为活塞效应通风。

(2) 机械通风 当活塞效应通风不能满足地铁除余热与余湿的要求时，要设置机械通风系统。

车站通风一般为横向的送风、排风系统，区间隧道一般为纵向的送风、排风系统。这些系统应同时具备排烟功能。区间隧道较长时，宜在区间隧道中部设中间风井。对于当地气温不高、运量不大的地铁系统，可设置车站与区间连在一起的纵向通风系统，一般在区间隧道中部设中间风井（应通过计算确定）。

2. 闭式系统

闭式系统使地铁内部基本上与外界大气隔断，仅供给满足乘客所需的新鲜空气量。车站一般采用空调系统，区间隧道的冷却是借助于列车运行的"活塞效应"携带一部分车站空调冷风来实现的。

3. 站台门系统

在车站的站台与行车隧道间安装站台门，将其分隔开，安装站台门后，车站成为单一的建筑物，不受区间隧道行车时活塞风的影响。车站的空调冷负荷只需计算车站本身设备、乘客、广告、照明等发热体的散热，以及区间隧道与车站间通过站台门的传热和站台门开启时的对流换热。此时站台门系统的车站空调冷负荷仅为闭式系统的 22%~28%，且由于车站与行车隧道隔开，减少了运行噪声对车站的干扰，不仅使车站环境较安静、舒适，也使旅客更为安全。城市地铁多采用站台门系统。

站台门及其安装位置示意图如图 5-1、图 5-2 所示。

站台门系统的站台和轨行区分开，车站为独立的制冷、除湿区，因此有安全、节能和美观等优点。由于站台门的隔断，站台门制式环控系统形成了两个相对独立的系统——车站空调通风系统和隧道通风系统。

单元五　城市轨道交通车站通风与空调系统

图 5-1　站台门

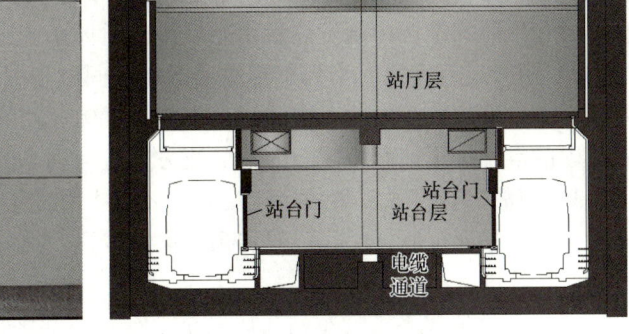

图 5-2　站台门安装位置示意图

（二）按照控制对象分

1. 空调水系统

车站空调水系统主要为地铁车站空调系统提供冷却水源。按照空调系统冷源设置的集中程度不同，地铁车站空调水系统有分散供冷和集中供冷两种工作方式。

（1）分散供冷方式　分散供冷是指每个车站内独立设置冷水机组（有水冷机组和风冷机组），通过冷冻水泵将二次冷源供给车站大系统空调或车站小系统空调，空调末端采用大组合空调柜、小组合空调柜及风机盘管等设备。冷水机组、水泵和冷却塔均分站设置，独立运行。

（2）集中供冷方式　集中供冷是指集中设置制冷机组、联动设备及其他辅助设备，通过室外管廊、地沟架空、区间隧道敷设冷冻水管，用二次水泵将冷冻水长距离输送到车站空调大系统末端，以满足多个车站所需的冷量。集中供冷方式的空调水系统可分为以下 3 个部分：

1）制冷系统环路。它主要由冷水机组、冷冻水一次泵、冷却水系统及其附属设备组成，主要实现的功能是空调系统根据系统控制的时间表，早晨运营前进行系统预冷、晚间利用余冷提前关机、正常运营时制备空调冷冻水。

2）冷冻水二次环路。它由二次冷冻泵、变频器、管网等组成，主要实现的功能是通过监视末端的阀门开度，计算末端的负荷量，调节阀门的开度来满足车站实际冷负荷需求，二次泵的变频由末端压差控制。

3）末端设备。它主要由组合空调器、风机盘管及前、后的控制阀门组成。组合空调器（或落地式风机盘管），其过水量是由出水管上的比例二通阀控制的。由站台、站厅温度探头通过车站 PLC 计算后，将控制信号传给比例二通阀控制阀门开度，车站 PLC 可将站台、站厅及进、出水温度通过网络传给冷站控制室。

2. 通风系统

通风系统主要设置于区间隧道和地下车站，其基本任务是向区间隧道和车站各工作地点供给足量的新鲜空气，稀释和排除有害物质，调节车站内部的空气条件，创造舒适的乘车环境。通风系统包括区间隧道通风系统和车站通风系统两部分。

（1）区间隧道通风系统　区间隧道通风系统由车站两端端头井内设置的事故冷却风机与两边隧道相接的活塞风井、隔断风门、旁通风门等组成；区间隧道通风系统主要有正常运行、阻塞运行和事故运行 3 种运行模式。

1）正常运行模式。当列车正常运行时，利用列车在隧道内高速运动产生的活塞效应从车站一端风井引入新风，经过区间隧道由下一站风井排风。列车停靠车站时列车下部的制动发热量和顶部的空调冷凝发热量由站台排热通风系统进行排放。

2）阻塞运行模式。当列车因故滞留在区间隧道时，为使列车空调器正常运转，应关闭列车后方站事故机房内的旁通风门，事故风机向区间隧道送入新风，前方站事故风机将区间隧道内的空气排至地面。区间内的气流方向应与列车的行进方向保持一致。

3）事故运行模式。事故运行模式主要是指火灾运行模式。当列车在区间隧道内发生火灾时，应根据列车所处区间位置和列车火灾位置，执行预先设计的方案进行紧急通风，即隧道通风系统进入火灾运行模式。

（2）车站通风系统　车站通风系统由车站公共区通风空调系统（大系统）和车站设备管理用房通风空调系统（小系统）两部分组成，主要作用是给乘客及工作人员提供舒适的乘坐与工作环境，并创造确保机电设备正常运行的环境空气条件。

1）车站公共区通风空调系统。它由空气处理设备、通风机、水泵、风道、输水管等组成，多采用集中式空调系统及半集中式空调系统。

集中式空调系统又称为中央空调，它是将所有空气处理设备及通风机、水泵的功能设备都设在一个集中的空调机房内，经处理后的空气，经风道输送到各空调房间或空间。

半集中式空调系统除了设有集中在空调机房内的空气处理设备用来处理部分空气之外，还设有分散在被调房间内的空气处理设备，用来对部分房间或空间的空气进行就地处理或对来自集中处理的空气进行补充处理，以满足不同房间对送风状态的不同要求。

2）车站设备管理用房通风空调系统。车站设备管理用房一般由变电室、动力照明室、环境控制设备室、站台门设备室等组成，由于上述设备用房多为电气设备，对于环境的要求不能太热、太潮湿，因此多采用通风机、抽风机和分散式空调系统组成。

分散式空调系统的空气处理设备全部分散在被调房间或空间。空调机组把空气处理设备、风机以及冷热源、控制装置都集中在一个箱体内，形成一个紧凑的空调系统。

二、通风空调系统的组成

（一）车站公共区通风空调系统

车站公共区通风空调系统简称空调大系统（图5-3），它采用全空气一次回风空调系统。典型车站在站厅层两端设通风空调机房，其内各设1台组合式空调箱、1台回/排风机（兼排烟）和1台空调小新风机，各负责车站一半的公共区通风空调负荷。车站公共区空调机组内的风机和回排风机配备变频器，采用变频调节风量。车站公共区气流组织采用上部均匀送风、下部均匀回风的形式，车站通风空调系统兼作车站排烟系统用。

（二）设备及管理用房通风空调系统

设备及管理用房通风空调系统简称空调小系统（图5-4）。各车站的空调小系统的组成和划分根据各站具体情况而定，按工艺要求、排烟要求进行通风空调和排烟设计。一般的设备及管理用房设置全空气空调系统（兼排烟系统），变电所设置冷风系统降温，风量按排除余热量计算。

有气体灭火要求的房间，通风系统根据选用的不同灭火介质进行设计，根据给排水消防专业推荐采用气体灭火介质，气体灭火房间的排风系统设置下部排风，灭火后排出的气体直接排至地面。

单元五 城市轨道交通车站通风与空调系统

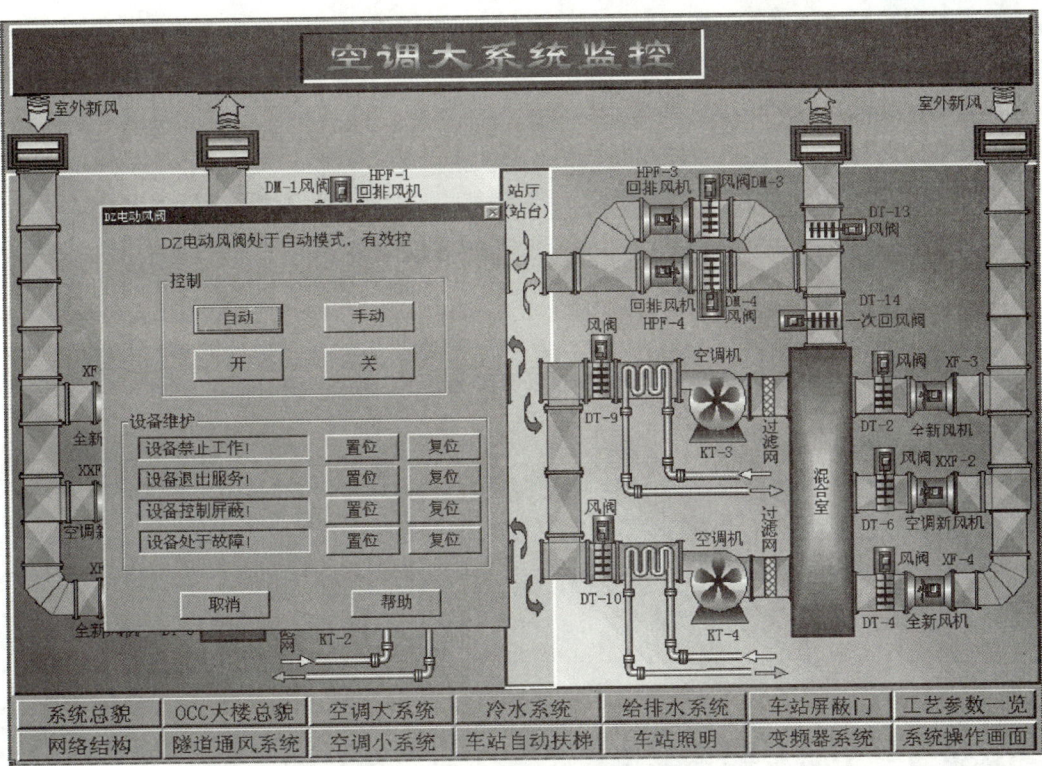

图 5-3 空调大系统

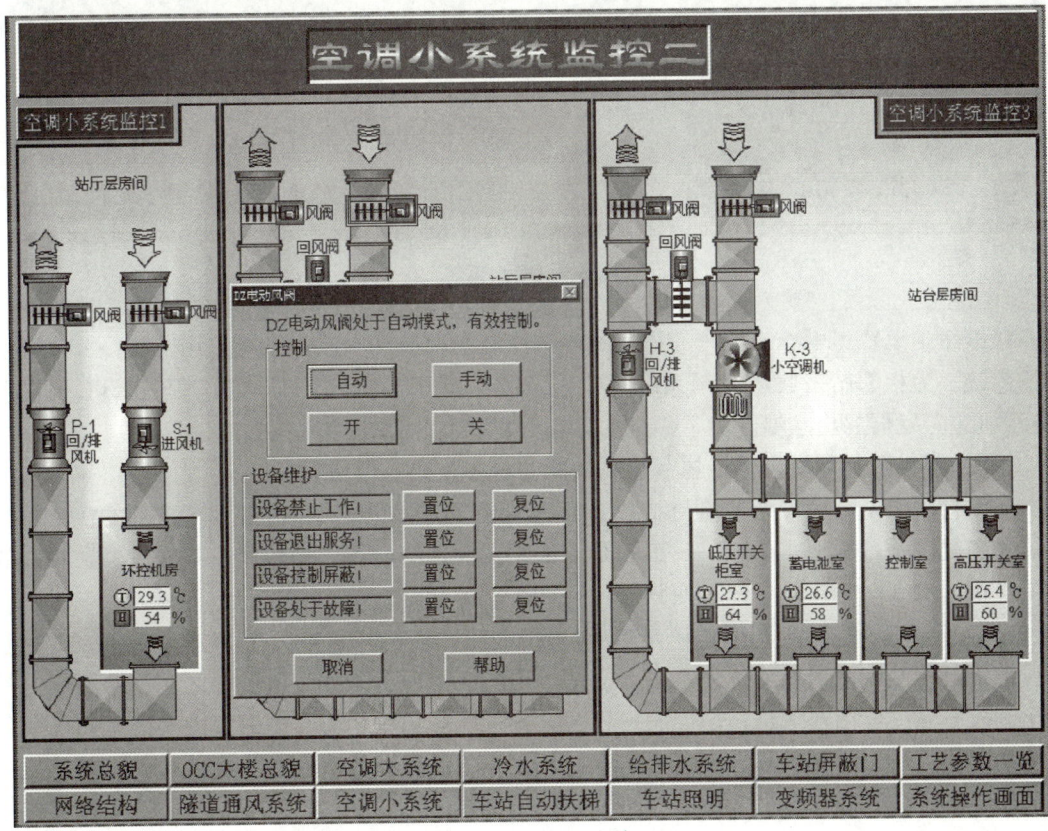

图 5-4 空调小系统

污水泵房、厕所设置独立的机械排风、自然进风系统，排出的气体直接排至地面。通风空调机房、冷冻机房设机械送、排风系统，排风系统可兼作排烟系统用。蓄电池室、泵房、车站备品库、茶水间、清扫工具间等用房设置排风系统。设备及管理用房通风空调用新风亭、排风亭分别与公共区通风空调用新风亭、排风亭共用。

（三）空调水系统

空调水系统又称为冷水系统（图5-5），它采用定水量系统，即冷水机组和水泵的水量不变，有的车站选用两台容量相同的冷水机组，承担车站公共区及设备管理用房的空调冷负荷。冷冻水泵与冷水机组台数一一对应。

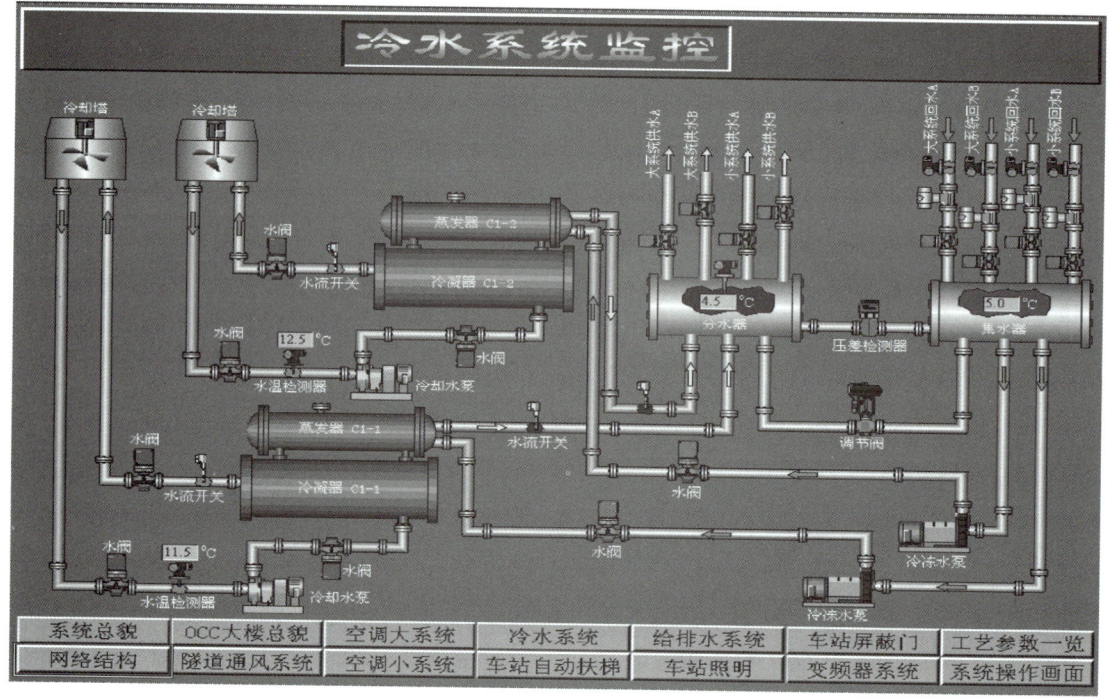

图5-5 冷水系统

在枢纽站设置集中冷冻站作为相邻站空调冷源。枢纽站空调水系统采用二次冷冻水泵变流量系统，为相邻站公共区空调系统提供冷冻水。集中冷冻站冷冻水推荐采用8℃大温差（冷水机组蒸发器的出水温度为7℃，进水温度为15℃）的供给方式。

（四）车站轨行区域排热通风与排烟系统

在站台轨道区域设置列车顶与站台下排热风道，轨顶排热风口对准列车顶部的空调冷凝器位置布置，站台板下排热风口排出列车下部车载设备的发热。排热风机一般设置在车站的两端，可耐250℃高温1h，配有变频器。

（五）区间隧道活塞/机械通风系统

地下车站站端活塞风道优先考虑双活塞风道。在地面有条件的市中心区东、西两端的外部车站统一采用双活塞风道，地面用地较为紧张且区间长度相对较短的市中心区车站统一采用单活塞风道。

单元五 城市轨道交通车站通风与空调系统

三、通风空调系统的设备组成及基本操作

(一)通风空调系统的设备组成

城市轨道交通通风空调系统的作用是为乘客和正常行车创造一个舒适的环境;为工作人员提供良好的工作环境;保证设备的正常进行;事故及灾害情况下,满足疏散要求,进行合理的气流组织。上述功能是通过系统设备的组成及控制来实现的,而通风空调的控制介质主要以水和风组成,因此设备的组成可分为控风设备和控水设备。

控风设备主要有组合式空调机组、排风机、单体风阀、组合风阀、TVF 隧道故障风机、消声器、柜式空调机组,其实物图及安装位置见表5-1。控水设备主要有冷水机组、冷却塔、水泵,其实物图及安装位置见表5-2。排风机、空调机组、冷水机组、水泵、冷却塔是产生噪声和振动的主要设备。

表 5-1 控风设备的实物图及安装位置

序号	设备名称	实物图	安装位置
1	组合式空调机组		空调通风机房
2	排风机	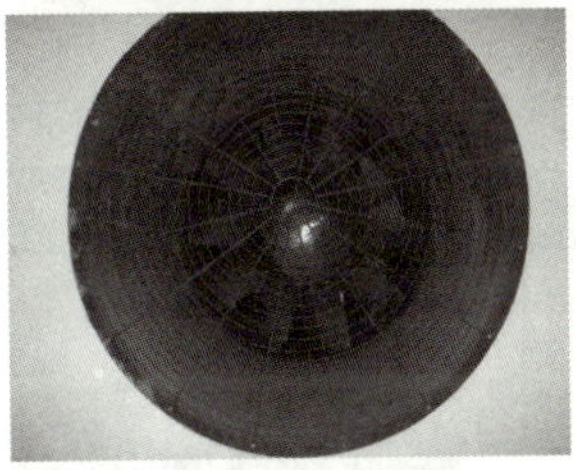	空调通风机房或其他设备用房及行车区间
3	单体风阀		车站内所有风管上
4	组合风阀		空调机组出入口及结构风道

117

（续）

序号	设备名称	实物图	安装位置
5	TVF 隧道故障风机		隧道
6	消声器		结构风道
7	柜式空调机组		空调通风机房或小通风机房

表 5-2 控水设备的实物图及安装位置

序号	设备名称	实物图	安装位置
1	冷水机组		车站空调通风机房或冷冻机房
2	冷却塔		高架站室外车站出入口附近或附近建筑物顶
3	水泵		空调通风机房或冷冻机房

单元五　城市轨道交通车站通风与空调系统

（二）通风空调设备的基本操作

通风空调设备操作表见表5-3。

表5-3　通风空调设备操作表

序号	设备名称	开机事项	关机事项	注意事项
1	冷水机组	1）打开冷冻水泵，检查水泵电动机的转向，并且校正通过蒸发器的水流量，使之达到指定的流速。排出系统内的空气 2）打开冷冻水水流开关 3）将压缩机电路断路器接通，用户控制触点合上 4）将控制开关及压缩机开关接通 5）在微机键盘上按"RESET"键5s 6）在菜单上按开机键	1）进入主菜单 2）在菜单上按关机键	1）压缩机开机前，油加热器至少通电24h 2）安装的各种水阀，在开机之前须首先确认是否处于正确状态 3）前20min，须打开冷冻泵、冷却泵、冷却塔，确认达到指定流量后，才可开机。关机20min后，才可关闭冷冻泵、冷却泵、冷却塔 4）5min内，开启压缩机的次数不能超过1次 5）若异常，立即关机，并通知维修人员
2	水泵	1）明确现场水泵编号 2）将空调电控室对应抽屉柜上的控制按钮切换到"现场" 3）在空调电控室抽屉柜或现场控制箱上，按下启动按钮，确认运行灯是否亮 4）确认设备工作状态	1）明确现场水泵编号 2）将空调电控室对应抽屉柜上控制按钮切换到"现场" 3）在空调电控室抽屉柜或现场控制箱上，按下停止按钮，确认停止灯是否亮 4）确认设备工作状态	1）开机前，确认水阀是否处于指定状态 2）若发现异常，立即关机，并通知维修人员
3	冷却塔	1）明确现场冷却塔编号 2）将现场控制箱上的控制按钮切换到"现场" 3）在现场控制箱上，按下启动按钮，确认运行灯是否亮 4）确认设备工作状态	1）明确现场水泵编号 2）将现场控制箱上的控制按钮切换到"现场" 3）在现场控制箱上，按下停止按钮，确认停止灯是否亮 4）确认设备工作状态	1）开机前，一定要确认进、出水阀门均已打开 2）若发现异常，立即关机，并通知维修人员
4	组合空调机组	1）明确现场机组编号 2）将现场控制箱上的控制按钮切换到"现场" 3）在现场控制箱上，按下启动按钮，确认运行灯是否亮 4）确认设备工作状态	1）明确现场机组编号 2）将现场控制箱上的控制按钮切换到"现场" 3）在现场控制箱上，按下停止按钮，确认停止灯是否亮 4）确认设备工作状态	1）风机启动前，操作人员必须离开风机段，关闭好检查门，才可启动风机 2）停机时，应在风机完全停止运转后，才可将进风阀关闭 3）操作人员要进入风机段，必须先关风机，待风机停止运转后，才可打开通道门，进入风机段 4）空调器出风口的风阀在关闭的情况下，严禁开机 5）确认进、出水阀是否在指定状态

（续）

序号	设备名称	开机事项	关机事项	注意事项
5	柜式空调机组	1）明确现场机组编号 2）将现场控制箱上的控制按钮切换到"现场" 3）在现场控制箱上，按下启动按钮，确认运行灯是否亮 4）确认设备工作状态	1）将现场控制箱上的控制按钮切换到"现场" 2）在现场控制箱上，按下停止按钮，确认停止灯是否亮 3）确认设备工作状态	1）空调器出风口的风阀在关闭的情况下，严禁开机 2）确认进、出水阀是否在指定状态 3）若发现异常，立即关机，并通知维修人员
6	排风机	1）明确现场风机编号 2）将现场控制箱上的控制按钮切换到"现场" 3）在现场控制箱上，按下变频启动按钮，确认变频运行灯是否亮 4）确认设备工作状态	1）明确现场风机编号 2）将现场控制箱上的控制按钮切换到"现场" 3）在现场控制箱上，按下停止按钮，确认停止灯是否亮 4）确认设备工作状态	1）开机前，确认风阀处于指定状态 2）若发现异常，立即关机，并通知维修人员
7	轴流风机	1）明确现场风机编号 2）将空调电控室对应抽屉柜上的控制按钮切换到"现场" 3）在空调电控室抽屉柜或现场控制箱上，按下启动按钮，确认运行灯是否亮 4）确认设备工作状态	1）明确现场风机编号 2）将空调电控室对应抽屉柜上的控制按钮切换到"现场" 3）在空调电控室抽屉柜或现场控制箱上，按下停止按钮，确认停止灯是否亮 4）确认设备工作状态	1）开机前，确认风阀处于指定状态 2）若发现异常，立即关机，并通知维修人员

辨一辨

学生分组制作卡片或多媒体课件，对城市轨道交通的通风空调设备种类进行分辨练习。

课题二　城市轨道交通车站通风与空调系统实务

【课题目标】

1）熟悉城市轨道交通车站通风与空调系统的运行方式。
2）了解城市轨道交通车站通风与空调系统的设备接口关系。
3）了解城市轨道交通车站通风与空调系统工况调节及节能运行。
4）了解城市轨道交通车站通风与空调系统的控制及运行管理。

单元五　城市轨道交通车站通风与空调系统

【课题内容】

车站通风与空调控制工作站设在车站控制室内,通风空调值班员通过设置显示操作台,对车站和相关区间隧道的各种通风与空调设备进行有效监控。值班员根据车站内温、湿度和室外温、湿度控制通风与空调系统,监控各设备的运行状态,向中央控制室传送本站通风与空调设备的控制状况,并执行中央控制室的各项命令。车站及车站区域发生火灾时,它对火灾区域进行排烟控制。

学生分组在车站认识环控系统的设备,寻找车站通风与空调系统与隧道通风系统的管路,测量地面的温度与车站公共区域的温度。

一、通风与空调系统运行方式

(一) 区间隧道通风系统运行方式

隧道通风系统如图 5-6 所示,其各运行方式如下。

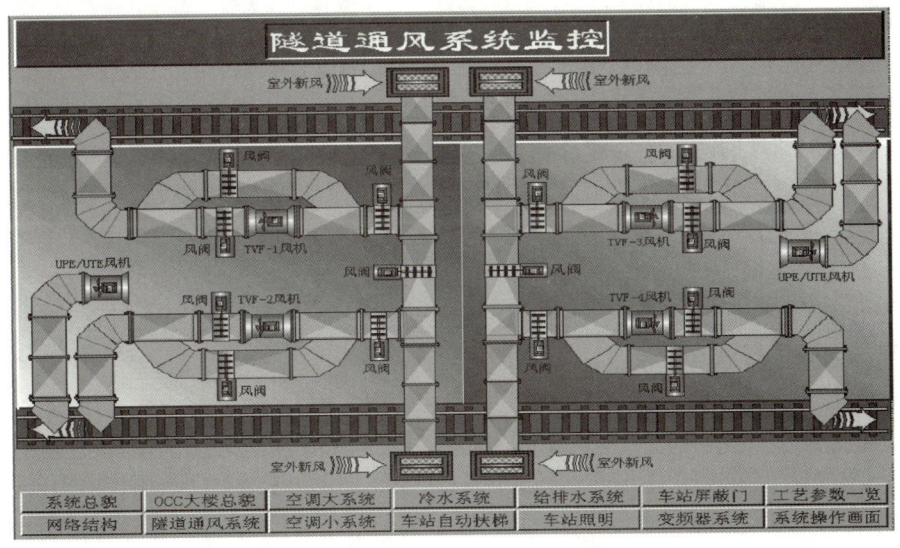

图 5-6　隧道通风系统

1. 正常运行

室外空气温度高于隧道内空气温度时,双活塞风道关断进站端的活塞风道,只开启出站端的活塞风道供车站区隧道排热风时的进风,轨顶排热风机根据列车运行对数变频控制排热风机的排风量。

室外空气温度低于隧道内空气温度时,采用开式运行方式,利用列车活塞效应将外界的空气带入隧道。

2. 夜间运行

一般情况下不进行夜间通风，以节省运行费用。当隧道温度升高过快时，可启动车站两端的事故风机，一站送风、一站排风，形成纵向通风方式，利用室外日夜温差进行蓄冷降温，抑制白天站台或区间隧道温度上升。为使各站之间冷却均匀，每隔几天应将送排站对调。

3. 阻塞运行

列车阻塞在区间隧道时，该区间前方站的区间事故风机开启排风，同时后方站的区间事故风机送风，气流方向与列车运行方向相同，同时关闭这两座车站的活塞风道。若该段区间内有射流风机，需同时开启，将隧道内温度控制在允许的范围内。

4. 火灾事故运行

隧道内列车一端着火时，列车着火端一侧车站的隧道风机均排风，另一端车站隧道风机均进风。乘客迎风向送风一侧的车站撤离。隧道内列车中部着火时，距列车较近的车站的隧道风机送风，较远的车站的隧道风机排风，乘客向较近的车站撤离。

在有渡线、存车线的区间隧道及洞口区间隧道内设置射流风机，火灾工况下，开启事故区间对应上行或下行线路的射流风机，射流风机开启方向与机械通风的气流方向相同，使事故区间隧道内风速符合设计要求，满足区间隧道火灾工况的排烟要求。

（二）车站通风空调系统运行方式

地下车站公共区通风空调运行工况分为空调工况、通风工况和火灾运行模式。

1. 车站空调工况

当室外空气焓值大于空调回风焓值时，使用空调小新风风机、组合式空调机组和回/排风机，新风与回风混合后，通过空气处理单元，再由送风机经消声段分别送至站厅层和站台层。

在运行初期和近期，行车对数及客流量比远期小，各系统的设备发热量相应减少，根据车站实际的冷量，冷冻机组自动调节，系统末端的空调机组和回排风机变频调节风量，以达到节能运行的效果。

2. 车站通风工况

当室外空气温度低于或等于空调送风温度时，采用机械通风，停止制冷系统的工作。

3. 车站火灾运行模式

无论是站厅层还是站台层发生火灾，车站都应关闭制冷系统，转入火灾排烟运行模式。

站厅层发生火灾时，关停车站送风系统和轨行区排热系统，并关闭站台排风，开启车站排风系统，对站厅层排烟，排出的烟气经风亭至地面，形成车站站厅负压，由出入口补风。

站台层公共区发生火灾时，关停车站送风系统和站厅层排风，开启车站排风系统、排热风机，同时开启站台门，对站台层排烟，通过车站出入口进行补风。此时，站台区形成负压，在站台至站厅的楼梯口产生速度不小于1.5m/s的向下气流，便于乘客经站厅层安全疏散至外界。

若站台层轨行区发生火灾，则开启火灾侧站台门，关停车站送、排风系统，开启车站排热风机[轨道顶排风口（OTE）风机]和区间事故风机，使轨行区烟气经风亭排至地面，通过车站出入口进风，经站厅进入站台补风，使站厅层楼梯口形成向下的气流，便于乘客经站厅层安全疏散至外界。

当有排烟要求的设备及管理用房发生火灾时，由该区域的排烟风机将烟气经风井排至地面，送风系统兼作补风系统用；当有气体灭火要求的设备及管理用房发生火灾时，房间进、排风关闭，待灭火后开启排风系统排出废气。

二、通风空调系统的设备接口关系

与通风空调系统有接口关系的有动力照明系统、给排水系统、环境与设备监控系统（BAS）、火灾自动报警系统（FAS）和站台门系统。上述系统共同作用，实现了通风空调系统对环境空气的处理，为乘客及工作人员提供一个良好的空气环境，保证了设备的正常运行，同时实现了系统监控管理，在消防管理上发挥了火灾隔离、事故快速应急处理的作用。站台门系统在前文中已经有所介绍，下面主要介绍动力照明系统、BAS 在通风空调系统中的接口关系。

（一）动力照明系统的接口关系

1. 城市轨道交通通风空调设备按电气负荷分类

（1）一类负荷设备　它是与火灾和事故通风有关的设备，主要包括隧道通风机，推力风机，射流风机，风阀及用于隧道内部机房通风的风机，长区间隧道中间风井的电动风阀及紧急疏散竖井的加压风机，车站大系统的排风机及其风阀，车站小系统的排风机，楼梯间加压风机及其相应的风阀，防火阀、防烟防火阀、排烟阀等。

（2）二类负荷设备　它是除一类负荷外的其他风机、柜式空调器、与火灾和事故通风无关的电动风阀等。

（3）三类负荷设备　它是除一类、二类负荷外的其他环控设备，包括冷水机组、冷冻水泵、冷却水泵、冷却塔、水处理设备、风机盘管、电动蝶阀、电动二通阀、与风机盘管配套的温控器等。

2. 动力照明专业的主要责任

1）提供通风空调电控柜、就地按钮箱及电缆，并负责配电到电动机接线端子。

2）通过通风空调电控柜实现风机的启停、正反转、安全保护、故障报警等就地级监控。

3）风机的通风空调电控柜需向 BAS 提供智能低压网关端口。

4）在通风空调电控柜内实现手动/自动的切换功能，实现与相关电动组合式风阀的硬联锁。

5）负责与设备接口调试及协议转换。

（二）BAS［电力自动化系统（EMCS）］的接口关系

BAS（Building Automatic System）是建筑设备自动化系统在民用建筑领域的习惯用语。GB 50157—2013《地铁设计规范》在城市轨道交通范围内将"环境与设备监控系统"命名为 BAS。出于通风空调的自动控制和设备管理的需求，将城市轨道交通的采暖、空调、通风与制冷设备的自动化控制，通过集成系统 BAS 进行远程的监视与控制。按照控制的需求将其分为"三级"，即中央监控（控制中心）、车站监控（车站控制室）和就地监控（环控电控室）。

1. 中央监控（控制中心）

1）对全线隧道通风系统的隧道风机、推力风机、射流风机、长射流风机、风阀及用于隧道内部机房通风的风机、长区间隧道中间风井的电动风阀和紧急疏散竖井的加压风机进行监视。

2）对各站内大系统的空调器、空调新风机、回排风机、排烟风机、电动风阀进行监视。

2. 车站监控（车站控制室）

1）对本站管辖范围内的隧道通风系统的隧道风机、推力风机、射流风机、长射流风机、风阀及用于隧道内部机房通风的风机、长区间隧道中间风井的电动风阀和紧急疏散竖井的加压风机进行监视。

2）对本站内大系统的空调器、空调新风机、回排风机、排烟风机、电动风阀、制动风机、冷却水泵、冷却塔、水管上的电动蝶阀、水管上的电动二通阀、水处理设备等进行监控。

3）对本站内大系统上的防火阀进行监控（由FAS执行），对本站内小系统上的防烟防火阀进行监控（监视由FAS执行，控制由气体灭火系统执行）。

4）对小系统水系统的空调器、空调新风机、回排风机、排烟风机、电动风阀、压差传感器、流量开关、电动二通阀等进行监控。

3. 就地监控（环控电控室）

1）对本站内大系统的空调器、空调新风机、回排风机、排烟风机、电动风阀、制动风机、冷却水泵、冷却塔、水管上的电动蝶阀、水管上的电动二通阀、水处理设备等进行监控。

2）对本站内大系统上的防火阀进行监控（由FAS执行），对本站内小系统上的防烟防火阀进行监控（监视由FAS执行，控制由气体灭火系统执行）。

3）对本站小系统水系统的空调器、空调新风机、回排风机、排烟风机、电动风阀、压差传感器、流量开关、电动二通阀等进行监控。

三、通风空调系统工况调节及节能运行

（一）通风空调系统的工况调节

通风空调系统的工况调节是指空调系统在工作过程中，既要满足人们对环境大气物理条件调节的要求，又要使空调系统保持相对经济的运行状态，从而要求空调系统能够根据室内外大气物理条件的变化情况（如室外的冬、夏季，室内的热量变化等）调整自己的运行工况（如强冷、弱冷和通风等不同运行工况等）。

1. 室外空气状态变化

室外空气状态的变化可以引起两种变化：一种是在空气物理条件不变的情况下，由于室外空气状态变化所造成的送风状态的变化；另一种是如果房间有外围护结构，由于室外温度的变化会引起传热量的变化，从而引起室内负荷的变化。为适应这种变化，就必须对室内的空气状态进行调节，目前常用的方法是控制系统喷雾室后面的机器露点（通常是观察机器露点的干球温度）。

2. 室内空气状态变化

由于房间围护结构的传热量随着室内外空气温差和太阳辐射强度的变化而变化，同时房间内人体、照明、室内生产设备的散热量和散湿量也随着生产过程和人员的出入而产生变

化，从而使室内热湿负荷随时可能发生变化。通常的调节方法有定露点、定风量调节再热器，调节回风混合比，调节旁通风与处理风混合比，变露点调节再热器以及直接改变送风状态的含湿量等。

3. 空调工况调节的原则

1）系统在全年的运行中都能保证空调房间所要求的温度、湿度参数。

2）系统在各个工况分区内的运行最经济、合理，能最大限度地利用自然能源，以减少冷量、热量和电能的消耗，降低运行成本。

3）调节机构最少，调节方法最简单。

4）工况间的区域分界线应是调节过程中的临界线，工况间应便于转换。

5）工况间的转换一般根据位置条件和参数条件。根据位置条件是指采用调节机构的极限位置作为工况转换条件；根据参数条件是指利用室内控制参数的极限值或室内控制参数、室外空气状态参数在焓湿图上的位置作为工况转换条件。

（二）通风空调系统的节能运行

地下车站的空调系统耗电量很大，因此空调系统的节能运行对整个城市轨道交通系统的能源节省非常重要。目前空调系统的节能途径主要有以下几个。

1. 合理选择室内设定值

确定合理的室内温度和湿度是节能的重要方面。对大部分工业空调系统及几乎全部的舒适性空调系统来说，采用全年固定设定值的方式是不经济的，也是不必要的。同时，在冬季把空气处理到偏高的设定值，夏季把空气处理到偏低的设定值也要消耗更多的能量。所以，对大多数空调系统来说，可采用变设定值控制的方法。根据有关文献报道，夏季室内温度设定值从26℃提高到28℃，冷负荷减少21%~23%，冬季室内温度从22℃降低到20℃，热负荷可减少26%~31%，效果是很明显的。因此，为了节约能耗，空调房间内的温度、湿度基数，在满足生产要求和人体健康的前提下，夏季应尽可能提高，冬季应尽可能降低。

2. 控制室外新风量

控制和正确利用室外新风量是空调系统冬、夏季节能的有效措施。一般可根据被调空间的人流数量的增减来决定所需的新风量。在地下车站，由于有明显的客流高峰和非高峰时段，因此完全可以利用新风量的调节起到节能的作用。

3. 运行管理体的自动控制

空调系统调节的自动化不仅可以提高调节的质量，降低冷、热量的消耗，节约能源，减轻劳动强度，还可以提高劳动生产率和技术管理水平。空调系统的自动控制就是根据被调参数（如温度、湿度等）的实际值与给定值之间的偏差，用由专用的仪表和装置组成的自动控制系统调节参数的偏差值，使参数保持在允许的波动范围内。

四、通风空调系统的控制及运行管理

（一）车站通风空调系统的控制

通风空调系统的控制可分为中央级、车站级和现场级三级控制。

1. 中央级控制

中央级控制通过设置在中央环控控制室内的环控防火计算机控制台，对全线系统的环控设备（主要是指各站通风机和空调机组）的运行状态进行监控，必要时直接向车站控制室发出控制指令，并可显示主要设备的非常状态，记录设备事故情况，并可遥测各车站内及区间的各点空气物理状态。中央级控制系统由中央实时服务器、中央历史服务器、操作员工作站和工程师工作站等组成。

2. 车站级控制

车站级控制以车站监控工作站为基础，包括车站监控局域网、打印机和后备操作盘等设备，主要功能包括监视车站及所辖区域的通风和空调设备的运行状态，按环控要求及负荷参数，使设备按规定模式进行运转，确保车站设备协调工作，必要时人为干预。

3. 现场级控制

现场级控制由各类传感器、执行器、远程 I/O 模块、接口模块或装置组成，设在设备机房内，可直接操纵设备的运行。其主要功能包括向车站控制室传送所控制设备的工作状态、执行车站控制室发出的控制指令、在车站控制室发生故障时独立地进行设备监控、在维修及更换设备时进行现场调试等。

（二）车站通风空调系统的管理

通风空调系统的运行管理包括设备维修计划的制订，提供相关的技术支持，技术资料整理与记录，系统运行档案的建立，设备的巡检、维修、质量检查以及相关工作人员的管理等各项工作。

1. 组织架构

1）环控专业工程师。环控专业工程师代表该专业负责人制订各种作业计划、材料计划，必要时为维修工作提供技术支持。任职要求：具有工程师或助理工程师资格证书。

2）专业维修工班。专业维修工班执行各种计划作业、故障抢修作业、临时维修任务，并及时反馈各种作业情况。每个工班由 6~12 人组成，有电工、钳工、制冷工、管道工等工种，从业人员应持证上岗。

2. 主要任务

1）环控专业工程师主要负责编制环控专业的年度、月度生产计划和材料消耗计划；检查考核工班的维修作业完成情况、安全作业情况和材料消耗情况；负责环控系统的设备管理工作；负责编制和实施专业内的培训工作；辅助所辖工班的各项作业、故障处理的技术支援和指导工作。

2）日常巡检工班负责车站和环控设备的操作和运行记录工作，反馈设备运行状态，负责车站环控设备的日常巡检、定期保养、简单故障处理（属一、二级修程）的工作。

3）专业维修工班主要负责专业生产技术组编制下达的日常计划性维修（属三、四、五级修程）、故障维修以及抢修等工作。

3. 安全生产制度

1）环控设备维修人员必须认真执行"三不动""三不离""三不放过""三级施工安全措施"等基本安全生产制度。

①"三不动"：未联系登记好不动；对设备性能、状态不清楚不动；正在使用中的设备不动。

②"三不离"：维修完不复查试验好不离开；发现故障不排除不离开；发现异状、异味、异声不查明原因不离开。

③"三不放过"：事故原因分析不清不放过；未制订防范措施不放过；责任人与群众未受到教育不放过。

单元五 城市轨道交通车站通风与空调系统

2）在安排维修作业时，应有安全防范措施，并严格遵守有关技术作业安全规定。
3）各特殊工种必须持证上岗，并进行必要的岗前培训，上岗证应按规定进行年审。
4）各层级都应设专职或兼职安全员，负责安全工作及监控，形成安全管理网络。

实训操作及评价

【实训操作】 组合式空调箱的认知
实训准备：
组合式空调箱设备实物、末端设备状态图片等。
安全注意事项：
1）维修设备时，应 1 人监护 1 人施工，严禁单独施工。
2）在设备操作维修时，注意人身安全及设备安全，谨防头部、手臂、背部等磕碰、划伤，确保设备不被损坏。
3）检修开始前，应切断设备电源，并挂"禁止合闸"警示牌。
4）未经授权同意，禁止操作任何设备。

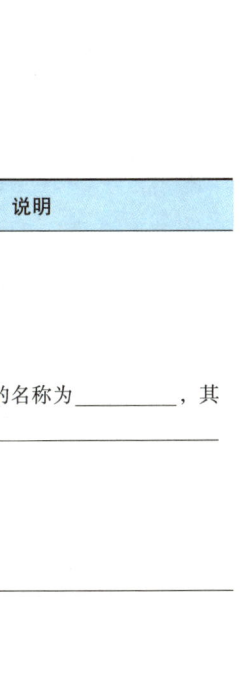

车站通风与空调系统

岗位标准：
1）掌握组合式空调箱的组成。
2）掌握组合式空调箱的基本功能。
操作步骤：

步骤	图示	说明
组合式空调箱认知	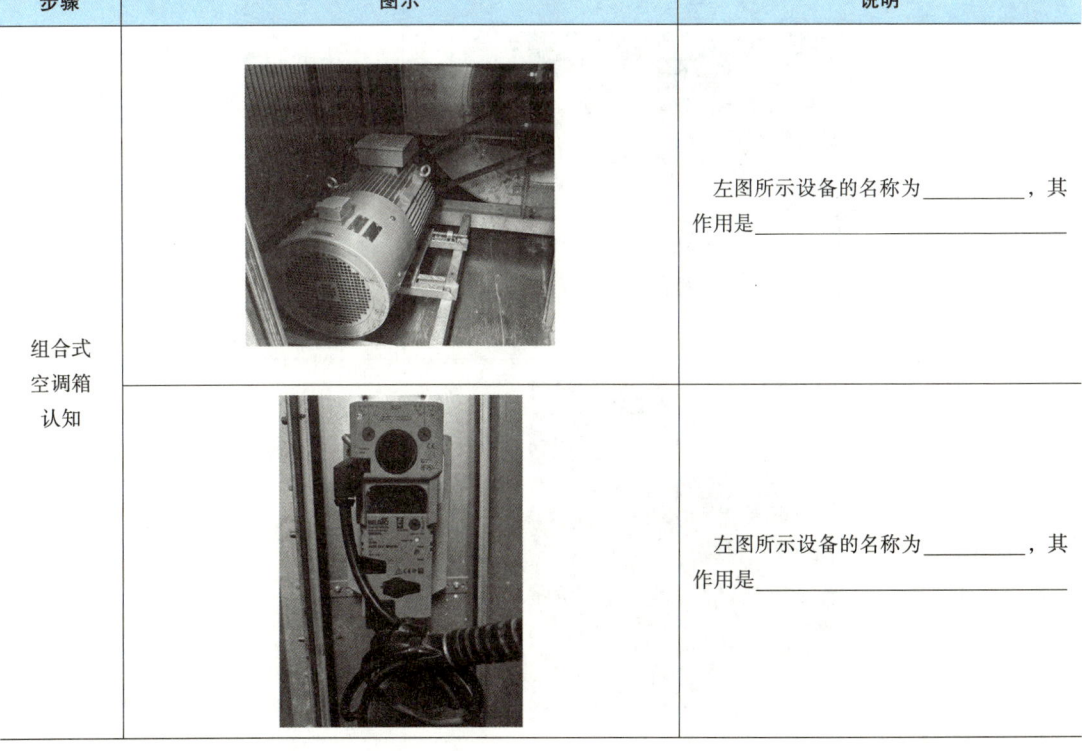	左图所示设备的名称为_____，其作用是_____
		左图所示设备的名称为_____，其作用是_____

127

（续）

步骤	图示	说明
组合式空调箱认知		左图所示设备的名称为_____，其作用是_____
		左图所示设备的名称为_____，其作用是_____
	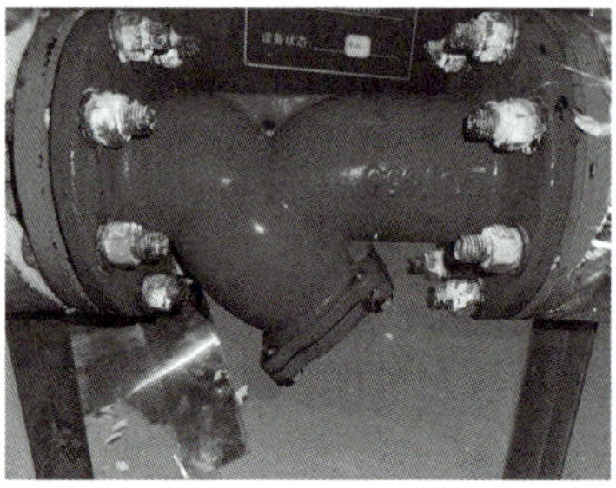	左图所示设备的名称为_____，其作用是_____
		左图所示设备的名称为_____，其作用是_____

单元五　城市轨道交通车站通风与空调系统

（续）

步骤	图示	说明
组合式空调箱认知		左图所示设备的名称为_____，其作用是_____
		左图所示设备的名称为_____，其作用是_____
	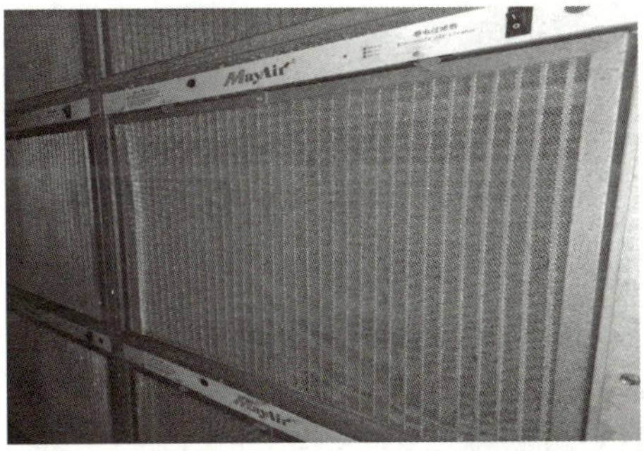	左图所示设备的名称为_____，其作用是_____
		左图所示设备的名称为_____，其作用是_____

129

（续）

步骤	图示	说明
组合式空调箱认知		左图所示设备的名称为_____，其作用是_____
		左图所示设备的名称为_____，其作用是_____
		左图所示设备的名称为_____，其作用是_____
		左图所示设备的名称为_____，其作用是_____

（续）

步骤	图示	说明
组合式空调箱认知		左图所示设备的名称为_____，其作用是_____
		左图所示设备的名称为_____，其作用是_____
	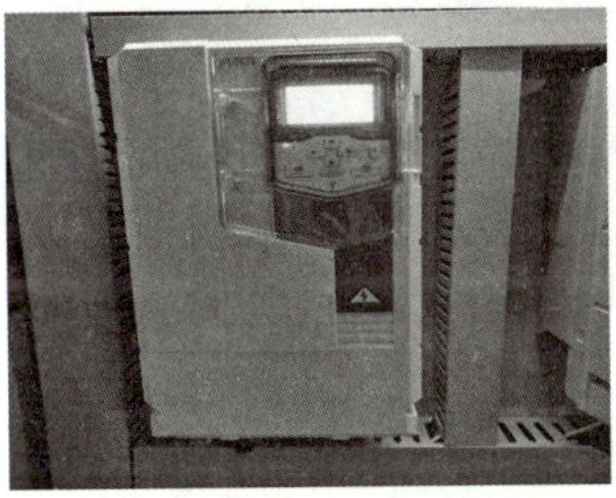	左图所示设备的名称为_____，其作用是_____
		左图所示设备的名称为_____，其作用是_____

（续）

步骤	图示	说明
组合式空调箱认知	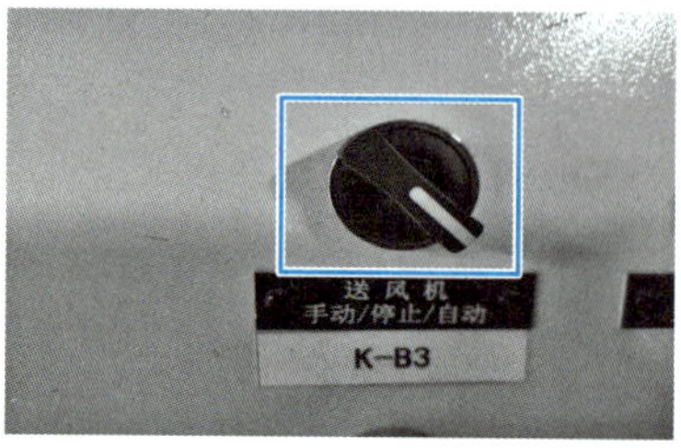 （送风机 手动/停止/自动 K-B3）	左图所示设备的名称为_____，其作用是_____
	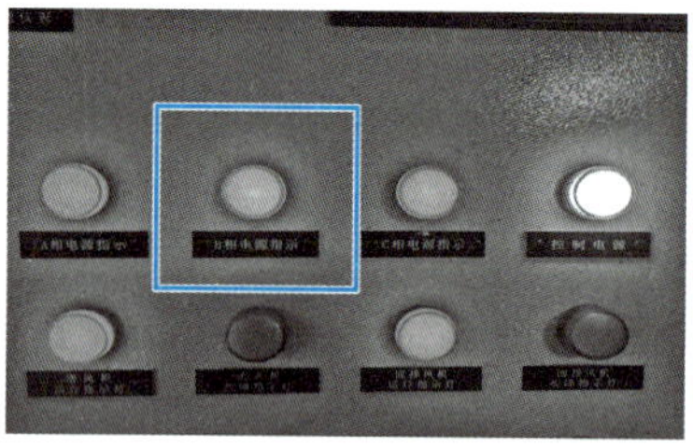 （指示灯面板）	左图所示设备的名称为_____，其作用是_____

【实训评价】

【课证融通考评单】组合式空调箱的认知			日期：	
姓名：	班级：	学号：	教师签名
自评：□熟练 □不熟练	互评：□熟练 □不熟练	师评：□合格 □不合格	
日期：	日期：	日期：	

【评分细则】

序号	评分项	得分条件	分值	自评	互评	师评
1	接受任务	明确工作任务，理解任务在企业工作中的重要程度	5			
2	实训准备	实训前掌握安全注意事项和岗位标准的程度	5			
3	能力评价	1）能根据图片识别组合式空调箱设备	7			
		2）能根据图片描述设备的作用	8			
		3）能说出组合式空调箱各功能段的名称	15			
		4）能根据设备图，完成组合式空调箱设备命名	15			
		5）能简述组合式空调箱的工作原理	15			
4	素养评价	1）工作计划性强，安排得当	5			
		2）团队合作能力强，善于沟通合作	5			
		3）自主学习能力强，勇于克服困难	5			
		4）严谨认真，积极参与课堂活动	5			
5	评价反馈	1）能快速、正确地识别图片中的设备	5			
		2）在任务实施过程中能发现问题、解决问题	5			
合计			100			

单元五 城市轨道交通车站通风与空调系统

单元练习

一、名词解释
1. 城市轨道交通通风空调系统
2. 开式系统
3. 空调水系统
4. 阻塞运行模式
5. 通风空调系统的工况调节

二、单项选择题
1. 通风空调系统在城市轨道交通机电设备中的耗电占有相当高的比重,纵观用电情况,高峰在（　　）。
   A. 春季　　　　　B. 夏季　　　　　C. 秋季　　　　　D. 冬季
2. 当列车的正面与隧道断面面积之比大于（　　）时,会产生活塞效应通风。
   A. 0.2　　　　　B. 0.4　　　　　C. 1　　　　　　D. 2
3. 通风系统主要设置于区间隧道和（　　）。
   A. 车辆段　　　　B. 停车场　　　　C. 控制中心　　　D. 地下车站
4. 通风空调系统的控制不包括（　　）。
   A. 中央级　　　　B. 车站级　　　　C. 站台级　　　　D. 现场级
5. 车站公共区空调通风系统简称（　　）。
   A. 大系统　　　　B. 小系统　　　　C. 水系统　　　　D. 排烟系统
6. （　　）是指每个车站内独立设置冷水机组,通过冷水泵将二次冷源供给车站大系统空调和车站小系统空调。
   A. 分散供冷　　　B. 集中供冷　　　C. 大气制冷　　　D. 空调制冷
7. 空调系统的冬、夏季取用（　　）,是为了满足人体卫生的要求、冲淡有害物、补偿局部排风、保证空调一定正压值。
   A. 最大新风量　　B. 最小新风量　　C. 最大排风量　　D. 最小排风量
8. 室外空气温度低于隧道内空气温度时,采用（　　）运行方式,利用列车活塞效应将外界的空气带入隧道。
   A. 开式系统　　　B. 闭式系统　　　C. 站台门系统　　D. 循环系统
9. 隧道内列车起火时,列车着火端一侧车站的隧道风机均（　　）,另一侧车站隧道风机均（　　）。
   A. 排风　　　　　B. 进风
10. 站台层公共区发生火灾时,在站台至站厅的楼梯口产生风速不小于（　　）气流,便于乘客经站厅层安全疏散至外界。
    A. 1.5m/s 的向上　B. 3m/s 的向上　C. 1.5m/s 的向下　D. 3m/s 的向下

三、多项选择题
1. 区间隧道通风系统主要运行模式有（　　）。

133

A. 正常运行　　　　B. 阻塞运行　　　　C. 事故运行　　　　D. 反向运行
2. 通风空调系统设备按功能可分为（　　）。
A. 加热源系统　　　B. 制冷源系统　　　C. 循环水系统　　　D. 通风排烟系统
3. 环控设备维修人员必须认真执行（　　）等基本安全生产制度。
A. 三不动　　　　　B. 三不离　　　　　C. 三不放过　　　　D. 三级施工安全措施
4. 地下车站公共区通风空调运行工况分为（　　）。
A. 空调季节　　　　B. 通风季节　　　　C. 排风季节　　　　D. 加湿季节
5. 通风空调系统有关的接口有（　　）。
A. 动力照明系统　　B. 给排水系统　　　C. BAS　　　　　　D. FAS
6. 车站小系统的排烟风机、楼梯间加压风机及其相应的风阀有（　　）。
A. 防火阀　　　　　B. 防烟防火阀　　　C. 防烟阀　　　　　D. 气动调节阀
7. 控水设备主要有（　　）。
A. 水泵　　　　　　B. 空调　　　　　　C. 冷水机组　　　　D. 冷却塔
8. 产生噪声和振动的主要设备有（　　）。
A. 水泵　　　　　　B. 风机　　　　　　C. 冷水机组　　　　D. 空调机组

四、判断题

（　　）1. 当活塞式通风不能满足地铁除余热与余湿的要求时，要设置机械通风系统。

（　　）2. 阻塞运行模式时区间内的气流方向应与列车的行进方向保持一致。

（　　）3. 半集中式空调系统将所有空气处理设备及通风机、水泵的功能设备都设在一个集中的空调机房内，经处理后的空气经风道输送到各空调房间。

（　　）4. 站台门制式通风空调系统目前越来越多地应用于城市轨道交通。

（　　）5. 无论是站厅层还是站台层发生火灾，车站应关闭制冷系统，转入火灾排烟运行模式。

（　　）6. 一般情况下不进行夜间通风，以节省运行费用。

（　　）7. 二类负荷设备是指与火灾事故通风有关的设备。

（　　）8. 空调系统的工况调节，无须考虑其随室内外大气物理条件变化时的工况调节。

（　　）9. 控制和正确使用室内新风量是空调系统冬、夏季的有效节能措施。

（　　）10. 高架车站以自然通风为主，辅以机械通风。站台、站厅公共区均采用自然排烟方式。

五、问答题

1. 简述城市轨道交通通风空调系统的分类。

2. 区分车站空调通风系统与隧道通风系统。

3. 简述站台门对通风空调系统的意义。

4. 简述空调工况调节的原则。

5. 通风空调系统"三级控制"的功能有何区别?

单元六

城市轨道交通给排水与环控设备监控系统

单元导入

城市轨道交通系统存在大量的地下车站，由于地下条件复杂多变，地面降雨会通过地表下渗到轨道，地下本身也有丰富的地下水。同时，车站是人员密集的场所，乘客和工作人员需要大量的新鲜空气。因此，车站必须具备功能完善的给排水和环控系统，既保障车站安全，又保障乘客高质量出行。

课题一　城市轨道交通给排水系统

 【课题目标】

1）熟悉城市轨道交通给排水系统概况。
2）了解城市轨道交通常见水泵、阀门及管道知识。

 【课题内容】

城市轨道交通车站给排水系统的作用是满足车站的生产、生活和消防用水方面对水量、水质和水压的需求，保证车站和车辆段排水通畅，为城市轨道交通安全运营提供服务，同时对生活污水和生产污水进行收集和处理，达到排放标准。

城市轨道交通车站给排水系统由给水系统和排水系统两部分组成。其中，给水系统包括生产生活给水系统和消防给水系统，排水系统包括污水系统、废水系统和雨水系统。

给水系统水源采用城市自来水，每座车站一般由两条不同的城市自来水管引入给水管，车站的给排水管道一般由车站出入口或通风道引入。给水系统采用生产生活用水和消防用水分开的给水系统。

一般车站的生产生活给水系统利用市政管网压力供水，系统采用枝状网供水。生活生产给水主要供给车站工作人员饮用水、盥洗水、厕所用水、清扫用水，地下车站还需供给空调冷却补充用水等。

消防给水系统一般在两条不同的城市自来水水管上分别引入一根DN150消防给水管。引入管上设有管道倒流防止器。消防时，直接从城市管网抽水，采用消防泵增压。由消防泵出水管引出两路DN150供水总管，供车站站厅、站台层消火栓用水，并接至相邻区间，在车站及区间内均形成环网。

排水系统主要是在车站设污水泵房和废水泵房，地下区间最低点设废水泵房，隧道洞口设雨水泵房，及时收集车站和区间的雨水、消防废水、冲洗废水、生活污水以及少量渗漏水，就近分别接入城市污水、雨水管网系统，保证区间和车站的正常运营。

一、给排水系统总体设计原则

1）应满足工程对水量、水压和水质的要求，坚持综合利用、节约用水的原则，并应有防止污染的措施。

2）给水系统水源采用城市自来水，车站应采用生产、生活用水和消防用水分开的给水系统。车站内生产、生活给水系统为枝状管网，由城市自来水管引入一路给水管与车站内生产、生活给水管连接。消防给水系统采用环状管网，一般由不同的城市自来水管引入两路给水管与车站内消防给水管连接。

3）城市轨道交通消防按同一时间内发生1处火灾设计。火灾延续时间：消火栓系统按2h，自动喷水灭火系统按1h计算。

4）城市轨道交通消防应有完善可靠的消防给水系统及自动灭火系统，所有建筑物应根据不同建筑的功能和重要性，按《建筑灭火器配置设计规范》配置不同种类的灭火器，以确保能迅速有效地扑灭各种火灾。所有配置的消防设施附近均不应有遮挡物遮挡。

5）市政自来水管网压力不能满足消防要求而水量能够满足消防要求时，应设消防增压泵房。消防时，直接从城市自来水管网吸水，不设消防水池。此种消防供水方式应与城市消防部门和自来水公司协商后确定。

6）高架车站和沿线附属建筑消防设计按《建筑设计防火规范》或《高层民用建筑设计防火规范》执行。高架区间消防尽量利用市政消防设施，必要时设置消火栓系统。

7）地下区间上、下行线各设置1根消防给水管，在车站端部与车站环状管网连接。区间消防给水连通管的设置应结合区间联络通道设置，在经济技术比较合理的情况下，地下区间的两条消防给水干管之间可不设连通管。

8）结合城市轨道交通车站设置的地下商场及地下车库等附属建筑，单独进行消防报批及验收，其面积或停车数量达到设置自动喷水灭火系统规定时，必须设置自动喷水灭火系统。自动喷水灭火系统应采用独立的系统，不应和生产、生活及消火栓消防给水系统共用。

9）城市轨道交通排水应根据污水的性质、污染程度，并结合室外的排水体系和城市排水规划对污水进行分类集中，就近排放。同时，地铁污水的排放应符合国家现行有关排放标准。

10）排水采用分流制。排水系统对结构渗漏水、消防及冲洗废水、生活及粪便污水、露天出入口及隧道洞口的雨水，应分类集中，就近排至城市污水系统、雨水系统或地面河流。

11）当车站附近无城市污水排水系统时，地铁排出的生活污水必须经过处理，达到排放标准后才能排放。

12）城市轨道交通给排水管道及设备应采取有效的防止杂散电流腐蚀措施。地下车站的给排水管道宜由车站出入口通道或风道引出。穿过地下主体结构的给排水管道均应设防水套管，给水管在主体结构内侧设防杂散电流的绝缘接头，在主体结构外侧采用一段3m的给水塑料管。排水管只在主体结构内侧设绝缘接头。

13）进行给排水设备的选型时，应选用技术先进、安全可靠、经济合理、经过实际运营考验的国产设备，其规格应尽量统一，且应便于安装和维修。自动灭火系统是否采用国外产品由业主招标确定。

14）车站及区间的给排水管和市政给排水管接管、冷却塔、水表井、水泵接合器、室外消火栓、检查井、污水处理设施、化粪池等的位置，均应和城市有关部门达成协议。

二、给排水系统运作要求

（一）生活、生产给水系统

1. 系统组成

车站生活、生产给水水源接自市政给水管，与消防给水系统分开设置，并单独设置水表井计量。给水系统主要采用枝状网供水，车站的站厅和站台两端各设1只清扫栓箱，内设1只DN25的清扫栓，供车站清扫用水。地下及地面车站直接采用城市管网压力供水；高架车站可采用变频供水方式，以节约能耗。

2. 系统功能

生活、生产给水系统的设置，提供了车站所需的生活和生产用水，保证了城市轨道交通的正常运营。

（二）消防给水系统

1. 组成与功能

（1）系统组成　为满足工程地下区间及车站消防的需要，设有消防给水系统。其具体组成如下。

1）消火栓系统（高架及地面车站、地下车站与地下区间联网）。车站及地下区间隧道内和高架区间全封闭段设消火栓灭火系统，该系统主要供给车站、地下区间的消火栓用水，高架及地面区间非封闭段不设消火栓给水系统。

2）由地下车站修建开发的地下商业或地下停车库等，其面积或停车数量达到设置自动灭火系统规定时，必须增设自动喷水灭火系统。

（2）系统功能　车站及区间内的消火栓系统应能及时、可靠地扑灭各类火灾，为工程安全可靠运行、人员生命财产安全以及减小火灾风险提供必要、有力的保障。

2. 消火栓给水系统

（1）地下车站及区间　地下车站消火栓为独立的给水系统，由消防泵出水管引出两路DN150供水总管，供车站站厅、站台层消火栓用水，并接至相邻区间，在车站及区间内均形成环网。地下车站的供水范围为车站带相邻区间的一半。

（2）高架车站　车站由室外引入两路DN150的给水管，进入车站消防泵房，经消防泵加压后，与车站独立的消防环状管网相接。若车站外部只有一路市政水源，则该车站应设消防水池和消防加压泵；若室外消防不满足要求，消防水池还应包括室外消防用水量。

（3）高架区间　高架区间消防原则上应利用市政消防设施，若高架段为全封闭声屏障的区段，则应设置水消防系统，区间消火栓用水量为10L/s，由两端车站消防泵房供水，并在高架站站台层端部设置消防器材箱。

3. 消防泵房

地下车站消防泵房一般设在站厅层靠近主通道处，由室外引入两根DN150进水管，在泵房内或进泵房前设置防污隔断阀。泵房内设消火栓系统泵组，包括2台主泵，互为备用。

高架和地面车站消防泵房内设置1套消火栓系统泵组，每组包括2台主泵和2台稳压泵，均互为备用。一般设在地面管理用房内。

（三）排水系统

1. 系统组成与功能

（1）系统组成　排水系统由废水排水系统、雨水排水系统和污水排水系统组成。

1）高架车站排水系统主要包括车站污水系统、车站废水系统、屋面雨水系统。

2）地下车站排水系统主要包括车站污水系统、出入口及敞口风亭排雨水系统、废水系统、局部排水系统和临时排水设备等。

3）地下区间排水系统主要包括区间隧道排水系统、出入洞口雨水排水系统等。

（2）系统功能　排水系统的主要功能是及时收集车站和区间的雨水、消防废水、冲洗废水、生活污水以及少量渗漏水，就近纳入市政排水管或规划保留河道（以下简称排水点），保证区间和车站的正常运营。

2. 废水排水系统

（1）地下车站主废水系统及泵房　在车站最低点（一般为端头井处）设置主废水泵房，车站消防废水、结构渗漏水、冲洗水由每层地漏收集，经排水立管汇至道床纵向排水沟后流入车站废水泵房集水池。

废水泵房内设潜污泵2台，平时互为备用，消防时同时使用，单泵设计流量一般按50m^3/h计，废水泵房集水池的有效容积不应小于单台水泵20min的水量。

（2）高架车站废水排水系统　高架车站废水由每层地漏收集后以重力流方式就近纳入排水点。

（3）车站局部废水排水系统　在车站每个出入口自动扶梯的底部设置集水井，收集结构渗漏水、行人带入的少量雨水。集水井内设2台小型潜污泵，平时互为备用，事故时同时使用。

（4）地下区间主废水系统及泵房　地下区间隧道采用明沟排水，便于疏通。在"V"和"W"形区间隧道的线路最低点设废水泵房1座，单坡区间废水利用车站废水泵房排出。

（5）区间局部排水泵房　区间折返线车辆检修坑端部等水量较多且不能自流排水的低洼地点，设2台小型潜污泵，互为备用，以排除局部积水。

3. 雨水排水系统

（1）地下区间峒口雨水系统及泵房　一般在车辆段出入段线峒口和地下、高架区间连接的峒口处设雨水泵房。雨水经泵提升后，通过压力窨井，就近纳入排水点。

（2）地下车站局部雨水排水系统　建筑专业为了协调与城市轨道交通周边的环境，地下车站可能设置敞开式出入口和地面风亭，这样必须在出入口自动扶梯下和风亭下设置雨水泵。

（3）高架车站雨水排水系统　高架车站雨水经排水立管雨水口收集后通过排水立管利用重力流入排水点。

（4）高架区间雨水排水系统　高架区间桥面雨水经雨水口收集后沿桥墩（一般设置De160 UPVC排水立管接至地面集水井）分段集中就近纳入排水点。

4. 污水排水系统

（1）地下车站污水排水系统　地下车站结合卫生间的布局配置密闭式污水提升装置，该装置将污水纳入全封闭水箱，通过干式泵组提升至室外市政污水管道，设有通气管（与卫生间通气管合并）接至地铁排风井，并设有手摇泵组，保证在主泵故障情况下可手动排出污水。该系统所需污水泵房面积小，维护、检修方便，空气流通状况较好，基本无污水异味产生。

每座污水泵房内设置1套密闭污水提升装置，含2台干式污水泵，1用1备。污水经泵提升后，经压力井纳入排水点。

（2）高架及地面车站污水排水系统　高架及地面车站污水经收集后利用重力流入排水点。

全线污水纳入市政污水管之前均需设置化粪池，并且化粪池位置需得到市排水管理部门认可。

三、给排水系统主要设备用房设置及设备材料选择

1. 主要设备用房设置

给排水系统的设备用房主要有消防泵房，车站、区间废水泵房，峒口雨水泵房及地下车站污水泵房等。各设备用房的设置有如下要求。

（1）消防泵房　消防泵房应满足设备、管道布置要求，位于主要出入口附近，以利于火灾工况时专业人员能及时操作及撤离。建议泵房平面尺寸为4m×6m（地下车站）、4m×7m（高架及地面车站，与生活给水泵房合建）。

（2）车站、区间废水泵房　车站废水泵房有效容积不小于单台水泵工作20min的有效容积，区间废水泵房集水池必须满足潜水泵安装和集水池最小有效容积要求，同时废水泵房应位于区间或车站最低处。区间平面尺寸和集水池高度应结合联络通道的设置而定；若为单独开挖泵房，则集水池的有效容积应确保每小时开泵次数不超过6次。

（3）峒口雨水泵房　在雨水不能重力排出的隧道峒口处应设雨水泵房。泵房应能满足水泵及管道布置要求，集水池有效容积不小于最大泵5~10min的流量。建议雨水泵房平面尺寸为4m×8m。

（4）地下车站污水泵房　若采用密闭式污水提升装置，应根据所选设备，结合卫生间的布局合理配置，满足污水密闭提升装置安装和检修要求。

2. 设备材料选择

（1）设备选型及国产化　给排水设备选型遵循经济合理、满足城市轨道交通安全运营的原则，采用低噪声、低能耗、低污染、高效率、高可靠性的成熟设备。

关于设备的选型国产化问题，根据我国上海、北京、深圳及广州等城市轨道交通的建设经验，给排水主要设备（如各种给水泵、排水泵、各类阀门、消防器材等）应尽

量国产化。

（2）主要材料选择

1）室外给水管采用给水铸铁管，承插接口。

2）生产给水管（含循环冷却水管）及生活给水管采用符合生活饮用水卫生标准的管材。管径≤80mm时，采用螺纹连接；管径>80mm时，采用法兰连接或卡环连接。

3）车站消防管采用热镀锌钢管，管径≤80mm时，采用螺纹连接；管径>80mm时，采用法兰连接或卡环连接。

4）车站污、废水泵出水管采用镀锌钢管，压力窨井后的污、废水出水管采用加筋塑料管。

5）区间消防管、废水出水管采用涂塑钢管，沟槽式连接。

6）凡通过伸缩缝的给排水管道均设金属管道补偿器。

7）室外明露给水管道保温材料采用超细玻璃棉管壳。

四、水泵知识

1. 水泵的分类

水泵是输送液体或使液体增压的机械。它将原动机的机械能或其他外部能量传给液体，使液体能量增加，主要用来输送液体，包括水、油、酸碱液、乳化液、悬乳液和液态金属等，也可输送液体与气体的混合物以及含悬浮固体物的液体。水泵一般按泵的结构和工作原理来分类，有时根据需要也按用途、动力类型和泵的水力性能等进行分类。

（1）按用途分类　按用途分类有水泵、砂泵、泥浆泵、污水泵、污物泵、井用泵、潜水泵、喷灌泵、家用泵、消防泵等。

（2）按动力类型分类　按动力类型分类有手动泵、畜力泵、脚踏泵、风力泵、太阳能水泵、电动泵、机动泵、水轮泵、内燃水泵、水锤泵等。

（3）按工作原理分类　按工作原理分类有离心泵、混流泵、轴流泵、旋涡泵、射流泵、容积泵（螺杆泵、活塞泵、隔膜泵）、链条泵、电磁泵、液环泵、脉冲泵等。

2. 水泵型号代号

LG：高层建筑给水泵。

DL：多级立式清水泵。

BX：消防固定专用水泵。

ISG：单级立式管道泵。

IS：单级卧式清水泵。

QJ：潜水电泵。

3. 各水泵的性能特点

（1）WQS系列潜水泵（图6-1）　该水泵具有高扬程、深潜没、耐磨蚀、高可靠性、无堵塞、自动安装、自动控制、可全扬程工作等优点，在高扬程、潜没深度大、水位变幅大的情况下，可以排送含有一定磨蚀作用的固体颗粒介质。

（2）XBD立式单吸多级消防给水泵（图6-2）　该水泵主要用于工业及民用建筑固定消防系统（消火栓灭火系统、自动喷水灭火系统和水喷雾灭火系统等）的给水，尤其适用于高层建筑分区消防给水系统。

（3）XBD 系列立式单级单吸切线消防泵（图 6-3） 该泵主要用于工业及民用建筑固定消防系统（消火栓灭火系统、自动喷淋灭火系统和水喷雾灭火系统等）的给水。

图 6-1　WQS 系列潜水泵

图 6-2　XBD 立式单吸多级消防给水泵

图 6-3　XBD 系列立式单级单吸切线消防泵

（4）DL 系列单吸多级高层建筑给水泵（图 6-4） 该泵主要应用于高层建筑供给常温清水。

（5）单级立式管道泵（图 6-5） 该泵用于供暖及空调系列冷热水循环、水厂供水、消防喷淋、管道增压。

（6）2BVX 系列真空泵（图 6-6） 该泵主要应用于容器抽真空、冷凝器抽真空、水提取系统。

图 6-4　DL 系列单吸多级高层建筑给水泵

图 6-5　单级立式管道泵

图 6-6　2BVX 系列真空泵

4. 离心泵的工作原理与特点

离心泵的工作原理如图 6-7 所示，泵开动前，先将泵和进水管灌满水，泵运转后，在叶轮高速旋转而产生的离心力的作用下，叶轮流道里的水被甩向四周，压入蜗壳，叶轮入口形成真空，水池中的水在外界大气压力下沿吸水管被吸入补充了这个空间，继而吸入的水被叶轮甩出经蜗壳而进入出水管。由此可见，若离心泵叶轮不断旋转，则可连续吸水、压水，水便可源源不断地从低处扬到高处或远方。离心泵的一般特点如下：

1）水沿叶轮的轴向吸入，垂直于轴向流出，即进、出水流方向互成90°。

2）由于离心泵靠叶轮进口形成真空吸水，因此在启动前必须将泵内和吸水管内灌注引水，或用真空泵抽气，以排出空气形成真空，而且泵壳和吸水管路必须严格密封，不得漏气，否则不能形成真空，也就吸不上水来。

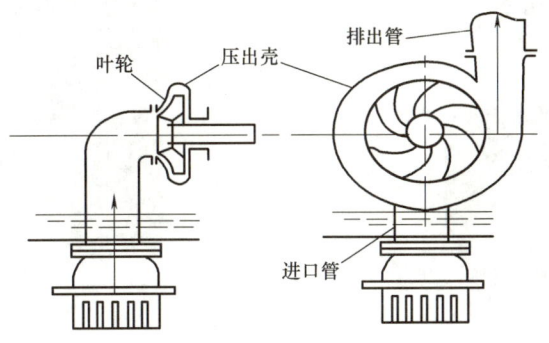

图 6-7　离心泵的工作原理

3）由于叶轮进口不可能形成绝对真空，因此离心泵吸水高度不能超过 10m，加上水流经吸水管路带来的沿程损失，实际允许安装高度（水泵轴线距吸入水面的高度）远小于 10m。若安装得过高，则不能吸水。

五、阀门及管道知识

1. 截止阀

截止阀（图 6-8）的启闭件是塞形的阀瓣，密封面为平面或锥面，阀瓣沿流体的中心线做直线运动。阀杆的运动形式有升降杆式（阀杆升降，手轮不升降），也有升降旋转杆式（手轮与阀杆一起旋转升降，螺母设在阀体上）。截止阀只适用于全开和全关，不允许调节和节流。

截止阀主要起到切断管路介质的作用。与闸阀相比，截止阀开启高度小，关闭时间短，制造与维修方便，密封面不易磨损、擦伤，密封性能较好、使用寿命长；截止阀的阀体结构设计得比较曲折，因此流阻大，能量消耗大；适用于蒸气、油品等介质，不宜用于黏度较大、带颗粒、易结焦、易沉淀的介质。

图 6-8　截止阀

2. 蝶阀

蝶阀（图 6-9）是用圆形蝶板作为启闭件并随阀杆转动来开启、关闭和调节流体通道的一种阀门。蝶阀的蝶板安装于管道的直径方向上。在蝶阀阀体圆柱形通道内，圆盘形蝶板绕着轴线旋转，旋转角度为 0°～90°，旋转到 90°时，阀门呈全开状态。

3. 闸阀

闸阀（图 6-10）是关闭件（闸板）沿通路中心线的垂直方向移动的阀门。闸阀在管路中主要作切断用。闸阀是使用范围很广的一种阀门，一般通径大于 DN150mm 的切断装置都选用它，有时通径很小的切断装置也选用闸阀。

图 6-9　蝶阀

图 6-10　闸阀

4. 管道

1）常用管材的类型有镀锌铁管、铜管、不锈钢管、铝塑复合管、不锈钢复合管、PVC 管（图 6-11）、PP 管（图 6-12）等。

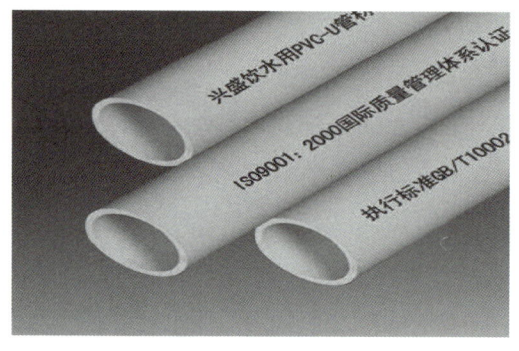

图 6-11　PVC 管

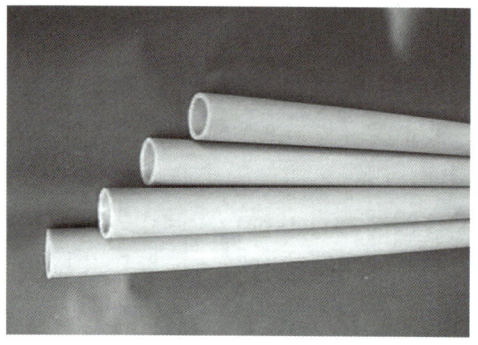

图 6-12　PP 管

2）给水塑料管和复合管可以采用橡胶圈接口、黏性接口、热熔连接、专用管件连接及法兰连接等形式。塑料管和复合管与金属管件、阀门等应使用专用管件连接，不得在塑料管上套丝。给水铸铁管管道应采用水泥捻口或橡胶圈接口方式进行连接。给水立管和装有 3 个或 3 个以上配水点的支管始端，均应安装可拆卸的连接件。

3）管径小于或等于 100mm 的镀锌钢管应采用螺纹连接，套丝时破坏的镀锌层表面及外露螺纹部分应做防腐处理；管径大于 100mm 的镀锌钢管应采用法兰或卡套式专用管件连接，镀锌钢管与法兰的焊接处应二次镀锌。

4）铜管连接可采用专用接头或焊接，管径小于 22mm 时，宜采用承插或套管焊接，承口应迎介质流向安装；管径大于或等于 22mm 时，宜采用对口焊接。

单元六 城市轨道交通给排水与环控设备监控系统

学生分组，查找城市轨道交通给排水系统使用的水泵种类与管道材质。

六、典型车站给排水设备及其检修

典型高架车站、地下车站给排水系统具体设备分别见表 6-1 和表 6-2。给排水设备检修项目及其内容见表 6-3。

表 6-1 典型高架车站给排水系统具体设备

序号	设备	单位	数量	备注
1	截止阀	个	24	
2	闸阀	个	78	
3	自动排气阀	个	12	
4	静音式（消声）止回阀	个	6	
5	安全泄压阀	个	1	
6	倒流防止器	个	3	
7	对夹式蝶阀	个	3	
8	法兰式蝶阀	个	28	
9	污废水用止回阀	个	6	
10	消防泵	台	2	
11	消防稳压设备（2台稳压泵及1个稳压罐）	套	1	
12	潜污泵	台	6	
13	电控箱	个	4	
14	液位计	个	3	

表 6-2 典型地下车站给排水系统具体设备

序号	设备	单位	数量	备注
1	截止阀	个	33	
2	闸阀	个	106	
3	自动排气阀	个	14	
4	静音式（消声）止回阀	个	5	
5	电动蝶阀	个	8	
6	安全泄压阀	个	1	
7	倒流防止器	个	4	
8	对夹式蝶阀	个	0	
9	法兰式蝶阀	个	50	
10	污废水用止回阀	个	14	
11	消防泵	台	2	
12	消防稳压设备（2台稳压泵及1个稳压罐）	套	0	
13	潜污泵	台	14	
14	冷却泵	台	2	
15	电控箱	个	9	
16	液位计	个	7	

145

表 6-3　给排水设备检修项目及其内容

序号	检修项目	修程	检修内容	周期	备注
1	排水压力井	巡检	检查压力井井座、井盖是否完好	每半个月	
		年检	坑井、盖板及标志的更换及修复	每年	
			检查井并清淤		
2	水表井	年检	水表井防寒	每年	
3	集水池	巡检	池内漂浮物清理	每半个月	含废水池、污水池、雨水池。区间巡检每月1次
			进水管疏通		
		年检	池内清淤	每年	
			池盖板除锈、油漆		
			检查盖板及浮球固定装置的可靠性		
			浮球开关固定装置除锈、油漆		
4	消火栓	巡检	日常巡视	每半个月	地面消防水泵接合器及消火栓
		年检	外表除锈、油漆	每年	
5	潜水泵	巡检	检查水泵控制箱显示是否正常	每半个月	含废水泵、污水泵、雨水泵。区间巡检每月1次
			记录扬水管上的压力表读数		
			检查试机、水泵机组运转声音是否正常		
			检查浮球开关是否正常		
		月检	浮球开关的测试检查	每月	
		季检	检查与更换潜水泵内不良元件（轴承、叶轮、泵轴、机封等）	每季	
			水泵外表清洁、除锈防腐及周围环境的清洁		
			检查更换已锈蚀的螺栓		
			检查水泵机组与泵座是否吻合（若不吻合，则更换水泵与泵座的胶垫片）		
			润滑油的检查与更换		
6	消防器材	巡检	检查卷盘、水带、水枪是否完好	每月	
			检查消防器材外表及箱内是否需要除锈、防腐		
			检查箱内阀件有无漏水		
7	管道与阀门	巡检	对管道固定支架、吊架及卡箍进行检查及更换、补充	每月	
			检查管道及固定支架、吊架及卡箍防腐油漆		
			检查管道固定支架、吊架及卡箍紧固，更换阀门密封填料		
			检查管道是否泄漏		
			检查管道是否腐蚀		
			检查管道防寒保温是否齐全		
			检查管道固定支架、吊架及卡箍是否完整牢固		
		年检	管道防寒保温修复和更换	每年	

（续）

序号	检修项目	修程	检修内容	周期	备注
8	消防气压给水设备	巡检	检查压力表显示是否正常	每半个月	
			检查泵组运转有无异响和振动现象		
			检查机组螺栓是否松动，箱体及元器件是否破损、松动		
			检查设备表面及周围环境清洁情况		
			检查各转换开关位置是否正确（电源切换箱：手动/停/自动应置于自动，否则应在了解情况后转为自动）		
			检查指示灯指示是否正确		
			检查箱内元器件是否有发热痕迹、是否有异响		
			检查是否有断路器跳闸，若有，则在具备试合闸条件后，试合闸1次。若试合闸不成功，则报故障维修		
			检查各电压表、电流表指示是否正常		
		月检	每月进行1次起泵实验	每月	
		季检	润滑油检查与更换	每季	
		年检	检查设备表面防腐油漆	每年	
			含月检、季检、半年检内容		
			检查指示灯、开关、按钮、电缆（导线）等元器件标识是否齐全完好，修补完善标识		
			清洁箱体内部		
			检查箱体及元器件是否有破损、安装松动情况，安装紧固		
			检查转换开关转动是否灵活可靠		
			检查主、控回路接线是否紧固，各接线端子接线是否紧固		
			线路绑扎、整理		
			检查所有螺栓、螺母的锈蚀程度是否影响使用。若影响，则必须进行更换或进行防腐处理		
			检查断路器整定值设置是否正确		
			检查电机接线端子的紧固情况（标线对齐）		
9	变频恒压给水设备	巡检	检查各电压表、电流表、压力表显示是否正常	每半个月	
			检查水泵机组运转声音是否正常		
			检查机组螺栓是否松动，箱体及元器件是否破损、松动		
			清洁控制箱内部		
			检查各转换开关位置是否正确（电源切换箱：手动/停/自动应置于自动，否则应在了解情况后转为自动）		
			检查指示灯指示是否正确		

（续）

序号	检修项目	修程	检修内容	周期	备注
9	变频恒压给水设备	巡检	检查箱内元器件是否有发热痕迹、是否有异响	每半个月	
			检查是否有断路器跳闸，若有，则在具备试合闸条件后，试合闸1次。若试合闸不成功，则报故障维修		
		年检	清洁箱体表面	每年	
			检查设备表面防腐油漆		
			含月检、季检、半年检内容		
			检查指示灯、开关、按钮、电缆（导线）等元器件标识是否齐全完好，修补完善标识		
			清洁箱体内部		
			检查箱体及元器件是否有破损、安装松动情况，安装紧固		
			检查转换开关转动是否灵活可靠		
			检查主、控回路接线是否紧固，各接线端子接线是否紧固		
			线路绑扎、整理		
			检查所有螺栓、螺母的锈蚀程度是否影响使用。若影响，则必须进行更换或进行防腐处理		
			检查断路器整定值设置是否正确		
			检查电机接线端子的紧固情况（标线对齐）		
10	污水处理设备	巡检	检查机组运转声音是否正常	每半个月	
			润滑油检查		
			检查风机传动带		
			鼓风机过滤器清洗		
			检查紧固过滤器、溶气管与外围管件的连接件		
			检查各转换开关位置是否正确（电源切换箱：手动/停/自动置于自动，否则应在了解情况后转为自动）		
			检查指示灯指示是否正确		
			检查箱内元器件是否有发热痕迹、是否有异响		
			检查是否有断路器跳闸，若有，则在具备试合闸条件后，试合闸1次。若试合闸不成功，则报故障维修		
			检查各电压表、电流表指示是否正常		
		年检	清洁控制箱内部	每年	
			检查设备表面防腐油漆		
			检查与更换各部位润滑油		
			风机传动带检查与更换		
			含月检、季检、半年检内容		
			检查指示灯、开关、按钮、电缆（导线）等元器件标识是否齐全完好，修补完善标识		

（续）

序号	检修项目	修程	检修内容	周期	备注
10	污水处理设备	年检	检查箱体及元器件是否破损、安装松动，安装紧固	每年	
			检查转换开关转动是否灵活可靠		
			检查主、控回路接线是否紧固，各接线端子接线是否紧固		
			线路绑扎、整理		
			检查所有螺栓、螺母的锈蚀程度是否影响使用。若影响，则必须进行更换或防腐		
			检查断路器整定值设置是否正确		
			检查电机接线端子的紧固情况（标线对齐）		
11	水喷淋系统	巡检	检查压力表显示是否正常	每半个月	
			润滑油的检查		
			检查喷淋水泵底座的不锈钢螺栓是否松动		
			检查机组及附件		
			水泵及周围环境的清洁		
			检查各转换开关位置是否正确（电源切换箱：手动/停/自动应置于自动，否则应在了解情况后转为自动）		
			检查指示灯指示是否正确		
			检查箱内元器件是否有发热痕迹、是否有异响		
			检查是否有断路器跳闸，若有，则在具备试合闸条件后，试合闸1次。若试合闸不成功，则报故障维修		
			检查各电压表、电流表指示是否正常		
		月检	系统功能试验	每月	
		季检	更换不合格润滑油	每季	
			检查设备表面防腐油漆		
			含月检、季检、半年检内容		
			检查指示灯、开关、按钮、电缆（导线）等元器件标识是否齐全完好，修补完善标识		
			检查箱体及元器件是否有破损、安装松动情况，安装紧固		
			检查转换开关转动是否灵活可靠		
			检查主、控回路接线是否紧固，各接线端子接线是否紧固		
			线路绑扎、整理		
			检查所有螺栓、螺母的锈蚀程度是否影响使用。若影响，则必须进行更换或进行防腐处理		
			检查断路器整定值设置是否正确		
			检查电机接线端子的紧固情况（标线对齐）		

（续）

序号	检修项目	修程	检修内容	周期	备注
12	水泵控制箱	巡检	检查各转换开关位置是否正确（电源切换箱：手动/停/自动应置于自动，否则应在了解情况后转为自动）	每半个月	
			检查指示灯指示是否正确		
			检查箱内元器件是否有发热痕迹、是否有异响		
			检查是否有断路器跳闸，若有，则在具备试合闸条件后，试合闸1次。若试合闸不成功，则报故障维修		
			检查各电压表、电流表指示是否正常		
			清洁表面		
		季检	箱体补漆	每季	
			含月检、季检、半年检内容		
			检查指示灯、开关、按钮、电缆（导线）等元器件标识是否齐全完好，修补完善标识		
			检查箱体及元器件是否有破损、安装松动情况，安装紧固		
			检查转换开关转动是否灵活可靠		
			检查主、控回路接线是否紧固，各接线端子接线是否紧固		
			线路绑扎、整理		
			检查所有螺栓、螺母的锈蚀程度是否影响使用。若影响，则必须进行更换或进行防腐处理		
			检查断路器整定值设置是否正确		
			检查电动机接线端子的紧固情况（标线对齐）		

七、给排水系统的故障处理

给水排水系统是车站及车辆段机电设备的一部分，其事故（故障）处理原则要求遵循城市轨道交通相关规定及要求，具体而言，即"先通后复"，尽可能减少事故（故障）对正常运营的影响。

（一）区间消防水管爆裂事故的处理

1. 抢修程序

车站接报后，由当日轮值按如下程序负责组织抢修：

1）通知车站人员关闭爆管区间两端消防蝶阀。
2）与控制中心（OCC）联系，封锁事故区段线路，站台设置红闪灯。
3）组织专业维修人员到指定地点集中候车。
4）申请抢险用工程车，同时要求车务部派人到现场协助。
5）各项准备工作就绪后，开工程车赶往事故现场。

2. 抢修人员分工及安全注意事项

1）分工。一组（6人）：负责拆、装水管及检查、关闭区间爆裂水管附近两端蝶阀；二组(4人):负责运送水管。

2)安全注意事项。严格遵守《维修安全规则》,做好并检查安全防范措施,防止发生工伤事故。

3)事故处理。经抢修队长确定爆管长度后,命令一组人员用活扳手在两端将柔性卡箍拆下,然后将两组运送的镀锌钢管割好并对好位,经抢险队长确认无误后,装上柔性卡箍并试漏、试压。

所有抢修工作结束后,出清线路。向站控室、OCC汇报修复情况和线路出清情况,车站和控制中心解除线路封锁,运营车辆恢复运行。抢修人员回车间向轮值汇报。

4)车间轮值通知生产调度。

5)总结分析事故发生原因,出具事故报告。

(二)水泵故障的分析与处理

给排水系统发生故障往往会影响到城市轨道交通的正常运营,其中绝大多数是因为水泵发生故障引起的,因此熟知水泵故障发生的原因及处理方法,对快速处理水泵故障有着重要意义。表6-4给出了水泵的故障现象、故障原因及处理方法。

表6-4 水泵故障的分析与处理

序号	故障现象	故障原因	处理方法
1	水泵流量不足或不出水	泵反转	关掉总电源,调换任意两相电源线
2		阀门未打开或打开角度不够	检查并打开阀门
3		管道、叶轮堵塞	清理管道或叶轮的堵塞物
4		出水管泄漏	找出泄漏并校正
5		耐磨环磨损	更换
6		偶合挂件断裂	更换
7	水泵运行不正常,噪声、振动异常	叶轮或转子不平衡	校平衡
8		轴承磨损	更换
9		转轴弯曲	送厂家校正或更换
10	绝缘电阻偏低	电缆线电源接线端渗漏	拧紧电缆接线喇叭
11		电缆线破损	更换
12		机械密封损坏	更换
13		O形密封圈失效	更换
14	电流过大	管道、叶轮堵塞	清理管道或叶轮的堵塞物
15	水泵无法停止或自动起动	浮球失灵	更换浮球
16		浮球上浮子卡在工作位置	松开,若需要,可以改变位置
17	泵起动和停止太频繁或长时间运行	浮球开关的时间太短	重新调整浮球开关,延长运行时间
18		止回阀故障	检查止回阀,并维修

课题二　城市轨道交通环境与设备监控系统

【课题目标】

1）掌握城市轨道交通环境与设备监控系统（BAS）概念。
2）掌握城市轨道交通环境与设备监控系统概况。

【课题内容】

城市轨道交通环境与设备监控系统（Building Automation System，BAS）采用计算机网络、自动控制、通信及分布智能等技术，实现地铁环境与设备系统的三级控制管理模式，对地铁车站及区间隧道内的空调通风、给排水、照明、电梯、安全门等机电设备进行全面的运行管理与控制，通过最优化组合，确保机电设备处于安全、高效、节能和最佳运行状态，从而提供一个舒适的乘车环境。

同时，BAS能够在地下车站发生火灾事故的情况下，执行相应防灾和阻塞模式，使有关救灾设施按照设计工况及时、有效地运行，充分发挥各种设备应有的作用，保证乘客的安全和设备的正常运行。

BAS能对建筑内部的供水、变配电系统实行监控、测量，以保证建筑物内水电的正常供应，并能通过对空调、照明等系统的综合控制达到节约能源、减轻管理人员劳动强度的效果，如图6-13所示。

图6-13　环境与设备监控系统

一、BAS的构成及功能

城市轨道交通BAS具体由设置在车站通风空调电控室和车站控制室的BAS设备、车辆段的BAS设备、停车场的BAS设备以及其他现场的各BAS设备等组成。控制中心中央级集中监控功能由综合监控系统完成。车站监控工作站由综合监控系统提供。城市轨道交通 BAS 结构框图（全线）如图 6-14 所示。

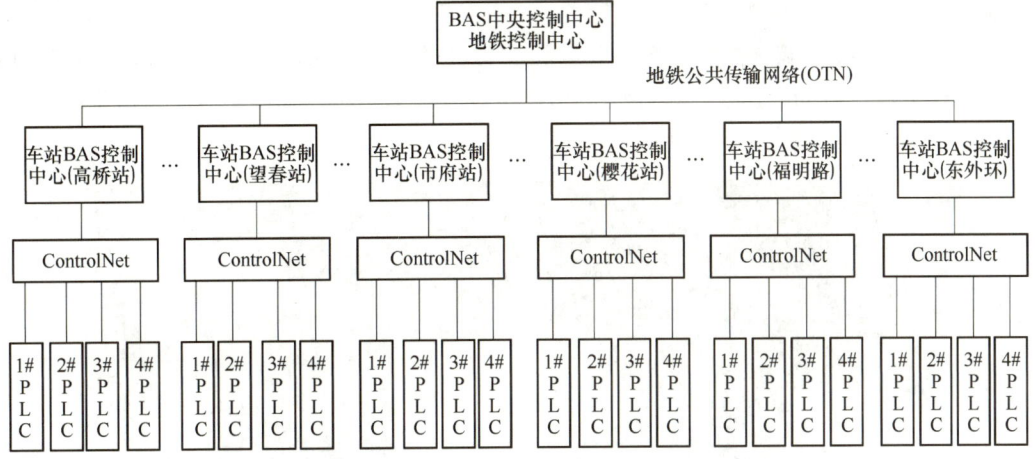

图 6-14　城市轨道交通 BAS 结构框图（全线）

1. 地下车站 BAS

（1）地下车站 BAS 车站级　地下车站 BAS 车站级对本车站所辖区间隧道及车站的通风空调大系统、小系统及其水系统、动力照明系统（含智能低压、智能照明系统、EPS 等）、区间疏散指示、自动扶梯、垂直电梯、给排水系统、区间人防门等进行监控及管理，同时对相关设备用房和公共区的环境温、湿度等参数进行监测。车站监控工作站由综合监控系统提供。BAS 车站级向综合监控系统上传设备运行状态、故障报警等信息，并接收综合监控系统下发的模式、设备控制等信息，如图 6-15 所示。

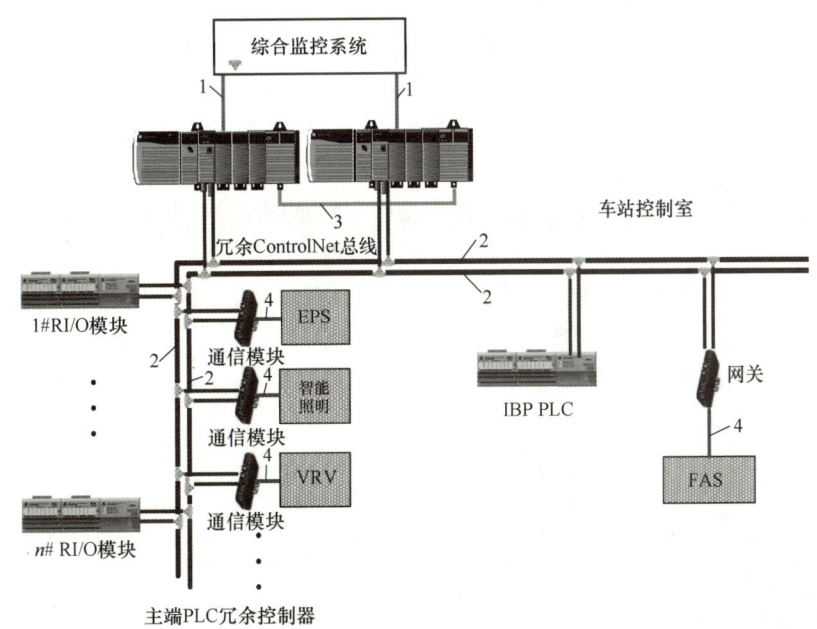

图 6-15　车站综合监控系统
1—冗余光纤　2—以太网　3—ControlNet 总线　4—RS485 总线

153

（2）地下车站 BAS 现场控制级　地下车站 BAS 现场控制级由主端 PLC 冗余控制器、从端 PLC 冗余控制器、RI/O 模块、各类通信接口模块、现场总线、各类变送器和二通调节阀等组成。

1）BAS 在通风空调电控室（图 6-16）设置各类通信接口模块，在车站控制室、照明配电室、环控机房、区间泵房及其他相关被控设备现场设置 RI/O 模块，实现对相关信息的采集和指令的输出。

图 6-16　通风空调电控室

2）通风空调电控柜内的智能低压通信管理器通过现场总线连接至 BAS 控制器，控制器通过智能低压通信管理器实现对事故风机、射流风机、新风机、排风机、送风机、双速风机、专用排烟风机、小系统组合空调机组、相关测量仪表等设备的监控及管理。

3）根据热焓计算，对车站通风空调设备进行运行模式的优化控制，从而达到节能的目的。投标人应给出具体的控制策略。

4）通过与综合监控系统的通信接口，将被监控设备运行状态、报警信号及监测点数据及时送至综合监控系统，并接收中央级和车站级综合监控系统下达的各种控制指令。

5）火灾情况下，通过与 FAS 的通信接口接收 FAS 的指令控制车站通风空调及相关设备转入灾害模式运行。

6）变频器通过现场总线连接至 BAS 控制器，控制器通过变频器实现对大系统组合空调机组、回排风机、排热风机频率的监视和设定。

7）BAS 通过硬线方式，实现对相关风机轴承温度、绕组温度、电机振动的检测。

8）BAS 通过硬线方式，实现对组合空调机组过滤压差报警装置、静电除尘设备的监控。

9）BAS 通过硬线方式，实现对电动组合式风阀、电动风量调节阀、70°电动防火阀的监控。

10）冷水机组群控系统通过现场总线连接至 BAS 控制器，实现 BAS 与冷水机组群控系统之间的信息交换。

11）EPS 采用标准协议，通过现场总线连接至 BAS 控制器，实现对蓄电池的状态监视。和故障报警。

12）智能照明系统采用标准协议，通过现场总线连接至 BAS 控制器，实现对智能照明系统的监控及管理。

13）区间疏散指示通过硬线方式连接至 BAS，实现对区间疏散指示的监控及管理。

14）自动扶梯通过现场总线连接至 BAS 控制器，实现对自动扶梯的状态监视和故障报警。

15）垂直电梯通过现场总线连接至 BAS 控制器，实现对垂直电梯的监控和故障报警。

16）二通调节阀及各类变送器（包括温度、湿度、CO_2 浓度）通过硬线方式连接至 BAS，实现对环境参数的采集和对二通调节阀的监控。

17）给排水水泵通过硬线方式连接至 BAS，实现对水泵的监控、对设备故障和水位的报警。

18）给排水罐式叠压给水设备通过硬线方式连接至 BAS，实现对设备的监视。

19）BAS 在环控机房内设置带手动操作器的二通调节阀，并通过硬线方式实现对二通阀的开度调节控制和开度反馈采集。

20）BAS 在相关设备、管道、公共区、设备用房设置各类变送器，并通过硬线方式实现对相关环境参数信息的采集。

室内式温、湿度变送器分别设置在站厅和站台结构柱上，用于测量各位置的环境温度、湿度。

管道式温、湿度变送器分别设置在大系统组合空调处风段、各类风道、风室和设备管理用房回风管内，用于测量空气的温度、湿度。

CO_2 浓度变送器设置在回排风机负压端，用于测量空气环境的 CO_2 浓度。

21）区间人防门通过硬线方式连接至 BAS，实现对区间人防门开关状态的监视。

22）BAS 设置相关通信接口模块，实现与相关被监控设备的通信协议转换功能，保证通信数据的实时采集和安全传输。

23）BAS 设备供电使用的在线式不间断电源（UPS）引自综合监控设备室 UPS 配电盘。

2. 高架车站 BAS

（1）高架车站 BAS 车站级　高架车站 BAS 车站级对本车站通风空调系统、智能照明系统、EPS、自动扶梯、垂直电梯、给排水系统等相关设备进行监控及管理。车站监控工作站由综合监控系统提供。BAS 车站级向综合监控系统上传设备运行状态、故障报警等信息，并接收综合监控系统下发的设备控制等信息。

（2）高架车站 BAS 现场控制级　高架车站 BAS 现场控制级由 PLC 冗余控制器、RI/O 模块、各类通信接口模块、现场总线和各类变送器等组成。

1）BAS 在综合监控设备室设置各类通信接口模块，在车站控制室、照明配电室及其他相关被控设备现场设置 RI/O 模块，实现对相关信息的采集和指令的输出。

2）通过与综合监控系统的通信接口，将被监控设备运行状态、报警信号及监测点数据及时送至综合监控系统，并接收中央级和车站级综合监控系统下达的各种控制指令。

3）火灾情况下，通过与 FAS 的通信接口接收 FAS 的指令控制车站通风空调及相关设备转入灾害模式运行。

4）EPS 采用标准协议，通过现场总线连接至 BAS 控制器，实现对蓄电池的状态监视和故障报警。

5）智能照明系统采用标准协议，通过现场总线连接至 BAS 控制器，实现对智能照明系统的监控及管理。

6）自动扶梯通过现场总线连接至 BAS 控制器，实现对自动扶梯的状态监视和故障报警。

7）垂直电梯通过现场总线连接至 BAS 控制器，实现对垂直电梯的监控和故障报警。

8）给排水水泵通过硬线方式连接至 BAS，实现对水泵的监控、对设备故障和水位的报警。

9）BAS 通过硬线方式，实现对风机和风阀的监控及管理。

10）多联体分体空调（VRV）通过现场总线连接至 BAS 控制器，实现对 VRV 设备的监控和故障报警。

11）BAS 设置相关通信接口模块，实现与相关被监控设备的通信协议转换功能，保证通信数据的实时采集和安全传输。

12）BAS 设备供电使用的在线式不间断电源（UPS）引自综合监控设备室 UPS 配电盘。

3. 停车场、车辆段 BAS

停车场、车辆段 BAS 由 PLC 控制器（非冗余配置）、RI/O 模块、各类通信接口模块、现场总线等组成。

车辆段监控工作站由综合监控系统提供。BAS 车辆段站级向综合监控系统上传设备运行状态、故障报警等信息，并接收综合监控系统下发的设备控制等信息。

停车场、车辆段 BAS 的主要功能是实现对停车场和车辆段内通风空调系统、智能照明系统、EPS、给排水系统等相关设备的监控及管理。

4. BAS 数据流向

BAS 在车站接入综合监控系统（ISCS）网络，深度集成到 ISCS。车站级 ISCS 负责 BAS 所有模式控制和设备点控，中央级 ISCS 负责对各个车站的区间隧道通风设备进行监控，对各个车站通风空调设备、给排水设备等进行监视或控制。

BAS 数据流向如下。

（1）状态信息

1）远程 I/O 模块→PLC 控制器→ISCS 网络→车站级 ISCS→中央级 ISCS。

2）远程 I/O 模块→PLC 控制器→ISCS 网络→便携式维修管理计算机/维修管理工作站（综合监控维修管理系统）。

3）远程 I/O 模块→PLC 控制器→便携式维修管理计算机（综合监控维修管理系统）。

（2）控制信息

1）中央级 ISCS→车站级 ISCS→ISCS 网络→PLC 控制器→远程 I/O 模块。

2）便携式维修管理计算机/维修管理工作站（综合监控维修管理系统）→ISCS 网络→PLC 控制器→远程 I/O 模块。

3）便携式维修管理计算机（综合监控维修管理系统）→PLC 控制器→远程 I/O 模块。

图 6-17 所示为远程 I/O 模块箱。

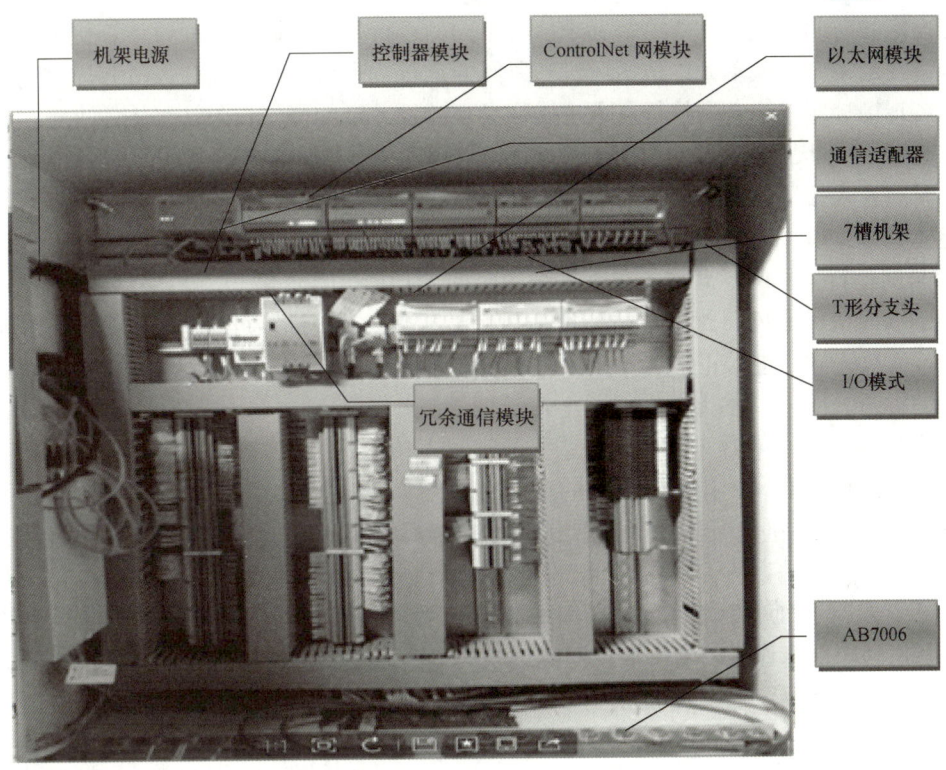

图 6-17 远程 I/O 模块箱

二、BAS 的监控对象、内容及要求

1. 隧道通风系统的监控对象、内容及要求

(1) 监控对象 隧道通风系统的监控对象包括隧道事故风机、射流风机、排热风机、电动组合式风阀、电动风量调节阀等。

(2) 监控内容

1) 隧道事故风机：正转控制、反转控制、停止控制、正转状态、反转状态、停止状态、前轴承温度、后轴承温度、绕组温度、故障报警、手动/自动等。

2) 射流风机：正转控制、反转控制、停止控制、正转状态、反转状态、停止状态、故障报警、手动/自动等。

3) 排热风机：起动控制、停止控制、起动状态、停止状态、频率设定、频率反馈、故障报警、电压、电流、前轴承温度、后轴承温度、绕组温度、电机振动检测、工频起动控制、工频停止控制、工频/变频状态、工频运行、工频故障、手动/自动等。

4) 电动组合式风阀：开控制、关控制、开到位反馈、关到位反馈、故障报警、手动/自动等。

5) 电动风量调节阀：开度控制、开度反馈、故障报警、手动/自动等。

(3) 监控要求

1) 对区间隧道通风系统进行中央级、车站级控制。

2) 区间和车站隧道通风系统运行分为正常运行、阻塞运行和火灾事故运行。由系统根据预先设定的时间表或具体事故情况来执行不同的运行模式，同时可通过计算机进行人工干预。可以设定每个通风单元，包括风机和风阀的运行，也可以随时改变风机和风阀的运行状态并由各现场控制单元立即执行。人工操作必须通过一定的操作权限认可才能进行。

① 正常运行状态。隧道通风系统的正常运行模式是根据地铁运营的时间，由系统预先设定的时间表来控制的运行模式。模式的启停时间主要依据地铁运营开始及停止的时间和日期，具体分为：

a. 早间运行：早间运营前，根据系统的时间表功能，区间隧道通风系统进行 0.5h（可调整）的纵向机械通风。此时车站隧道通风系统关闭，区间隧道设有中间风井时中间风井也关闭。通风完毕后进入正常运行。为使各站之间冷却均匀，每隔一定时段应将区间隧道通风送排站对调。

b. 夜间运行：夜间收车后，根据系统的时间表功能，区间隧道通风系统进行 0.5h（可调整）的纵向机械通风，排出隧道中的废气和余热余湿，此时车站隧道通风系统关闭，区间隧道设有中间风井时中间风井也关闭。通风完毕后打开所有风道内风阀，利用自然通风的方式进行通风换气。为使各站之间冷却均匀，每隔一定时段应将区间隧道通风送排站对调。

c. 正常运行：列车正常运行时，车站隧道通风系统投入运行而区间隧道通风系统停止运行。利用列车活塞作用，在一般区间隧道内通过车站两端的活塞风井进行通风换气，排出区间隧道的余热余湿；在设有中间风井的区间隧道内开启区间隧道中间风井，通过车站两端的活塞风井和区间隧道中间风井进行通风换气，排出区间隧道的余热余湿。

② 阻塞运行状态。当列车因故障或其他原因而停在区间超过 2min 时，中央级下达运行模式指令到车站级，车站级控制通风系统设备进行隧道通风模式控制，从而控制隧道内的温度，保证列车空调冷凝器在正常的工作范围内。

③ 火灾事故运行状态。综合监控系统根据信号系统提供的列车位置信息和司机报告的火灾情况，下达相关指令给相关的车站 BAS，相关车站 BAS 采取相应的运行模式，保证旅客的安全疏散。当着火列车驶入前方车站时，利用前方车站的隧道通风系统进行排烟；当着火列车停在区间隧道时，应按预定的隧道内火灾模式运行。

2. 车站大、小系统的监控对象、内容及要求

（1）监控对象　车站大、小系统的监控对象包括组合空调机组、回排风机、新风机、送风机、排风机、双速风机、专用排烟风机、70°电动防火阀、电动风量调节阀、环境参数、VRV。

（2）监控内容

1）大系统组合空调机组：起动控制、停止控制、起动状态、停止状态、频率设定、频率反馈、故障报警、电压、电流、过滤器压差报警、静电除尘设备（开/关控制、运行状态、故障报警）、工频起动控制、工频停止控制、工频/变频状态、工频运行、工频故障、手动/自动等。

2）回排风机：起动控制、停止控制、起动状态、停止状态、频率设定、频率反馈、故障报警、电压、电流、前轴承温度、后轴承温度、绕组温度、工频起动控制、工频停止控制、工频/变频状态、工频运行、工频故障、手动/自动等。

3）新风机、送风机、排风机：开/关控制、开/关状态、故障报警、手动/自动等。

4）双速风机：开/关控制、开/关状态、低速/高速控制、低速/高速状态、故障报警、手动/自动等。

5) 专用排烟风机：开/关状态、故障报警、手动/自动等。

6) 小系统组合空调机组：开/关控制、开/关状态、故障报警、手动/自动、过滤器压差报警、静电除尘设备（开/关控制、运行状态、故障报警）等。

7) 70°电动防火阀：开/关控制、开/关状态等。

8) 电动风量调节阀：开度控制、开度反馈、故障报警、手动/自动等。

9) 环境参数包括：温度、湿度、二氧化碳浓度等。

10) VRV：开/关控制、开/关状态、故障报警、手动/自动等。

(3) 监控要求

1) 车站大系统运行要求⊖。

① 空调季节小新风工况。当 $i_n<i_w$ 时，进入空调季节小新风运行工况。采用小新风空调运行，用小新风加一次回风运行。

② 空调季节全新风工况。当 $i_n \geq i_w$ 且 $t_w>t_o$ 时，进入空调季节全新风运行工况。采用全新风空调运行，空调器处理室外新风后送至空调区域，回/排风则全部排至车站外。

③ 非空调季节全通风工况。当 $t_w \leq t_o$ 时，进入非空调季节全通风运行工况。当外界空气温度小于空调送风温度时，冷水机组停止运行，外界空气不经冷却处理直接送至空调区域，回/排风则全部排出车站。

④ 夜间运行工况。夜间收车后，停止车站空调大系统的运行，关闭其相应冷冻水管路。车站小系统应视具体工艺要求而定。

⑤ 突发客流工况。当因突发性客流、区间阻塞、线路故障及其他原因引起车站乘客过度拥挤时，大系统空调设备根据实际情况按当时季节正常运行的满负荷状态运行。

⑥ 火灾事故运行工况。当车站公共区发生火灾时，立即停止车站大系统空调水系统（分站供冷）或大系统空调水系统管路（集中供冷），转换到车站大系统火灾模式；当站台层发生火灾时，站台排烟系统和车站隧道通风系统进行排烟；当站厅层发生火灾时，站厅排烟系统进行排烟，同时站台内送风。

2) 车站小系统运行要求。

① 正常运行工况。设有通风空调系统的设备管理用房，当采用全空气系统方式空调时，空调系统采用大系统的①、②、③3种方式进行控制；对只设通风系统的设备、管理用房，全年按设定的通风模式运行。

② 火灾事故运行工况。当车站设备管理用房发生火灾时，对应区的小系统立即转入到设定的火灾模式运行，即根据小系统的形式立即排出烟气或隔断火源和烟气。

3) 对大系统，在车站两端设有组合空调器。通过测量各类相关温度、湿度和其他相关的参数，使用适宜的控制策略和算法，通过对二通调节阀的控制来满足系统站台和站厅的温、湿度要求。

4) 对小系统，在车站设有小系统柜式空调器或风机盘管。风机盘管不需要监视，也不需要控制；柜式空调器通过测量各类相关房间的温度、湿度和其他相关的参数，用适宜的控制策略和算法，通过对小系统水系统二通调节阀的控制来满足系统各类相关房间温度和湿度

⊖ i_n为室内空气焓值，i_w为室外空气焓值，t_o为室内空气温度，t_w为室外空气温度。

的要求。

5）每个空调器设置1个电动二通阀，根据站内实际温度与设定温度的比较对进入空调器的冷冻水流量大小进行调节，以达到调节站内温度的效果。

6）车站通风空调设备分别设于车站的A、B端，与此对应设有A端和B端通风空调电控室。车站控制室一端的BAS控制器将两端的监视量与控制量汇总，通过与综合监控系统的通信接口上传至综合监控系统，在车站控制室的监控工作站上实现车站级BAS的监控管理。

7）其他工况要求。

① 车站公共区发生火灾时，立即停止车站空调水系统，转换车站大系统进入火灾模式。

② 当站厅层发生火灾时，站厅排烟系统进行排烟，关闭站厅层送风及站台层送、排风，新风将通过站厅从出入口引入站厅，乘客将迎着新风方向从出入口疏散至地面。

③ 当站台层发生火灾时，利用站台排烟系统将烟气经风井排至地面，为保证站厅、站台连通口处有一定风速向下，此时可打开站台门，利用隧道通风系统加强排烟，乘客可迎着新风方向从站台与站厅的连接楼梯经站厅疏散到地面。

3. 车站空调水系统监控对象、内容及要求

车站空调水系统由统一的冷源设备提供。空调水系统相关设备的加载、减载、联动控制及调节功能由冷水机组供货方提供的冷水机组群控系统负责实现。BAS与冷水机组群控系统之间采用通信接口进行连接，实现信息的互通。

（1）监控对象　空调水系统的监控对象包括冷水机组、冷冻水泵、冷却水泵、冷却塔、电子水处理仪、补水箱、电动蝶阀、电动二通调节阀、水流开关、水路变送器（含温度、压力、压差、流量变送器）等。

（2）监控内容　以下监控内容由群控系统完成，并传送给BAS。

1）冷水机组：开/关状态、故障报警、手动/自动、冷机运行参数显示等。

2）冷冻水泵：开/关状态、故障报警、手动/自动等。

3）冷却水泵：开/关状态、故障报警、手动/自动等。

4）冷却塔：风机开/关状态、风机高速/低速状态、风机故障报警、手动/自动、泄水阀开/关状态、溢流及泄水管流动状态检测等。

5）电子水处理仪：反冲洗状态、故障报警等。

6）补水箱：高液位状态、低液位状态、手动/自动等。

7）电动蝶阀：开/关状态、故障报警、手动/自动等。

8）电动二通阀：开度控制、开度反馈、故障报警等。

9）水流开关：水流开关状态。

10）水路变送器：温度、压力、压差、流量等。

（3）监控要求

1）每个车站站厅、站台各设置2组温、湿度探头，其采样参数和其他相关参数（新风、送风、回风、新回风混合段等）经PLC计算来控制二通调节阀的阀门开度，以此控制空调表冷器的冷冻水量。

2）正常情况下，BAS仅监视空调水系统相关设备的状态信息及向冷水机组群控系统传送必要的环境参数和阀门开度信息。火灾情况下，BAS 向冷水机组群控系统发送停机指令，冷水机组群控系统执行指令并向 BAS 反馈执行信息。

4. 排水系统监控对象、内容及要求

（1）监控对象　排水系统的监控对象包括地下车站生活污水泵、地下车站废水泵、潜水泵（车站出入口、风亭、通风道等）、区间排水泵、洞口雨水泵等。

（2）监控内容及要求

1）地下车站生活污水泵（2台）：1#泵控开、1#泵控关、2#泵控开、2#泵控关、1#泵运行信号、1#泵停止信号、2#泵运行信号、2#泵停止信号、1#泵过负荷故障信号、2#泵过负荷故障信号、开泵水位、停泵水位、超高水位报警、超低水位报警、转换开关位置信号等。

2）地下车站废水泵（2台）：1#泵控开、1#泵控关、2#泵控开、2#泵控关、1#泵运行信号、1#泵停止信号、2#泵运行信号、2#泵停止信号、1#泵过负荷故障信号、2#泵过负荷故障信号、1#泵开泵水位、2#泵开泵水位、停泵水位、超高水位报警、超低水位报警、转换开关位置信号等。

3）车站出入口、风亭、通风道等处潜水泵（2台）：1#泵运行信号、1#泵停止信号、2#泵运行信号、2#泵停止信号、1#泵过负荷故障信号、2#泵过负荷故障信号、开泵水位、停泵水位、超高水位报警、超低水位报警、转换开关位置信号等。

4）区间排水泵（2台）：1#泵控开、1#泵控关、2#泵控开、2#泵控关、1#泵运行信号、1#泵停止信号、2#泵运行信号、2#泵停止信号、1#泵过负荷故障信号、2#泵过负荷故障信号、1#泵开泵水位、2#泵开泵水位、停泵水位、超高水位报警、超低水位报警、转换开关位置信号等。

5）区间排水泵（3台）：1#泵控开、1#泵控关、2#泵控开、2#泵控关、3#泵控开、3#泵控关、1#泵运行信号、1#泵停止信号、2#泵运行信号、2#泵停止信号、3#泵运行信号、3#泵停止信号、1#泵过负荷故障信号、2#泵过负荷故障信号、3#泵过负荷故障信号、1#泵开泵水位、2#泵开泵水位、3#泵开泵水位、停泵水位、超高水位报警、超低水位报警、转换开关位置信号等。

6）洞口雨水泵（3台）：1#泵控开、1#泵控关、2#泵控开、2#泵控关、3#泵控开、3#泵控关、1#泵运行信号、1#泵停止信号、2#泵运行信号、2#泵停止信号、3#泵运行信号、3#泵停止信号、1#泵过负荷故障信号、2#泵过负荷故障信号、3#泵过负荷故障信号、1#泵开泵水位、2#泵开泵水位、3#泵开泵水位、停泵水位、超高水位报警、超低水位报警、转换开关位置信号等。

7）罐式叠压给水设备：进出水压力、设定压力值、水泵工作状态、故障报警等。

5. 垂直电梯及自动扶梯监控对象、内容及要求

（1）监控对象　垂直电梯及自动扶梯监控对象包括车站垂直电梯、站台与站厅间自动扶梯、出入口通道自动扶梯。

（2）监控内容及要求

1）垂直电梯：垂直电梯运行/停止状态、上行状态、下行状态、电梯楼层指示、轿厢报警、常见故障码、维修状态、消防反馈等；火灾模式下，控制垂直电梯运行至疏散层。

2）自动扶梯：运行/停止状态、上行状态、下行状态、故障报警、故障码、踏板防盗（仅出入口）等。

6. 动力照明系统监控对象、内容及要求

（1）监控对象

1）智能照明系统：站厅正常照明、站台正常照明、出入口地面厅照明、出入口通道照明、标志照明、地徽照明、区间正常照明、广告照明。

2）其他照明回路：区间疏散指示。

3）测量仪表：进线回路和馈线回路。

（2）监控内容及要求

1）智能照明系统：开控制、关控制、开状态、关状态、故障报警等。

2）区间疏散指示：开控制、关控制、开状态、关状态、故障报警、转换开关位置信号等。

3）进线回路：电流、电压、有功功率、无功功率、功率因数、有功电度。

4）馈线回路：电流。

7. EPS 监控内容

监控内容包括两路进线电源状态、蓄电池浮充电压、内阻、温度、直流电压、整流器故障、充电器故障、逆变器故障等。

8. 人防门系统监控对象及内容

监控对象：区间人防门。

监控内容：人防门开关状态。

三、BAS 控制模式

环境与设备监控子系统按照线路的运行模式一般可分为正常运行模式和灾害情况下的运行模式。在正常情况下，可按照运行时间分为白天运行和夜间运行模式，按照运行季节分为过渡季节运行模式和空调季节运行模式。

1. 正常运行模式

在正常运行模式下，环境与设备监控系统主要负责对地下线路车站机电设备进行自动化监控。

1）按照温度（季节）模式对车站通风空调设备实施节能化管理，根据设置在现场的温、湿度等各类变送器的测量值，计算判断现场的环境情况，控制现场机电设备按照相对适当的末端负荷运行，有效地控制现场空调通风、送排风等设备，给乘客提供良好的乘车环境。

2）按照时间模式（早、中、晚、夜间）对车站照明进行自动监控，节能管理。

另外，还包括日常情况下对给排水系统各类水泵、水位的监视，对车站应急照明电源的监视，对垂直电梯、自动扶梯等设备的状态、故障监视；能够按照既定的时间周期，实时将现场采集的各类数据分组上传至车站级、中央级，使车站级值班人员和控制中心中央级指挥维修人员能够及时掌握现场设备的运行及各类故障情况，做出相应的处理。

2. 灾害情况下的运行模式

火灾自动报警子系统在火灾模式下，能够将火灾情况下的模式控制指令直接下发给环境

单元六　城市轨道交通给排水与环控设备监控系统

与设备监控子系统。环境与设备监控子系统能够及时响应灾害模式指令，控制现场通风空调、机电设备转入相应的灾害运行模式。紧急情况下，也可直接通过设在车站控制室的紧急手动综合后备盘（IBP）上的模式按钮完成灾害模式下的工况转换。IBP 作为车站综合监控系统的后备，具有最高操作权限。

找一找

学生分组查找车站环境与控制设备（区间隧道及车站的通风空调大系统、小系统及其空调水系统、动力照明系统、区间疏散指示、自动扶梯、垂直电梯、给排水系统、区间人防门等）的具体所在位置，做成一份调查报告并注明各设备的相应功能。

实训操作及评价

【实训操作】　消防系统的认知

实训准备：
消防系统设备实物、末端设备状态图片等。

安全注意事项：
1）维修设备时，应 1 人监护 1 人施工，严禁单独施工。
2）在设备操作维修时，注意人身安全及设备安全，谨防头部、手臂、背部等磕碰、划伤，确保设备不被损坏。

车站消火栓系统主要设备和工作原理

岗位标准：
1）掌握消防系统的组成。
2）掌握消防系统的基本功能。

操作步骤：

步骤	图示	说明
消防系统设备认知	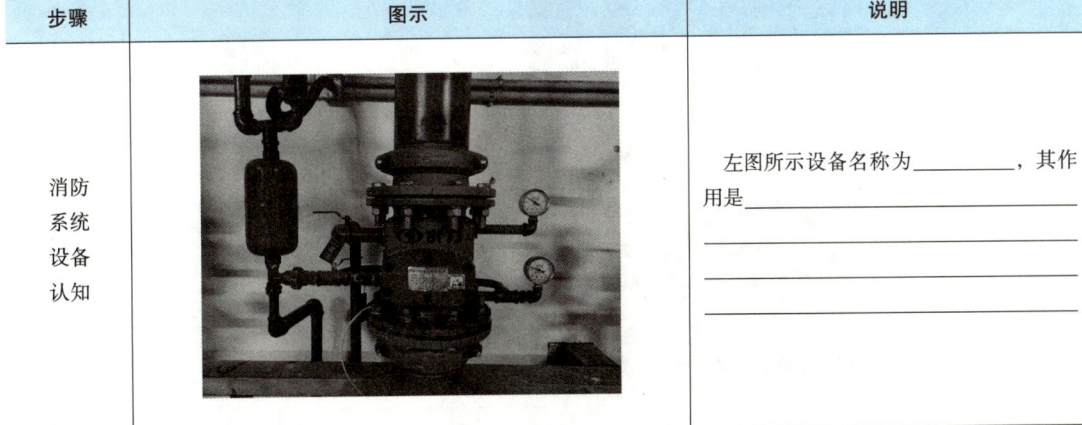	左图所示设备名称为_____，其作用是_____ _____ _____ _____

163

（续）

步骤	图示	说明
消防系统设备认知		左图所示设备的名称为_____，其作用是_____
		左图所示设备的名称为_____，其作用是_____
		左图所示设备的名称为_____，其作用是_____
		左图所示设备的名称为_____，其作用是_____

（续）

步骤	图示	说明
消防系统设备认知		左图所示设备的名称为_____，其作用是_____
		左图所示设备的名称为_____，其作用是_____
		左图所示设备的名称为_____，其作用是_____
		左图所示设备的名称为_____，其作用是_____

（续）

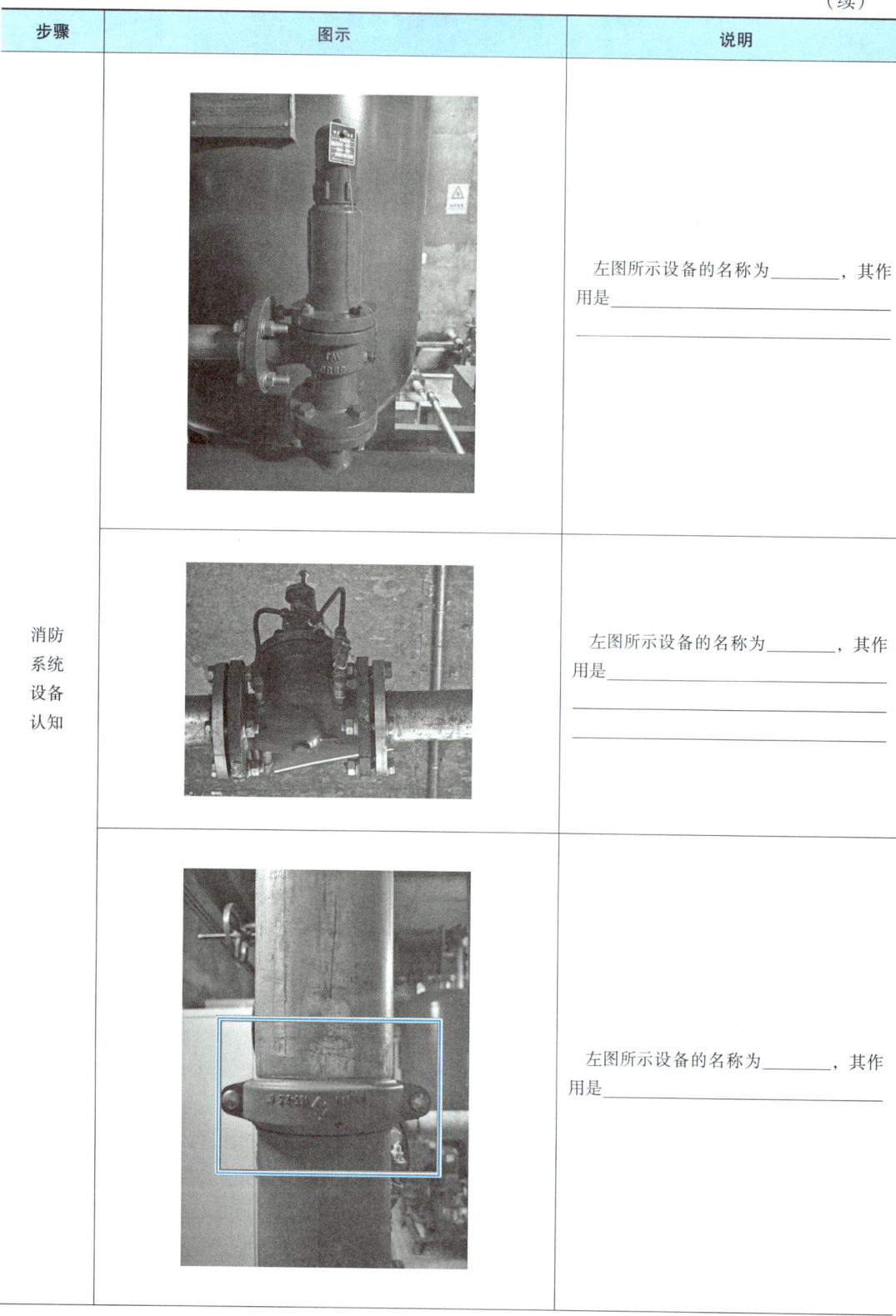

步骤	图示	说明
消防系统设备认知		左图所示设备的名称为_____，其作用是_____
		左图所示设备的名称为_____，其作用是_____
		左图所示设备的名称为_____，其作用是_____

（续）

步骤	图示	说明
消防系统设备认知		左图所示设备的名称为_____，其作用是_____
		左图所示设备的名称为_____，其作用是_____
		左图所示设备的名称为_____，其作用是_____

（续）

步骤	图示	说明
消防系统设备认知		左图所示设备的名称为_____，其作用是_____
		左图所示设备的名称为_____，其作用是_____
		左图所示设备的名称为_____，其作用是_____
		左图所示设备的名称为_____，其作用是_____

(续)

步骤	图示	说明
消防系统设备认知		左图所示设备的名称为_____，其作用是_____

【实训评价】

【课证融通考评单】消防系统的认知			日期：	
姓名：	班级：		学号：	教师签名：
自评：□熟练　□不熟练	互评：□熟练　□不熟练		师评：□合格　□不合格	
日期：	日期：		日期：	

【评分细则】

序号	评分项	得分条件	分值	自评	互评	师评
1	接受任务	明确工作任务，理解任务在企业工作中的重要程度	5			
2	实训准备	实训前掌握安全注意事项和岗位标准的程度	5			
3	能力评价	1）能根据图片识别消防系统设备	7			
		2）能根据图片描述设备的作用	8			
		3）能说出消防系统启泵流程	15			
		4）能根据设备图，完成消防系统设备命名	15			
		5）能简述消防泵启泵原因	15			
4	素养评价	1）工作计划性强，安排得当	5			
		2）团队合作能力强，善于沟通合作	5			
		3）自主学习能力强，勇于克服困难	5			
		4）严谨认真，积极参与课堂活动	5			
5	评价反馈	1）能快速、正确地识别图片中的设备	5			
		2）在任务实施过程中能发现问题、解决问题	5			
	合计		100			

单元练习

一、名词解释

1. 车站给排水系统
2. 环境与设备监控系统
3. 蝶阀
4. 闸阀
5. 水泵

二、单项选择题

1. （　　）的启闭件是塞形的阀瓣，密封面呈平面或锥面，阀瓣沿流体的中心线做直线运动。

   A. 截止阀　　　　　B. 蝶阀　　　　　C. 闸阀　　　　　D. 排气阀

2. （　　）的作用是将地下车站敞口风亭、露天洞口及出入口等雨水分别汇入附近集水坑，经废水泵提升后分别排入城市管网。

   A. 污水系统　　　　B. 废水系统　　　C. 雨水系统　　　D. 城市管网系统

3. 泵站的排水能力根据其汇水面积按城市（　　）一遇的暴雨强度计算确定。

   A. 20年　　　　　　B. 30年　　　　　C. 40年　　　　　D. 50年

4. 由于叶轮进口不可能形成绝对真空，因此（　　）吸水高度不能超过10m。

   A. 离心泵　　　　　B. 混流泵　　　　C. 旋涡泵　　　　D. 射流泵

5. （　　）BAS现场控制级由PLC冗余控制器、RI/O模块、各类通信接口模块、现场总线和各类变送器等组成。

   A. 地下车站　　　　B. 高架车站　　　C. 停车场　　　　D. 车辆段

6. 列车（　　）时，车站隧道通风系统投入运行而区间隧道通风系统停止运行。

   A. 早间运行　　　　B. 午间运行　　　C. 夜间运行　　　D. 正常运行

7. 当外界空气温度低于空调送风温度时，冷水机组停止运行，外界空气不经冷却处理直接送至空调区域，回/排风则全部排出车站。这个属于（　　）工况。

   A. 空调季节小新风　　　　　　　　　　B. 空调季节全新风
   C. 非空调季节全通风　　　　　　　　　D. 突发客流

8. （　　）作为车站综合监控系统的后备，具有最高操作权限。

   A. IBP　　　　　　 B. IBE　　　　　　C. IPP　　　　　　D. ABP

三、多项选择题

1. XBD立式单吸多级消防给水泵，主要用于工业及民用建筑固定消防系统的给水，包括（　　）。

   A. 消火栓灭火系统　　　　　　　　　　B. 自动喷水灭火系统
   C. 水喷雾灭火系统　　　　　　　　　　D. 高层建筑分区消防系统
   E. 水提取系统

2. 地铁车站给排水系统由给水系统和排水系统组成。其中给水系统包括（　　）。

A. 工业给水系统　　　　B. 生活给水系统　　　　C. 生产给水系统
D. 废水系统　　　　　　E. 消火栓给水系统

3. 地下车站排水系统主要包括（　　）。

A. 车站污水排水系统

B. 出入口及敞口风亭排雨水系统

C. 废水排水系统

D. 局部排水系统

E. 临时排水措施

4. 区间和车站隧道通风系统运行模式分为（　　）。

A. 正常运行　　　　　　B. 阻塞运行　　　　　　C. 火灾事故运行
D. 手动控制　　　　　　E. 自动控制

5. 自动扶梯监控内容包括（　　）。

A. 运行/停止状态　　　　B. 上行状态　　　　　　C. 下行状态
D. 故障报警　　　　　　E. 踏板防盗

6. 环境与设备监控子系统按照运行季节分为（　　）运行模式。

A. 灾害　　　　　　　　B. 正常　　　　　　　　C. 夜间
D. 过渡季节　　　　　　E. 空调季节

四、判断题

（　　）1. 给排水系统应满足车站对生产、生活和消防用水对水量、水质和水压的要求，不保证对车辆段排水畅通。

（　　）2. 当车站附近无城市污水排水系统时，地铁排出的生活污水无须经过处理，达到排放标准就能排放。

（　　）3. 生活用水水质应符合国家现行《生活饮用水卫生标准》的规定，生产及冷却用水水质按工艺要求确定。

（　　）4. BAS通过硬线方式，实现对相关风机轴承温度、绕组温度、电动机振动的检测。

（　　）5. 车站公共区发生火灾时，应立即停止车站空调水系统，转换车站大系统进入火灾模式。

（　　）6. 按照时间模式（早、晚、夜间）对车站照明进行自动监控，节能管理。

（　　）7. 排水泵是利用叶轮旋转而使水发生离心运动来工作的。

（　　）8. 离心泵主要由6部分构成：叶轮、泵体、泵轴、轴承、密封环、填料函。

五、问答题

1. 简述高架车站排水系统的分类与功能。

2. 简述隧道通风系统监控要求。

3. 区间消防水管发生爆裂事故时,轮值应怎么处理?

单元七

城市轨道交通通信与信号系统

单元导入

城市轨道交通通信与信号系统利用列车和轨道设备之间的通信进行交通管理和基础设施控制，集行车指挥和列车运行控制为一体，是影响列车行驶安全和行驶效率的关键系统。

课题一　城市轨道交通通信系统

【课题目标】

1）掌握城市轨道交通通信系统概念。
2）熟悉城市轨道交通通信系统内容。

通信系统

【课题内容】

一、现代通信的分类

城市轨道交通通信系统是指挥列车运行、公务联络和传递各种信息的重要手段，由传输、无线、电源、专用、公务、CCTV、广播、时钟、PIS、集中告警 10 个子系统组成，其服务涵盖了控制中心、车站、车辆段、停车场、地面路线、高架路线、地下隧道与列车。

通信系统是用以完成信息传输过程的技术系统的总称。现代通信系统中的信号传播主要借助电磁波在自由空间的传播或在导引媒介中的传输机理来实现。

1）按传输媒介的不同，通信系统可分有线通信和无线通信。

① 有线通信是指传输媒介为架空明线、电缆、光缆等的通信，其特点是媒介能看得见、摸得着。

173

② 无线通信是指传输消息的媒介为看不见、摸不着的媒介的通信，如微波通信、短波通信、移动通信、卫星通信、散射通信和激光通信等。

2) 按信道中所传信号的特征分，通信系统可分为模拟通信系统与数字通信系统。

3) 按通信设备的工作频率不同，通信系统可分为长波通信、中波通信、短波通信、微波通信等。

4) 按调制方式通信系统可分为基带传输和频带（调制）传输。

① 基带传输是将没有经过调制的信号直接传送，如音频市内电话。

② 频带传输是指信号经过调制后再送到信道中传输，接收端有相应解调措施的通信方式。

5) 按通信双方的分工及数据传输方向分类，通信方式可分为单工通信、半双工通信和全双工通信3种。

① 单工通信是指消息只能单方向进行传输的一种通信工作方式。单工通信的例子很多，如广播、遥控等。其信号（消息）只从广播发射台、遥控器分别传到收音机、遥控对象上。

② 半双工通信是指通信双方都能收发消息，但不能同时进行收和发的工作方式。对讲机、收发报机等都是这种通信方式。

③ 全双工通信是指通信双方可同时进行双向传输消息的工作方式。在这种方式下，双方都可同时进行收发消息。很明显，全双工通信的信道必须是双向信道。生活中全双工通信的例子非常多，如普通电话、手机等。

6) 按通信业务不同分，通信系统可分为话务通信和非话务通信两大类。

① 话务业务在电信领域中一直占主导地位，它属于人与人之间的通信。

② 近年来，非话务通信发展迅速，它主要包括数据传输、计算机通信、电子信箱、电报、传真、可视图文及会议电视、图像通信等；从广义的角度来看，广播、电视、雷达、导航、遥控、遥测等也列入通信的范畴，因为它们都满足通信的定义。

7) 通信可按收发信者是否运动分为移动通信和固定通信。

① 移动通信是指通信双方至少有一方在运动中进行信息交换。

② 固定通信是指通信终端设备与网络设备之间主要通过电缆或光缆等线路固定连接起来，进而实现的用户间的相互通信。

二、城市轨道交通通信系统

城市轨道交通正线、控制中心、车辆段和停车场的通信系统主要包括专用通信系统、民用通信系统和公安通信系统3部分，如图7-1所示。

城市轨道交通专用通信系统是直接为城市轨道交通运营和管理服务的，是指挥列车运行、进行运营管理、公务联络和传递各种信息的重要手段，是保证列车安全、快速、高效运行的不可缺少的综合系统。它由传输系统、无线通信系统、公务电话系统、专用电话系统、闭路电视监视系统、广播系统、时钟系统、乘客信息系统、通信电源系统等子系统组成。

（一）传输系统

1. 传输系统的概念

传输系统是一个承载语音、数据及图像的多业务光纤传输网络，它承载的业务包含无线通信、公务电话、专用（调度）电话、视频监控系统、广播、时钟、乘客信息、通信电源和信号系统、自动售检票系统、综合监控系统、办公计算机网络等提供传输信息通道。

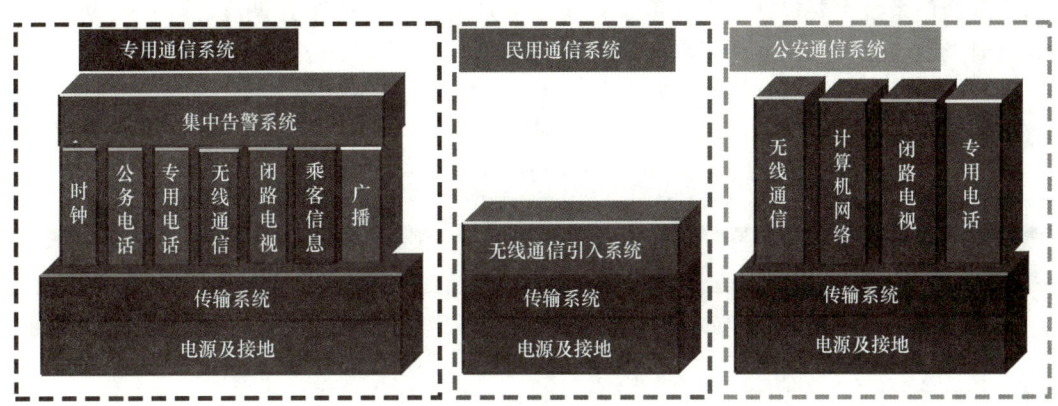

图 7-1　城市轨道交通通信系统组成

2. 光传输设备系统选用

城市轨道交通相关领域具有丰富的建设经验，并且有良好运营业绩的 OTN 产品。在控制中心、车辆段、停车场和各个车站根据接入传输业务的需求设置一个或多个主设备节点机，该节点机均是分散控制、模块化结构，其内部配置相应的接入接口模块为各系统提供传输通道。通过线路两侧的光缆构成自愈光纤环网。在控制中心配置传输子系统的网络管理设备，实现对本系统的集中管理。

3. 组网方案

为了形成 OTN 的环形自愈结构，采用将所有站点隔站通过光纤连接方式相接成一个大环，组成一个双纤自愈环，沿线占用两对光纤（图 7-2）。这两对光纤分配在不同的物理路由上。

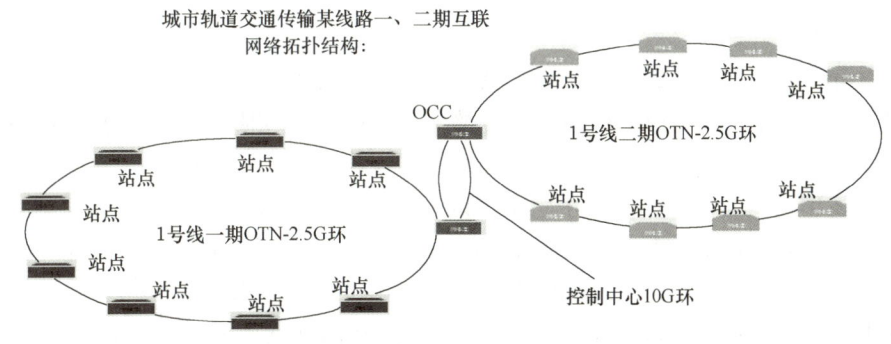

图 7-2　OTN 系统网络拓扑结构图

（二）无线通信系统

1. 系统制式

专用无线通信系统采用 800MHz 频段的 TETRA 数字集群调度系统，为城市轨道交通固定用户与移动用户之间、移动用户与移动用户之间提供可靠的通信手段，能保障行车安全、提高运营效率和管理水平、改善服务质量、应对突发事件等。

2. 调度类型和基站设置

无线通信系统主要包括 5 个调度子系统，分别为行车（列车）调度、环控（防灾）调度、维修调度、车辆段调度和停车场调度子系统。

无线通信系统采用多基站小区制方案，在沿线的车站设置集群基站，车辆段、停车场各设置集群基站，完成对全线车站、区间、车辆段和停车场的无线场强覆盖，如图 7-3 所示。

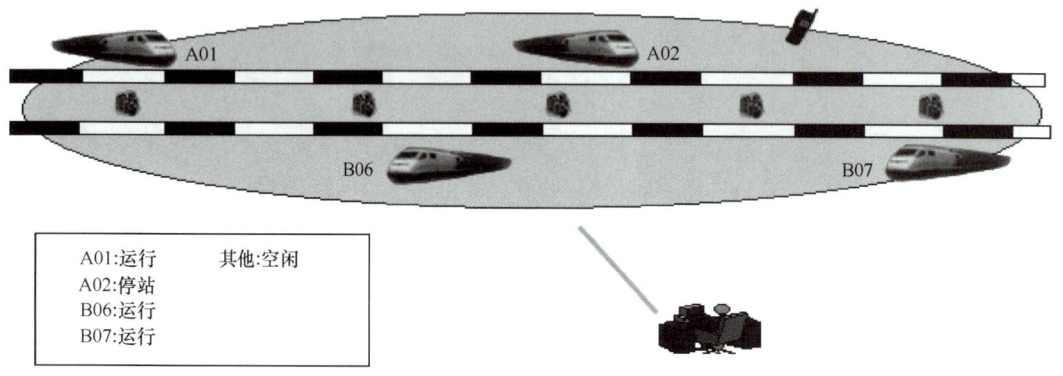

图 7-3 无线通信系统的任务示意图

3. 无线信号覆盖方式

专用无线通信系统对线路区间（包括地下隧道区间、地面区间及高架区间）的覆盖采用漏泄同轴电缆方式，上、下行线路各敷设一条漏泄同轴电缆；站台区通过贯通车站的漏泄同轴电缆进行覆盖；站厅、出入口、工作区和设备区通过室内低廊天线进行覆盖；车辆段、停车场地面区域通过定向天线的方式进行覆盖；在停车库和出入段线隧道口考虑通过安装光纤直放站远端机进行补强和信号引入覆盖；控制中心将在与之相邻的基站车站安装一套光纤直放站近端机，通过光纤传输连接安装在控制中心的光纤直放站远端机，信号放大后再进行室内天馈分布式场强覆盖。

4. 系统功能

无线通信系统具有强大的虚拟专网功能，能够满足地铁运营线路无线调度通信系统各通话组的相互独立，在各自的通话组内的通信操作互不妨碍；同时可实现设备和频率资源的共享，使其在各自的通话组内的通信及管理互不干扰。其具体分类如下。

（1）通话功能 通话功能是城市轨道交通专用无线通信的主要功能，它负责调度人员和被调度人员之间的通信联系，达到相互之间通话的目的。在城市轨道交通专用无线通信系统中有多种不同种类的用户，根据用户的性质、功能，系统可组成多个相互独立的通话组，实现固定用户与移动用户之间以及移动用户与移动用户之间的通话呼叫功能。

（2）语音呼叫功能 固定用户与移动用户之间以及移动用户之间可实现选呼、组呼、全呼和紧急呼叫等呼叫。

（3）数据业务传送功能 EADS 的 TETRA 系统可以提供丰富的数据业务，包括状态信息、短数据信息（SDS）；支持调度台与移动用户之间、移动用户与移动用户之间双向的收发中文状态信息和短数据信息（SDS）；支持数话同传，如图 7-4 所示。

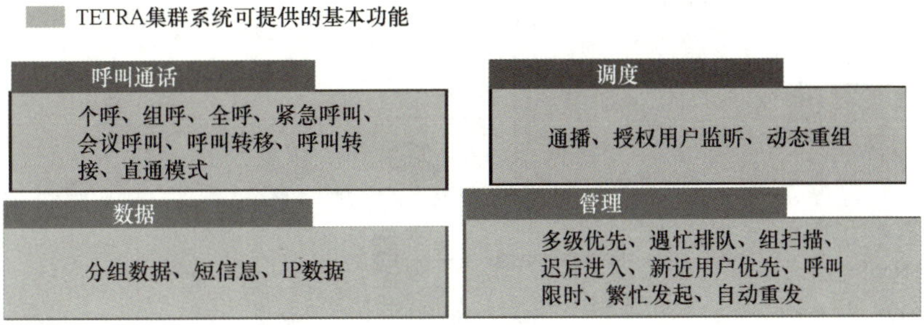

```
TETRA集群系统可提供的基本功能

  呼叫通话                          调度
  个呼、组呼、全呼、紧急呼叫、       通播、授权用户监听、动态重组
  会议呼叫、呼叫转移、呼叫转
  接、直通模式

  数据                              管理
  分组数据、短信息、IP数据          多级优先、遇忙排队、组扫描、
                                    迟后进入、新近用户优先、呼叫
                                    限时、繁忙发起、自动重发
```

图 7-4　无线集群系统基本功能示意图

（4）系统辅助功能　系统辅助功能有繁忙排队和自动回叫、多级优先权、跨区组呼、限时通话与呼叫控制等。

（5）降级模式功能　降级模式功能有单站集群模式和脱网直通模式。

（6）虚拟专网（VPN）功能　多个用户群体可以共享一个数字集群系统网络，网络中所有的系统管理功能都可以合理地分配给每一个群体，以满足每个群体的需求。系统为各用户群体提供专用调度台，组成虚拟专网。系统支持多个虚拟专网，不同的虚拟专网之间具有高度的通信保密性和独立的控制权限，不会产生干扰和失密。虚拟专网的用户管理和系统的网络管理可由不同的设备分开实现。

虚拟专网功能支持多个虚拟专网，不仅能满足一条地铁线的调度子系统，当需要与其他地铁线路共享 TETRA 网络交换机时，各条地铁线路可以作为网络的独立的 VPN，与之前的地铁线路完全互相独立，互不影响，各自在自己的子系统中进行指挥调度，并实现系统资源共享。

（7）编组功能　系统可根据具体的部门和使用划分，将相互之间需要通信的成员编成通话组内的不同通话小组，每个用户可同时编入多个通话组，通话组可按大组、中组、小组等形式编制。

（8）广播功能　中心行车调度员可选择运行中的本线列车对旅客进行广播。中心行车调度员可对运行中的全部本线列车或上行/下行列车及单列列车的旅客进行广播，车辆段调度员可对位于车辆段的全部列车或部分列车进行广播。

（9）其他功能　系统还有移动用户功能、系统管理功能、录音功能、其他功能等。

（三）公务电话系统

在城市轨道交通通信系统中，公务电话系统主要用于城市轨道交通内部各部门之间的电话联系，为运营、管理、维修等部门的工作人员提供通信联络服务；与专用无线集群系统互联，实现城市轨道交通有线与无线通信系统相结合；与本地公用电话网互联，实现城市轨道交通公务电话系统与本市用户（包括火警 119、匪警 110、救护 120 等）以及国内、国际长途通信公用电话网通话；可向城市轨道交通用户提供语音、数据、传真等通信服务业务，提供电话呼叫、电话会议及与外部通信等功能。

1. 组网

城市轨道交通公务电话系统在控制中心、车辆段、停车场和各车站各自建安装一套数字程控交换机，各车站、停车场通信系统采用标准的 2Mbit/s 数字中继并按照星型连接方式连接到车辆段交换机，构成内部专网（图 7-5）。

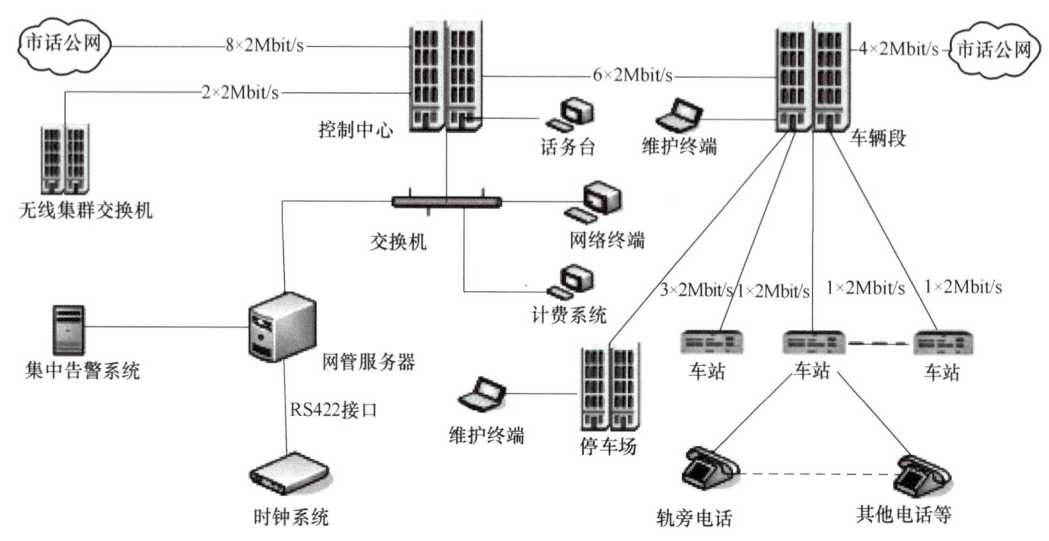

图 7-5 城市轨道交通公务电话系统图

所有车站、停车场、控制中心和车辆段的程控交换机系统形成一个语音网络；在控制中心实现对整个城市轨道交通公务电话系统的集中管理。

系统设备包括交换机、网管系统、计费系统、查号系统等。每个站点设模拟或数字电话机，轨行区间设置轨旁电话。

（1）组网方案　采用独立的城市轨道交通公务电话网。公务电话交换机和专用电话交换机独立组网运行，互不干扰。在城市轨道交通专用电话系统出现重大故障时，公务电话系统可以作为专用电话的应急通信手段。

（2）区间电话　在地下区间隧道每隔150m和区间其他专业有特殊要求地点（如道岔等处）设区间电话机，每个区间每侧的区间电话机占用一个邻近车站自动电话号码。维修人员或列车发生紧急情况时司机使用区间电话机与有关部门联系。

全线高架区间不设区间电话，由集群无线通信手持电台设备实现高架区间内的正常通话。

2. 主要功能

（1）电话交换功能　电话交换功能包括内部呼叫及出入局呼叫；对市话公众交换网的呼入、呼出，国内、国际自动呼入、呼出；将"119"（火警）、"110"（匪警）、"120"（救护）特种业务呼叫自动转移至市话局"119""110"和"120"上。

（2）计费功能　计费系统支持对出、入中继号进行计费，支持多局向计费，支持内部计费以及网间计费。能够设置按通话次数、被叫号、叫时长进行计费。

计费系统能够设置多种计费类别，如本地专网、市话、郊话、国内、国际、信息台、IP电话、移动电话和其他特殊计费类别等。

（3）主要电话功能　主要电话功能包括内部呼叫、缩位编号、热线服务、出局呼叫限制、免打扰、呼叫转移、三方通话、遇忙回叫、恶意呼叫追查、呼叫等待、会议电话呼叫、呼叫查询、用户留言、主叫号码显示、重拨、强插等。

（4）编号计划　以宁波市城市轨道交通的整体规划为例，其编号计划为全网内部采用统一的5位编号，方便用户使用以及以后各线间的公务联络。对外与市话交换网统一采用8位编号。在5位编号方案中，首位号码"0"或"9"可作为市话出局号，"1"为特服号，"2~8"或"2~9"可作为用户首位号。

（5）录音功能　公务电话系统提供音频电话接口，录音设备可在综合配线架上进行并线录音，可对控制中心调度大厅、车站控制室、车辆段/停车场信号楼和车辆段轮乘室的所需要的公务电话进行录音。

（四）专用电话系统

专用电话系统是调度员和车站、车辆段值班员指挥列车运行和下达调度命令的重要通信工具，是为列车运营、日常维修、防灾救护提供指挥手段的专用通信系统。该系统可为控制中心指挥人员，如行车调度、电力调度、环控（防灾）调度、维修调度等提供专用直达通信，并且具有单呼、组呼、全呼、紧急呼叫和录音等功能，同时可为站内各有关部门提供与车站值班员之间以及车站值班员与邻站值班员的直达通话。因此，要求该系统设备高度安全可靠，操作方便快捷。根据运营需要和业务性质，专用电话系统包括调度电话、站（含停车场/车辆段）内直通电话、站间行车电话和轨旁电话。

1. 组网

专用电话系统由设在控制中心的调度主系统和设于各车站、车辆段、停车场的调度电话分系统、调度操作台、调度分机、专用分机（含站内、站间电话及轨旁电话）等组成，如图7-6所示。

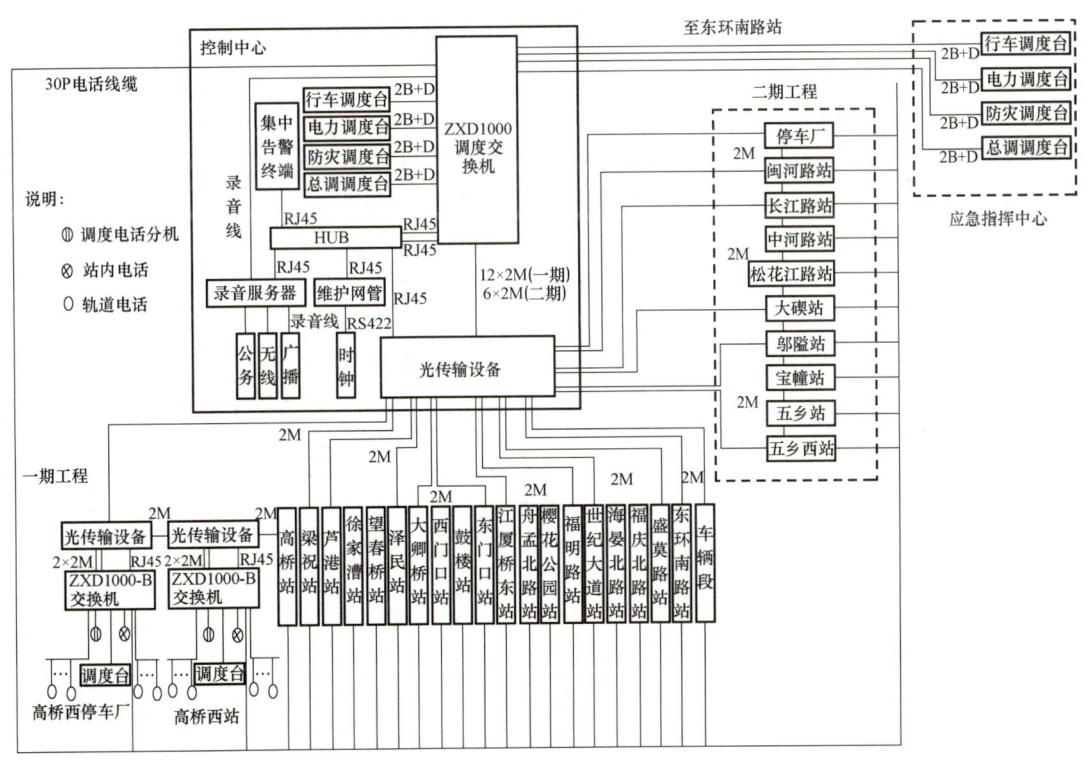

图7-6　某线路专用电话系统组网结构图

2. 数字共线环

控制中心主系统与车站、车辆段/停车场分系统之间通过 E1 数字共线环路通道组成网络，构成整个数字专用电话通信系统。为保证通道的可靠安全，专用电话系统采用环型组网方式。

3. 主要设备

（1）控制中心主系统　即专用电话系统的中枢设备，它包括中心主系统调度机、调度操作台、系统集中网管台和数字式录音放音设备等。中心主系统调度机本身的关键设备按双套热备份配置，以确保调度通信的安全可靠，如图 7-7 所示。

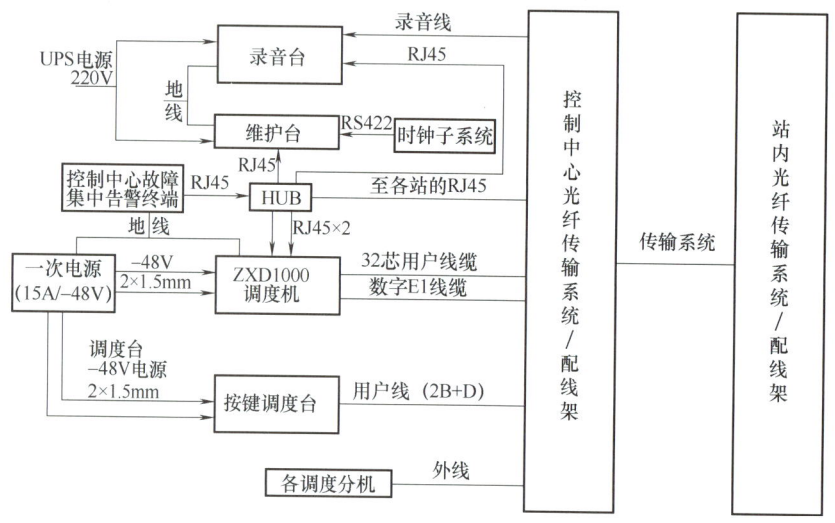

图 7-7　控制中心主系统示意图

（2）车站分系统　它是调度通信系统的关键设备，包括专用电话分系统主机（调度交换机）、按键调度台等。车站分系统通过数字环与控制中心调度专用主系统连接；相邻车站调度专用分系统通过数字通道相连；同时，相邻车站间由模拟实回线相连，作为数字通信的备用通道；车站调度专用分机与分系统设备相连，如图 7-8 所示。

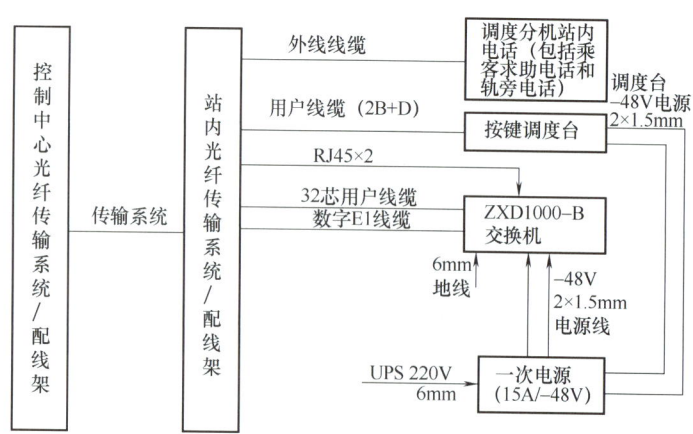

图 7-8　车站分系统示意图

（3）车站值班员配置按键调度台　车站值班员通过按键调度台能有选择地与以下用户直接通话：本站重要部门有关人员、室外（站台）工作人员。

车站值班台与站内直通电话机通过站场交换机（按虚拟机方式组合），构成一个站内直通电话（调度）系统。该直通电话系统可实现单呼、组呼、全呼、热线连接、汇接、三方通话等调度功能，一键到位，操作简单，使用方便。

若专用值班台麦克风出现无法通话故障，值班员可检查麦克风连接线插头是否松动并重新插好。若仍无法通话，可先采用手柄进行通话，并通知维修调度，维修调度通知相关的通信维修人员进行处理。

（4）站间行车电话　它提供相邻车站行车值班员间互相呼叫、通话功能。

1）站间行车电话通路有光通路和电缆通路，前者为数字通路，由相邻站交换机、控制中心交换机及其相互联网的数字中继通路（2Mbit/s）构成，后者为模拟通路，由电缆构成的环路中继通路构成。实际应用中两者可互为备用。

2）站间行车电话可多方向呼叫与通话，一般车站为两方向呼叫，个别站段可具有3~4个呼叫方向。

3）站间行车电话呼叫可单独分别设选叫键。

（5）区间（轨旁）电话　在地下区间上、下行每隔一定距离（隧道内150m）和区间其他专业有特殊要求的地点（如道岔等处）设区间电话机。区间电话通过敷设在线路两侧的区间电缆直接接入邻近车站专用电话分系统。区间电话同时具备接入专用电话系统及公务电话系统倒接条件。

（6）乘客招援电话　车站车控室外和垂直电梯厅设置乘客招援电话，话筒、听筒和机身整合为一体，可直接按键后与车控室值班员免提通话。

（7）数字录音系统　专用电话系统在控制中心设置一套双机热备数字录音系统，对包括公务电话、专用电话、无线广播在内的各重要业务部门的通话实时录音记录，以便随时重放通信实况。

录音系统由录音服务器、刻录存储设备和相关接口设备构成。数字录音服务器采用双机热备方式配置，在故障情况下可自动转换，并具有手动转换功能，如图7-9所示。

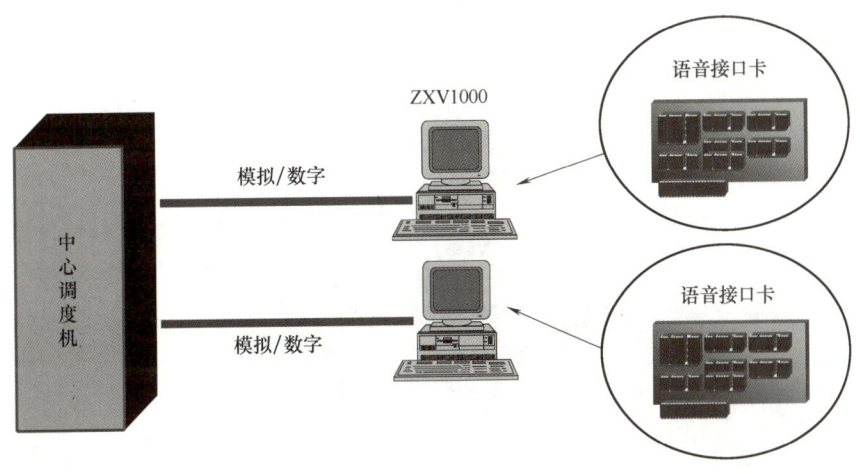

图7-9　录音系统结构图

（五）闭路电视监视系统

闭路电视（Close Circuit Television，CCTV）监视系统主要通过视频图像的显示和控制来实现对相关区域的生产、生活、关键部位的管理，是安全防范系统和生产管理系统的重要组成部分。

通过闭路电视监视系统，不仅可以对相关区域实现实时监视，掌握人员、物资、车辆的流动情况；而且可以及时排除设备故障，保证生产的正常进行，实现生产现场的无人值守；同时，还可以掌握重点监控区域的人员流动大小、流向，作为公安监管部门事前预防、事中发现、事后处置的重要手段。

1. 基本组成

闭路电视监视系统的基本组成如图 7-10 所示，主要包括前端设备（图 7-11）、传输设备（图 7-12、图 7-13）、控制设备（图 7-14、图 7-15）、记录设备（图 7-16）和显示设备（图 7-17）。

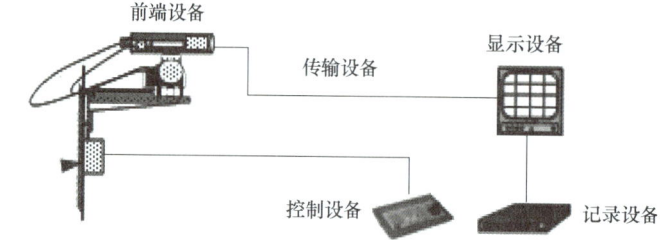

图 7-10　CCTV 监视系统的基本组成

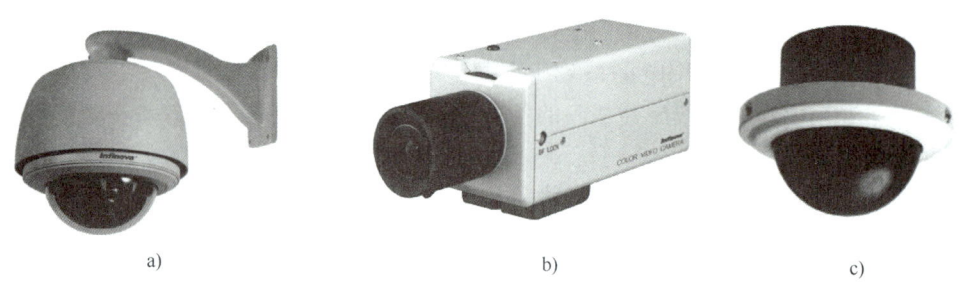

图 7-11　前端设备

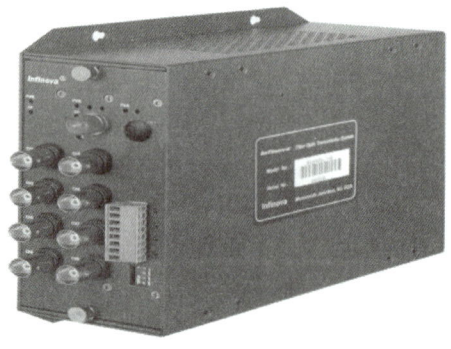

图 7-12　光端机

单元七　城市轨道交通通信与信号系统

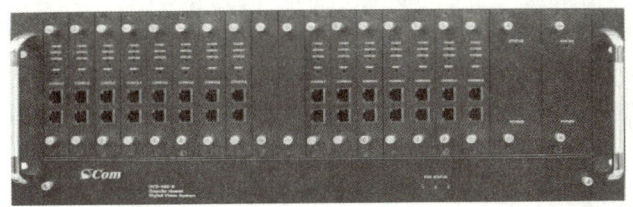

图 7-13　编/解码器

图 7-14　视频服务器

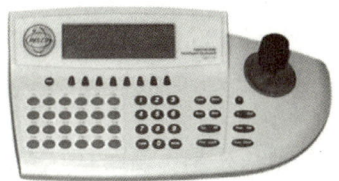

图 7-15　键盘

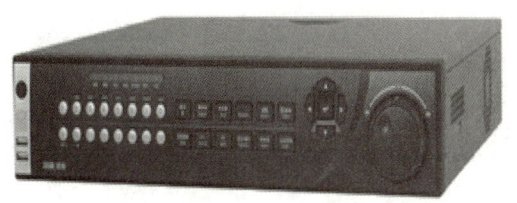

图 7-16　数字硬盘录像机（DVR）

图 7-17　显示器

2. 功能

闭路电视监视系统具有监视功能、摄像范围控制及图像选择功能、录像/回放功能、优先级设置功能、字符叠加功能、火灾联动功能、系统扩展功能、列车视频监视功能、系统网络管理功能、时钟同步功能等。

（六）广播系统

广播系统用于在正常情况下向旅客通告地铁列车运行以及安全、向导等服务信息，向工作人员发布作业通知；在灾害情况下向乘客发出通告，指挥乘客疏散。

广播系统由运营线广播、停车场/车辆段广播系统组成，其中运营线广播系统分为车站广播和列车广播。列车广播系统与车辆设计有关，由车辆专业进行系统设计，由车辆供应商提供。

列车广播系统供列车司机对列车上的乘客进行广播，同时，控制中心调度员可通过无线通信机车台对列车上的乘客进行广播。

车站广播系统主要用于对车站乘客、维修和运行人员进行广播，通知有关时间表的变更、列车的误点、安全状况、偶发事故等信息或预先录制的通告等。

车站广播系统采用车站和控制指挥中心两级控制方式，平时以车站广播为主，控制指挥中心可以插入广播，在事故抢险、组织指挥、疏导乘客安全撤离时，则以控制中心防灾广播为主。

停车场/车辆段广播系统为独立的区域广播系统,供停车场/车辆段运转值班员对车库播音区进行定向语音广播,运转值班员的播音控制台应具备对其播音区的监听功能。

当车站、停车场/车辆段库内发生火灾等灾难时,广播系统可作为消防广播使用。

1. 正线广播优先级顺序(从高到低)

1)中心防灾调度员。

2)车站防灾调度员。

3)中心行车调度员。

4)车站行车值班员。

5)站台客运值班员(无线对讲机)。

6)列车进站自动广播。

7)背景音乐。

2. 车辆段广播优先级顺序(从高到低)

1)车辆段/停车场防灾值班员。

2)停车列检库、综合检修库、信号楼值班员。

(七)时钟系统

时钟系统是城市轨道交通通信系统的一个部分,为控制中心调度员、车站值班员、各部门工作人员及乘客提供统一的标准时间信息,为其他系统的中心设备提供统一的时间信号。时钟系统的设置对保证城市轨道交通运行计时准确、提高运营服务质量起到了重要的作用。时钟系统界面如图 7-18 所示。

图 7-18 时钟系统界面

时钟系统主要由一级母钟、二级母钟、系统网管设备(维护管理终端)、子钟、传输通道、接口设备、电源分配单元组成。

一级母钟设在控制中心主机房内,沿线各车站、车辆段及停车场设置二级母钟和子钟。

(八)乘客信息系统

乘客信息系统(PIS)是通过设置在站厅、站台、出入口、列车客室的显示终端,让乘客及时准确地了解列车运营信息和公共媒体信息的多媒体综合信息系统。它是以计算机及多媒体应用为平台,以车站和车载显示终端为媒介向乘客提供信息的系统。这些信息是包括正常情况下的乘车须知、服务时间、列车到发时间、列车时刻表、管理者公告、政府公告、出行参考、股票信息、媒体新闻、赛事直播、广告等实时动态的多媒体信息,站台 PIS 显示界面如图 7-19 所示。在非正常情况下(如火灾、阻塞及恐怖袭击等),PIS 提供动态紧急疏散提示,如图 7-20 所示。车载设备通过接收无线传输的信息经处理后,实时地在列车车厢 LCD 显示屏上进行音视频播放,使乘客通过正确的服务信息引导,安全、便捷地乘坐城市轨道交通。

1. 系统功能

1)显示列车服务信息。

2)时钟显示的功能。

单元七　城市轨道交通通信与信号系统

图7-19　站台PIS显示界面

图7-20　预示报警显示示意图

3）实时信息的显示功能。

4）广告播出功能。

5）预置报警功能。

6）即时编辑功能。

7）查询和检索功能。

8）集中网管维护功能。

2. PIS 组网方案

PIS 采用控制中心和车站二级组网结构，由控制中心子系统、车站子系统、车载子系统（含车地无线通信）、广告制作子系统及网络子系统组成。

（1）中心-车站 PIS 组网方案　利用通信传输网提供的光纤及 PIS 交换机，组成 PIS 数据传输的有线网络，PIS 只需在 OCC 和车站、车辆段、停车场设置交换机等网络设备。车站显示系统功能示意图如图 7-21 所示。

（2）车-地通信 PIS 组网方案　采用无线局域网络（Wireless Local Area Networks，WLAN）技术进行无线系统组网，在区间设置无线接入点（Access Point，AP）及天线，在列车上设置天线和车载设备。无线 AP 用于无线网络的无线交换机，也是无线网络的核心。

（九）通信电源系统

通信电源设备主要为控制指挥中心、车站、停车场及车辆段通信设备提供高质量、高可靠的电源供应，保证在主电源中断或发生超限波动的情况下，通信设备在规定的时间内仍能正常工作，等待主电源恢复正常。常见电源电压波动干扰示意图如图 7-22 所示。

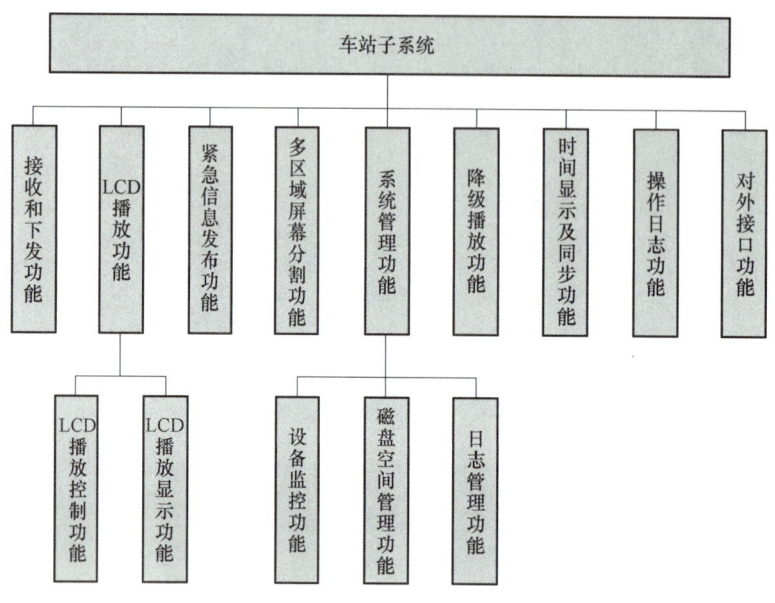

图 7-21　车站显示系统功能示意图

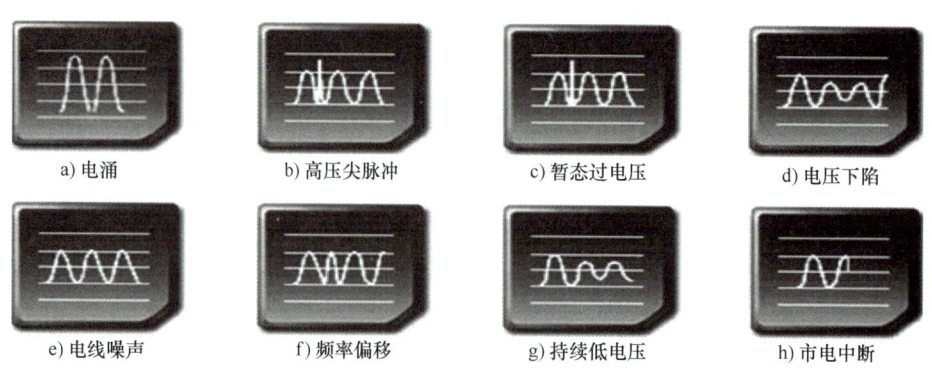

图 7-22　常见电源电压波动干扰示意图

通过 UPS 给通信等系统提供频率为 50Hz、电压为 AC220V/AC380V、波形为正弦波的高质量电源,确保通信系统可靠、安全运行,延长设备的使用寿命。

课题二　城市轨道交通信号系统

【课题目标】

1) 掌握城市轨道交通信号系统的概念。
2) 熟悉城市轨道交通信号系统的知识。

信号系统

单元七 城市轨道交通通信与信号系统

【课题内容】

一、信号系统介绍

（一）信号系统概述

城市轨道交通信号系统通常由列车运行自动控制（ATC）系统和车辆段信号控制系统两大部分组成，用于列车联锁、进路控制、列车间隔控制、调度指挥、信息管理、设备工况监测及维护管理等方面，由此构成一个高效综合自动化系统。

城市轨道交通信号系统是保证列车运行安全，实现行车指挥和列车运行现代化，提高运输效率的关键系统。城市轨道交通信号系统一般由正线信号系统及车辆段/停车场信号系统组成。正线信号系统主要由列车自动防护（ATP）子系统、列车自动驾驶（ATO）子系统、列车自动监控（ATS）子系统、计算机联锁（CBI）子系统等组成，并配置数据通信子系统（DCS）、远程维修诊断系统（MSS）、培训中心设备和试车线设备等共同构成完整的正线信号系统。

车辆段/停车场信号系统主要由计算机联锁系统、微机监测系统及轨道占用检测设备构成。

（二）信号系统构成

1. 正线信号系统（图7-23）

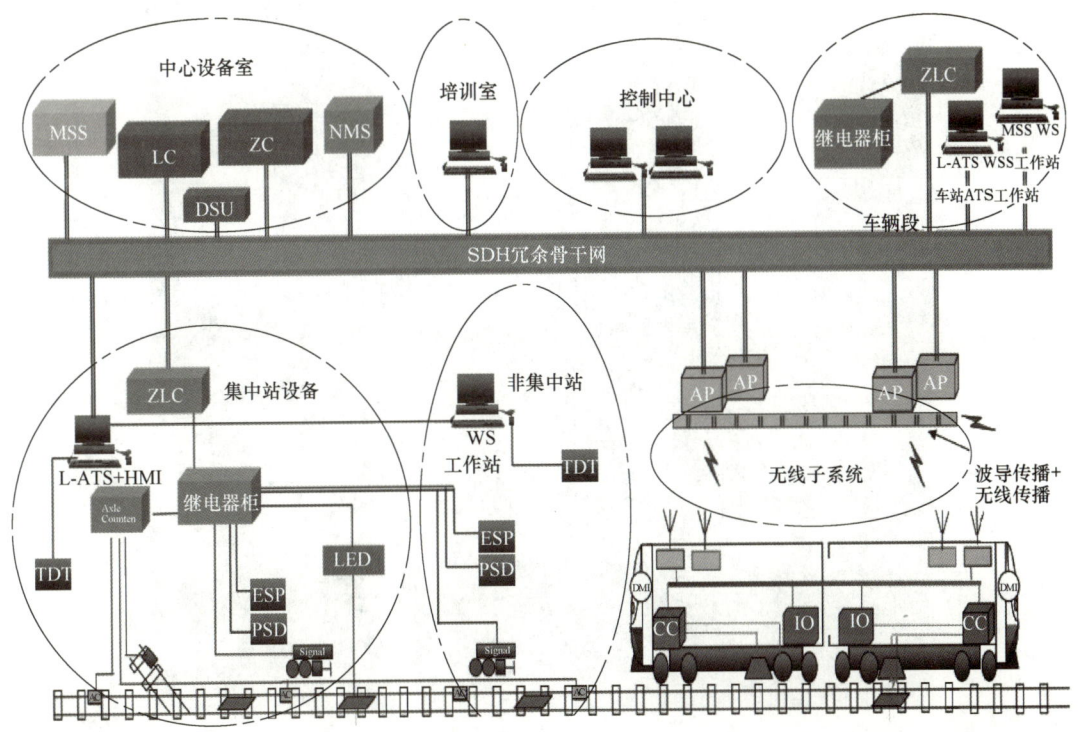

图7-23 正线信号系统配置示意图

187

（1）控制中心设备　控制中心主要有 ATS 的中央设备，包括服务器、调度员及调度长工作站、时刻表编辑工作站、ATS 培训设备、打印机、网络设备及其他计算机外围设备。

控制中心调度大厅（图 7-24）设置 2 台双屏调度工作站（图 7-25）、1 台双屏调度长工作站、2 台网络 A3 彩色激光打印机（1 台用于事件报警打印，1 台用于数据报表打印）。

图 7-24　控制中心调度大厅

图 7-25　调度工作站

控制中心信号设备室设置 ATS 服务器（图 7-26），主要由应用服务器、数据库服务器、通信前置机、电源设备和网络设备组成。

图 7-26　ATS 服务器

控制中心运行图编辑室设置 1 台运行图编辑工作站和 1 台彩色激光打印机。

控制中心培训室设置 1 台 ATS 培训服务器、1 台 ATS 培训模拟器、1 台 ATS 培训员工作站和 1 台 ATS 培训打印机等。

(2) 车站设备

1) 车站联锁设备集中控制区划分。正线采用分布式联锁控制方式，整个正线车站分设备集中站和非设备集中站。设备集中站一般设在有道岔的车站，非设备集中站一般为无道岔的车站。

全线车站划分为若干个联锁设备集中控制区进行控制。在其中的设备集中站设置联锁计算机，对本站及管辖区内的非设备集中站设备进行控制。为了有效控制故障范围，减少运营维护工作，联锁设备集中控制区的划分主要根据线路的车站配线情况来考虑，同时综合考虑工程分期建设、地面高架站线路范围、防淹门、联络线、出入段/场线、折返站特殊控制要求以及 ATC 系统的控制容量和控制范围。

2) 车站设备设置。在设备集中站设备室内主要设置联锁机柜（图 7-27）、ATP/ATO 机柜（图 7-28）、SDH 设备、ATS 分机（图 7-29）、交换机、现地工作站、计轴机柜（图 7-30）、分线架（带防雷）、继电器架（柜）、电源屏、UPS 及蓄电池等。

在非设备集中站将主要设置车站监视工作站、电源屏（图 7-31）、分线架（带防雷，图 7-32）、UPS 及电池（图 7-33）等。

在全线所有车站控制室内设置综合后备控制盘（图 7-34），其由综合监控系统统一设置。

在各车站站台层列车运行正方向设置发车指示器（图 7-35）。

无人自动折返车站的列车运行正方向站台端部设置自动折返按钮。

在各车站每侧站台设置 2 个紧急停车按钮（图 7-36）。

图 7-27　联锁机柜

图 7-28　ATP/ATO 机柜

图 7-29　ATS 分机

图 7-30　计轴机柜

图 7-31　电源屏

图 7-32　分线架（带防雷）

图 7-33　电池

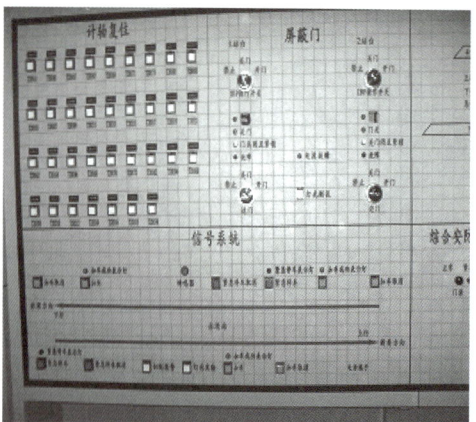

图 7-34　综合后备控制盘

单元七　城市轨道交通通信与信号系统

图 7-35　发车指示器

图 7-36　紧急停车按钮

（3）轨旁设备

1）在轨旁设置轨旁无线设备（TRE）箱（图 7-37）和波导管（图 7-38），用于实现车-地双向通信。

图 7-37　TRE 箱

图 7-38　波导管

2）正线轨道设置 60kg/m 的 9 号单开曲尖轨道岔，信号系统配置三相交流电动转辙机（图 7-39），采用两点牵引。正线采用 S700K 型交流电动转辙机。

3）正线区间线路、车站正线和道岔区段设置计轴设备（图 7-40）作为轨道区段占用/空闲的检测设备。

图 7-39　三相交流电动转辙机

图 7-40　计轴设备

4) 全线信号机（图 7-41）原则上设置在行车线路的右侧。在道岔区段、每一车站的发车端、联络线、需要防护的特殊位置处设置信号机进行防护，另外在长区间为满足后备模式下的通过能力需要设置必要的区间信号机进行区段分割。

正常基于通信的列车自动控制系统（CBTC）运营模式下，地面信号机灭灯，正线区段 CBTC 列车以车载设备显示作为行车凭证；非 CBTC 列车及地面 ATP 故障情况下，降级运行的列车按地面信号机的指示人工驾驶运行。

5) 全线设置欧式信标（图 7-42）实现列车定位功能，并设置与信号机相结合的有源信标等设备来构成点式后备系统。

图 7-41　信号机

图 7-42　欧式信标

（4）车载设备　所有运营列车均装备车载 ATC 设备。车载 ATC 设备包括车载控制器（CC，图 7-43）、车载信号显示屏（DMI，图 7-44）、信标天线（图 7-45）、编码里程计（图 7-46）。每列车首尾各设置一套 CC，互为热备。每套 CC 的安全机制基于反应故障-安全（单编码动态处理）结合组合故障-安全（3 取 2）原理，符合欧洲铁路标准 EN 50129。

图 7-43　车载控制器

单元七　城市轨道交通通信与信号系统

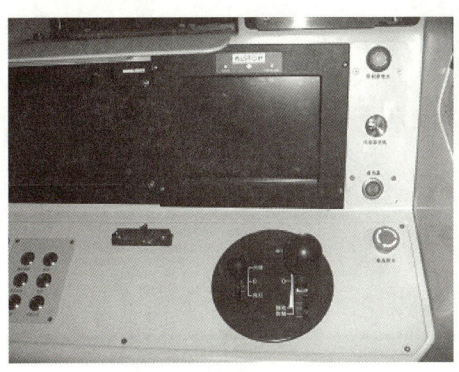 

图 7-44　车载信号显示屏

图 7-45　信标天线　　　　　　　　　　图 7-46　编码里程计

（5）车辆段配置的正线设备

1）在试车线装备与正线相同的 ATP/ATO 室内设备、轨旁设备及相应的试验设备。

2）车辆段设置信号培训中心，根据正线区段 ATP/ATO 子系统、计算机联锁设备选型，本着经济、实用的原则，设置 ATP/ATO、计算机联锁室内、外模拟、培训设备。培训设备的配置原则应反映一个联锁区内的所有室内外设备。

3）车辆段设置维修中心，设置远程维修诊断子系统设备（MSS），主要包括维修服务器、维修终端等设备。

4）在车辆基地/停车场控制中心（DCC）室各设置 1 台控制室 ATS 工作站和派班室 ATS 工作站。

2. 车辆段/停车场信号系统

车辆段室内、外安装以下设备：计算机联锁设备、微机监测设备、电源设备（包括电源屏、UPS 及电池）、组合柜、继电器、防雷柜、分线架、计轴设备、直流电动转辙机、信号机、各类电缆、设备箱盒。

（三）城市轨道交通行车信号

行车信号是用特定物体（包括灯）的颜色、形状、位置，或用仪表和音响设备等向行车人员传达的有关机车车辆运行条件、行车设备状态、行车的指示和命令等信息。它是列车

193

运行及调车作业的命令，有关人员必须严格执行。

行车信号按感官方式划分可分为视觉信号和听觉信号，例如信号机（图7-47）、线路标志（图7-48）和鸣笛声（表7-1）；按安装方式划分可分为固定信号、手信号（图7-49）和移动信号。移动停车信号牌如图7-50所示。

图7-47　信号机

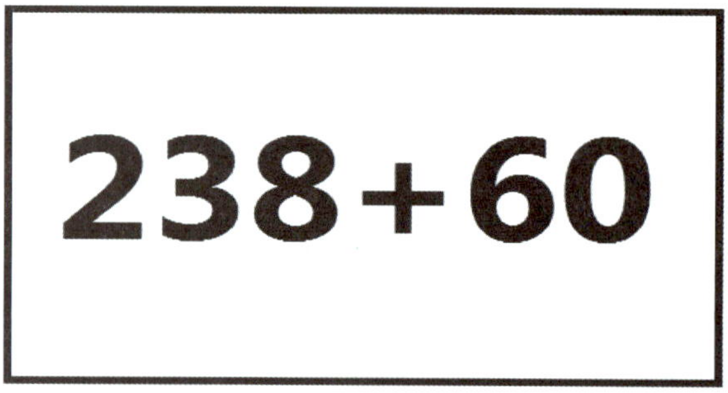

图7-48　线路标志-百米标

表7-1　鸣笛鸣示方式

序号	名称	鸣示方式	序号	名称	鸣示方式
1	起动注意信号	1长声	4	警报信号	1长3短声
2	退行信号	2长声	5	紧急停车信号	连续短声
3	召集信号	3长声	6	呼唤信号	2短1长声

图7-49　手信号-停车信号

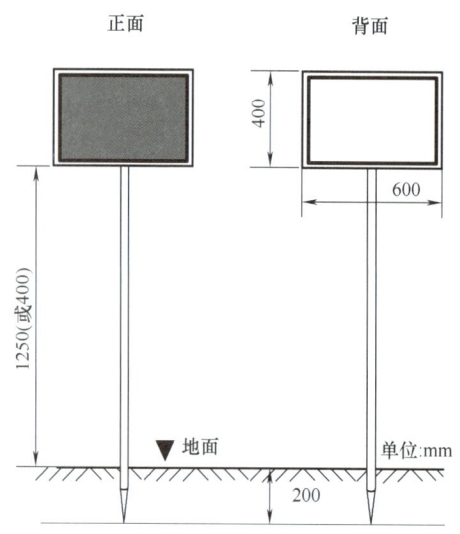

图7-50　移动停车信号牌

(四)信号机的分类

信号机是铁路及城市轨道交通的轨旁基础设备。以地面信号为主体信号的铁路信号系统,司机必须按照信号机的显示运行。城市轨道交通信号机按安装位置分为正线信号机和车辆段(车厂)信号机。

(1)正线信号机 城市轨道交通有的车站设有道岔,有的车站仅有两条正线,因此应根据各站设备具体情况设置信号机。在正线常用的信号机包括以下几种。

1)防护信号机 在正线道岔岔前和岔后适当地点设置有防护信号机(图7-51)。防护信号机采用三显示机构,自上而下灯位为黄(或月白)、绿、红。

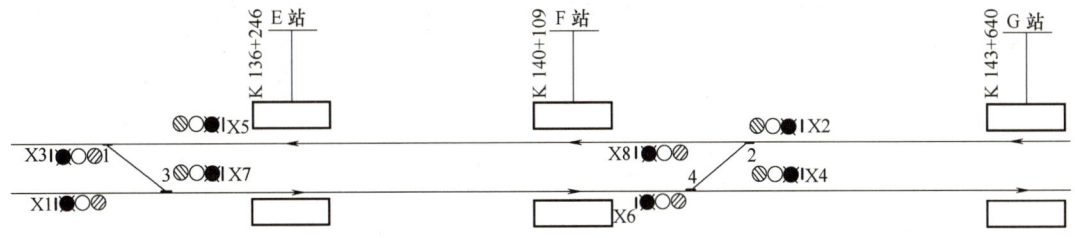

图 7-51 防护信号机

2)阻挡信号机。在线路尽头处设置有阻挡信号机,表示列车停车位置。阻挡信号机采用单显示机构,只有 1 个红灯。当阻挡信号机显示红灯时,列车应在距信号机至少 10m 的安全距离前停下。当车站设置有阻挡信号机时,与防护信号机共同顺序编号,例如图 7-52 中 A 站的 X9、X11。

3)通过信号机。采用 ATC 系统的城市轨道交通,自动闭塞区间的通过信号机已经失去主体信号的作用,因此一般在区间不设置通过信号机。为便于司机在 ATP 设备发生故障时控制列车运行,可以根据需要设置通过信号机。通过信号机(图 7-53)采用三显示机构,自上而下灯位为黄、绿、红。

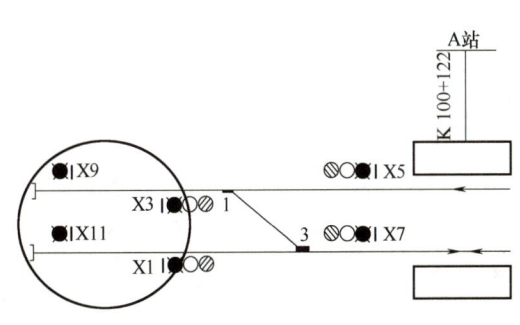

图 7-52 防护信号机局部图

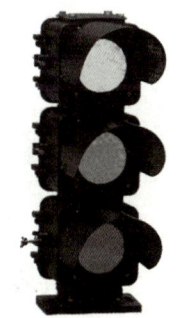

图 7-53 通过信号机

4)进、出站信号机。车站可根据需要设置进、出站信号机,或仅设置出站信号机。进站信号机设置在车站入口外适当距离,用于防护车站内作业安全。出站信号机设置在车站出口,即列车由车站向区间发车处前方,指示列车能否由车站进入区间。

(2)车辆段(车厂)信号机

1)进段(厂)信号机。车辆段(车厂)入口转换轨外设置进段(厂)信号机,如

图 7-54 中的 SJ1、SJ2。进段（厂）信号机显示及灯光配列可与防护信号机相同，也可采用双机构。

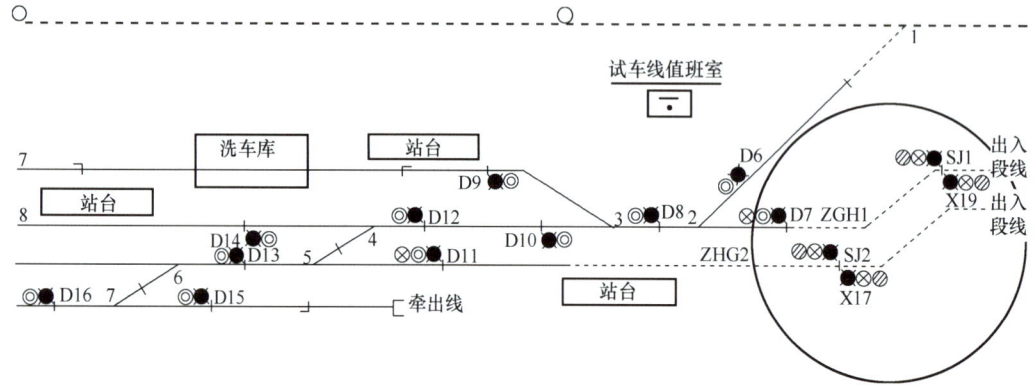

图 7-54　进段信号机

2）出段（厂）信号机。车辆段（车厂）出口处设置出段（厂）信号机，例如图 7-55 中的 SC1、SC2，其显示及灯光配列可与防护信号机相同。

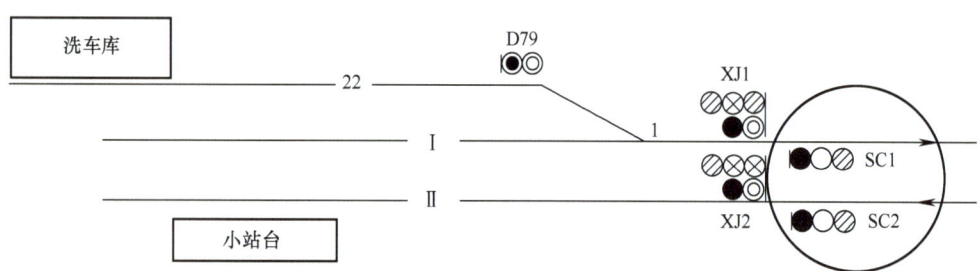

图 7-55　出段信号机

3）调车信号机。车辆段（车厂）内其他地点可根据需要设置调车信号机，例如图 7-56 中的 D7、D11。

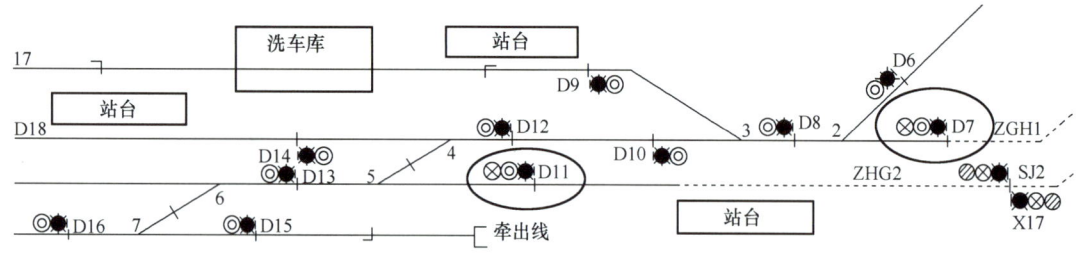

图 7-56　调车信号机

（五）信号机的显示和含义

（1）正线地面信号机显示

1）绿色灯光：允许信号，表示道岔已锁闭，进路中所有道岔开通直向。

2）黄色灯光：允许信号，表示道岔已锁闭，进路中至少有 1 组道岔开通侧股。

3)红色灯光:禁止信号,不允许列车越过信号机。

4)红色灯光和黄色灯光:引导信号,准许列车以不大于25km/h的速度越过引导信号,并随时准备停车。

5)灭灯:对于非CBTC列车为禁止信号,不允许列车通过。

6)其他显示:禁止信号,不允许列车通过。

(2)车场信号机显示

1)进场兼调车信号机。

① 红色灯光:禁止信号,不允许列车越过信号机。

② 黄色灯光:准许列车按规定速度进段。

③ 白色灯光:为调车信号,准许按规定的速度越过该信号机调车。

④ 黄色灯光和红色灯光:为引导信号,准许列车一度停车后以不超过25km/h的速度进段,并随时准备停车。

2)出库兼调车信号机。

① 红色灯光:禁止信号,不允许列车越过信号机。

② 黄色灯光:准许列车按规定速度出库或通过。

③ 白色灯光:为调车信号,准许按规定的速度越过该信号机调车。

3)调车信号机。

① 白色灯光:为调车信号,准许按规定的速度越过该信号机调车。

② 蓝色灯光:禁止越过该信号机调车,但对列车不起阻拦作用。

4)总出发信号机。

① 红色灯光:禁止信号,不允许列车越过信号机。

② 白色灯光:为调车信号,准许按规定的速度越过该信号机调车。

③ 黄色灯光:允许出段,前方进路上的道岔开通侧向。

5)库内调车信号机。

① 白色灯光:准许越过该信号机调车。

② 红色灯光:禁止信号,不允许列车越过信号机。

(六)信号系统功能

1. 正线信号系统

(1)ATP子系统 ATP子系统是信号系统中涉及行车安全的重要系统,符合故障-安全的原则,能够保证列车的安全运营。ATP子系统具有列车定位、列车位移与速度测量、超速防护与防护点防护、临时限速管理、停稳监督、车门监督及释放、紧急制动激活、站台门门管理、紧急停车按钮状态监督、防淹门状态监督、列车完整性监督等功能,并具有自检和自动诊断能力。

通过裂缝波导实现地-车通信,车载ATP设备向轨旁ATP设备发送位置报告、列车速度、列车驾驶模式等信息,轨旁ATP设备向车载ATP设备发送必要的限制速度、移动授权点、进路状况等信息,以供车载ATP设备确定列车运行的最大安全速度,提供列车间隔保护及速度防护,在列车超速时提供紧急制动或常用制动加紧急制动,确保列车的安全运行。

ATP子系统为故障-安全系统,其不会因设备或组件故障而出现不安全情况,除了非限制人工驾驶模式外,ATP子系统能保证列车安全地运行,不会超越允许运行的安全速度。

（2）ATO 子系统　ATO 子系统是自动控制列车运行的设备。它在 ATP 的保护下，根据 ATS 的指令实现列车的自动驾驶，能够自动完成对列车的启动、牵引、巡航、惰行和制动的控制，确保达到列车运行的设计间隔及运行速度。

ATO 子系统具有自动驾驶、车站站台精确停车控制、车门控制等主要功能，在满足列车运行自动调整、减轻司机的劳动强度、提高列车正点率、保证运营指标的实现、提高旅客乘坐的舒适度等要求上都起着非常重要的作用。

（3）ATS 子系统　ATS 子系统的主要功能包括显示线路状态、进路操作、临时限速管理、列车描述、列车运行监控、列车运行调整、时刻表/运行图编辑和管理、列车运用计划及管理、数据回放管理等。

在 ATP 子系统与 ATO 子系统的支持下，实现对列车运行及所控制的道岔、信号等设备运行状态的监督和控制，给行车调度人员显示全线列车的运行状态，监督和记录运行图的执行情况，在列车因故偏离运行图时及时做出调整，辅助行车调度人员完成对全线列车运行的管理。

（4）CBI 子系统　计算机联锁子系统是底层的列车防护系统，能够响应来自 ATS 子系统的命令，在满足安全的前提下，控制进路、道岔和信号机，并将进路、道岔和信号机的状态信息提供给 ATS 和 ATP/ATO。按正确的联锁关系、运行计划及列车位置自动设定、锁闭、解锁列车进路，对列车进路、敌对进路、超限区段进行防护。联锁系统具备完善的自诊断功能，并具有与远程诊断系统接口的功能。联锁设备符合故障-安全的原则。

（5）DCS 子系统　DCS 子系统包括有线网络和无线网络，用于传输大流量信号数据和其他外部信息，为信号系统各设备（如车载 ATP 设备与轨旁 ATP 设备间，即车-地间）提供信息交互所需的可靠冗余传输通道。

（6）MSS 子系统　MSS 子系统可执行信号设备状态收集、报警分类、显示，状态数据的存储、回放、统计和分析，维护管理，外部接口管理等功能。

（7）培训中心设备　培训中心设备配置与正线 ATC 系统基本一致，能实现正线 ATC 系统的功能培训。该培训中心的作用包括培训信号维修人员在日常和紧急情况下操作系统、熟悉及掌握 ATP/ATO 系统（包含车载系统、车地通信设备）及联锁系统的功能、发现并处理故障。同时，培训中心考核维修人员的工作水平，供参观人员了解系统的组成及功能，也对培训列车司机有一定作用。

（8）试车线设备　试车线设备可进行对列车在 CBTC 和点式 ATP/ATO 控制模式下的动态测试。

2. 车辆段/停车场信号系统

（1）计算机联锁系统　车辆段/停车场计算机联锁系统可实现车辆段/停车场内的进路建立、进路锁闭、进路解锁、信号机控制、道岔控制等基本联锁功能。计算机联锁系统通过继电接口采集照查条件与正线联锁设备接口，为排列出、入车辆段的进路相互提供条件。计算机联锁系统与正线 ATS 设备接口，向正线 ATS 子系统提供车辆段/停车场信号机状态信息、道岔信息、轨道区段状态及进路状态信息。联锁设备符合故障-安全的原则。车辆段/停车场与正线关系相对独立，一般采用独立的国产计算机联锁系统。

（2）微机监测系统　微机监测系统的主要功能是对计算机联锁设备、计轴设备、转辙机、信号机、电源设备的工作状态进行监测，实现站场的实时跟踪和运行回放，记录对进路的办理与响应时间，以及对故障按钮、加封按钮、计轴复位按钮的使用等。

微机监测系统在任何条件下均不影响联锁系统的功能。

（3）轨道占用检测设备　车辆段/停车场采用计轴设备实现轨道占用检测功能。计轴设备通过对轨旁计轴检测点所在轨道区段的列车轮轴进行计数，能够可靠地检测该轨道区段的占用和出清。

二、信号系统控制方式

列车运行采用两级控制机制，即控制中心实行集中控制和车站现地控制。在正常情况下，控制中心 ATS 自动控制全线列车运行。在控制中心 ATS 发生故障后，系统可降级为控制中心人工集中控制。在控制中心集中控制失灵时，可下放为车站控制。车站控制分为车站级自动控制和车站级人工控制。

1. 控制中心调度指挥模式

控制中心调度大厅设主任调度长工作站 1 台、行车调度员工作站 2 台。主任调度长工作站供主任调度员用作调度管理，宏观了解和掌握全线列车的运行情况，监视信号设备的运行，并不对行车进行控制。行车调度员工作站用于监视、控制线路和列车运行，并监控信号系统设备的运行。2 台行车调度工作站可通过设置操作权限控制全线或部分区域。

正常情况下列车的运行处于中央自动监控状态。联锁系统根据 ATS 指令自动设置进路，列车在 ATP 的安全保护下，按照 ATS 指令由 ATO 实现列车的自动驾驶，并实现列车运行的自动调整，调度员和司机仅监督列车及设备的运转，当运行秩序被打乱而不能自动处理或遇到其他特殊情况时，可进行人工介入。

2. 车站调度指挥模式

车站联锁设备与 ATS 结合，实现车站和中央两级控制的转换。在中央 ATS 故障或经车站值班员申请，中央行调人员授权后，车站 ATS、联锁系统可改由车站现地控制。

3. 车辆段/停车场作业控制方式

（1）段场内作业　列车在车辆段/停车场内的作业按照地面信号机的显示行车，其作业均为车辆段/停车场作业模式。列车的最大运行速度为 25km/h，车载 ATP 设备仅对列车的最大运行速度（25km/h）进行监督，不会根据地面信号机的显示，调整其运行停车点，也不监督列车的运行方向。

（2）列车进段场作业　在 CBTC 或 BM 模式下，在列车进入车辆段/停车场前，列车以 ATPM 或 ATO 模式运行，移动授权终点为转换轨 ATC 控制区边界。当速度降到 RM 模式允许最大速度以下时，提示司机可切换至 RM 模式运行，列车可以不停车进入车辆段/停车场。

（3）列车出段场作业　在列车出库前，车载设备上电自检，自检通过后，列车以 RM 模式从车辆段/停车场运行至转换轨，列车在转换轨进行初始化定位。

列车在接收到 ZC 下发的移动授权后，可以不停车由 RM 模式自动转换至 CBTC 模式下的 ATPM 模式运行；若未收到 ZC 下发的移动授权，列车经过 BM 模式初始化信标后，可以不停车由 RM 模式自动转换到点式模式下的 ATPM 模式运行。

（4）试车线作业　当需要对列车进行动态试验时，经试车线控制室请求，信号楼在对试车线完成必要的联锁控制后，将其控制权交由试车线控制室。通过试车线控制工作站，能对车载信号系统进行各种速度等级的 ATP 功能、ATO 自动驾驶、ATO 精确停车、自动折返、车门监控/站台门模拟监控、车-地通信、驾驶模式间转换及临时限速等功能的测试。试车完毕后，信号楼控制室重新收回对试车线的控制权。

(一) 列车驾驶模式

信号系统在 CBTC 系统级别下，双方向提供 ATP、ATO 功能。列车在正线、折返线、出入段线上按正方向运行及折返作业时，均以自动驾驶（ATO）模式为常用模式；当 ATO 设备故障或因某种原因需要时，可改为 ATP 监督下的人工驾驶模式。上述两种模式均为正常驾驶模式，而限制人工驾驶模式和非限制人工驾驶模式为非正常的驾驶模式。

1. 正线上的列车驾驶模式

（1）非限制人工驾驶模式（OFF） 司机用 ATC 切除选择开关切除 ATC。此旁路开关阻断了 ATC 紧急制动输出以及其他阻止列车运行的输出。列车完全由人工驾驶，车载设备不控制列车运行，司机根据调度命令和地面信号的显示驾驶列车。列车运行的安全由联锁设备、调度人员、司机共同保证。

非限制人工驾驶模式（OFF）的应用条件为当 CC 设备不可用时，列车立即实施紧急制动。列车完全停止后，司机在得到调度员的授权后切除车载 ATC，以 OFF 模式驾驶列车运行。

（2）限制向前人工驾驶模式（RMF） 该模式下列车以不超过 25km/h 的速度运行，列车的监控、运行、制动及开关车门由司机操作，车载设备对列车速度进行 25km/h 的超速防护，以及对列车完整性、车门状态、列车倒溜等进行监督。

限制向前人工驾驶模式（RMF）的应用条件如下：

1）在正常运营模式下仅用于列车进行定位前、初始化后或列车在车辆基地/停车场运行。

2）对于降级模式，当列车故障时，可以此驾驶模式将其撤出正线运营；或当列车因故障停车后，以此驾驶模式行驶至下一站。

（3）限制向后人工驾驶模式（RMR） 该模式下列车允许以低于 5km/h 的速度反向运行最多 10m。当退行达到 10m 或退行速度超过 5km/h 时，ATP 会触发紧急制动，须由车辆缓解紧急制动。

限制向后人工驾驶模式（RMR）的应用条件为 RMR 模式可在列车错过精确停车位置若干米（不超过最大可退行距离）后，后退以纠正列车停车位置（经调度员授权）。

（4）ATP 监督下的人工驾驶模式（ATPM） 列车的监控、运行、制动及开关车门和地下站站台门（高架站站台门）在车载 ATP 设备监督下由司机操作。ATP 子系统保证列车的运行安全，司机根据 DMI 及 DTI 显示的辅助驾驶信息，人工驾驶列车，ATP 对列车的运行进行完全的自动防护；所有必要的驾驶信息将在车载信号显示器上显示。

ATP 人工驾驶模式（ATPM）的应用条件如下：

1）在 CBTC 运营模式下应用 ATPM 驾驶模式时，需要 DCS、ZC、LC、CBI 和 CC 全部可用。

2）在 BM 运营模式下应用 ATPM 驾驶模式时，需要 DCS 有线网络、CBI 和 CC 可用，启用此驾驶模式前，车载 ATP 必须完成自检。

3）在需要司机人工控制列车运行或 ATO 模式故障时，使用该模式。

（5）列车自动驾驶模式（ATO） 本模式是在司机监视下的自动驾驶模式，在线列车的启动、加速、巡航、惰行、制动、精确停车均由 ATO 子系统根据 ATS 指令自动控制（CBTC

单元七 城市轨道交通通信与信号系统

模式下),除发车需要司机确认外,不需司机操作,列车的车门和地下站站台门(高架站站台门)控制,可自动控制也可手动控制。此模式下门控制允许以下几种方式:自动开门,自动关门;自动开门,人工关门;人工开门,人工关门。

列车自动驾驶模式(ATO)的应用条件如下:

1)ATO 根据 ATS 的命令自动平滑调整列车运行(CBTC 模式下),ATO 驾驶模式提供最佳的舒适性和调整功能。

2)CBTC 模式下,当 DCS、ZC、LC、CBI 和 CC 都正常运行时,列车可以 ATO 驾驶模式在正线任何 ZC 控制区域内运行。

3)BM 模式下,当 DCS 有线网络、CBI 和 CC 及 CC 与车辆牵引制动的接口正常运行时,ATO 模式有效,司机可以 ATO 模式驾驶。

2. 列车的折返模式

运行交路折返车站的所有折返轨均具有无人自动折返功能。非运行交路的有岔车站的停车线以及渡线都可进行特殊情况下的临时折返,均应考虑列车的各种折返作业。

列车折返方式分为站前折返和站后折返 2 种。列车站前折返和站后折返时,其自动换端过程中保持对车辆的监控。CBTC 模式下,换向后的可用模式维持不变。

列车站后折返方式分为 ATO 驾驶模式无人自动折返、ATO 驾驶模式有人自动折返、ATP 监督下的人工折返模式、限制人工折返模式、非限制人工折返模式。

3. 车辆段内的列车驾驶模式

列车在车辆段内以限制人工驾驶模式(正常模式)和非限制人工驾驶模式(非正常模式)运作,按照地面信号显示运行并不能超过最高 25km/h 的限速。

4. 驾驶模式之间的转换

驾驶模式间的转换符合安全、高效、操作简单的原则,确保驾驶模式转换时列车运行的安全。在 ATC 控制区内转换为限制人工驾驶模式的过程中,车载信号设备具有相应的安全保证措施。

各驾驶模式之间可采用人工转换,在某种情况下也可自动转换,具体见表 7-2。

表 7-2 驾驶模式转换

原驾驶模式	转换后驾驶模式			
	ATO 自动驾驶模式	ATP 监督下的人工驾驶模式	限制人工驾驶模式	非限制人工驾驶模式
ATO 自动驾驶模式		无论列车处于运行或停车状态,司机都可使列车立刻处于该模式	正线需停车后人工转换;在出入段/场线转换轨,当速度低于 25km/h 时可不停车转换	司机确认列车停车后,使用 ATC 切除开关切除 ATC
ATP 监督下的人工驾驶模式	列车处于运行(满足一定条件下)或停车状态,司机均可使列车处于该模式		正线需停车后人工转换;在出入段/场线转换轨,当速度低于 25km/h 时可不停车转换	司机确认列车停车后,使用 ATC 切除开关切除 ATC

(续)

原驾驶模式	转换后驾驶模式			
	ATO 自动驾驶模式	ATP 监督下的人工驾驶模式	限制人工驾驶模式	非限制人工驾驶模式
限制人工驾驶模式		列车获得定位并接收到正确的移动授权后，自动转换为该模式		司机确认列车停车后，使用 ATC 切除开关切除 ATC
非限制人工驾驶模式			车载 ATP 设备可用时，列车停车后，司机将 ATC 切除开关恢复至 ATC 正常位	

上述驾驶模式除运用于 CBTC 连续控制级外，还应可运用于点式后备控制级。

（二）运营模式

1. CBTC 运营模式

正常运营在 CBTC 模式下进行，即列车可通过无线通信连续地更新线路变量信息。
CBTC 模式下，下列驾驶模式可用：

1）RMF 或 RMR 模式。
2）ATPM 模式。
3）ATO 模式。

2. BM 运营模式

降级运营通常在 BM 模式下进行，即列车通过有源信标以点式方式来更新线路变量信息。当 CBI 和 CC 正常运行时，该模式可用。

点式防护模式下，下列驾驶模式可用。

1）RMF 或 RMR 模式。
2）ATPM 模式。
3）ATO 模式。

3. 联锁控制级运营模式

在此模式下，联锁将通过控制信号机和道岔来确保列车的行车安全以及行车间隔。当 CBI 正常运行时，该模式可用。

联锁控制级运营模式下，仅 RM 驾驶模式可用。

实训操作及评价

【实训操作】 广播系统的认知
实训准备：
广播设备实物、末端设备状态图片、线路等。

单元七　城市轨道交通通信与信号系统

安全注意事项：

1）进行登高作业时，必须持证作业，双人监管，严禁单人施工。

2）广播控制盒、网络话筒盒上的话筒不应用力弯曲，避免因内部线缆损坏造成话筒失灵。

3）严禁通过直接切断电源的方式来关闭控制设备，避免造成设备软件崩溃和数据文件损坏。

4）完成设备重启后，应确认设备运行正常，软件各项进程已启动。

5）设备板卡严禁带电插拔电路板和连接线，涉及板卡接口插拔或板卡更换的，操作前必须佩戴防静电手环，并确认手环可靠接地。

6）做好安全防护，注意裸漏电线，做好验电操作。

岗位标准：

1）掌握广播系统结构及设备组成。

2）掌握广播设备的基本功能。

3）持有低压电工证，若需登高需持有登高作业证。

操作步骤：

步骤	图示	说明
认知广播系统	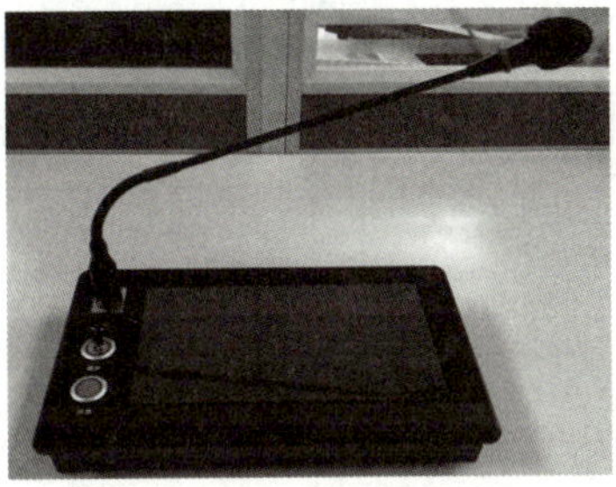	左图所示设备的名称为_____，其作用是_____
	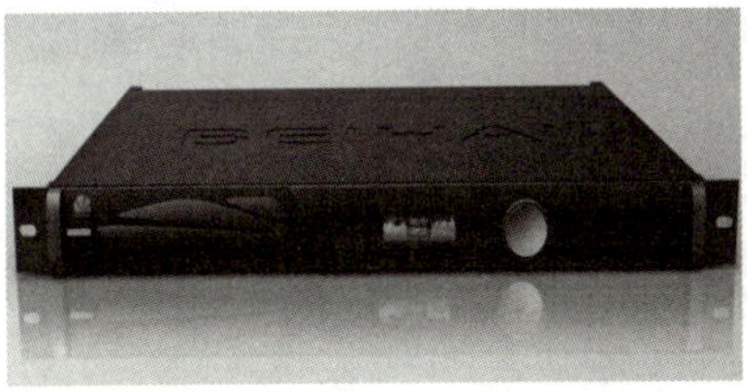	左图所示设备的名称为_____，其作用是_____
	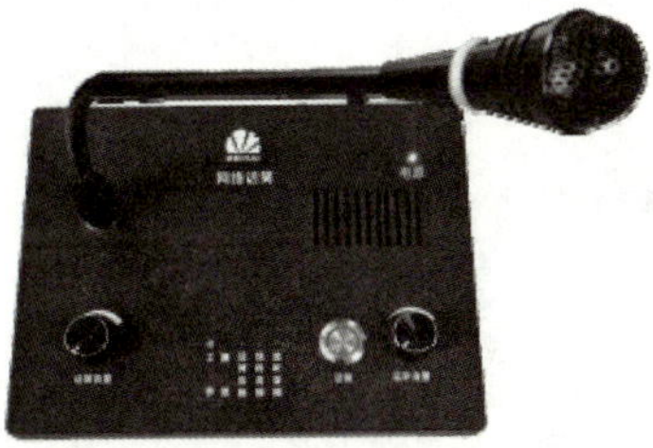	左图所示设备的名称为_____，其作用是_____

203

（续）

步骤	图示	说明
认知广播系统		左图所示设备的名称为_____，其作用是_____
		左图所示设备的名称为_____，其作用是_____
		左图所示设备的名称为_____，其作用是_____
	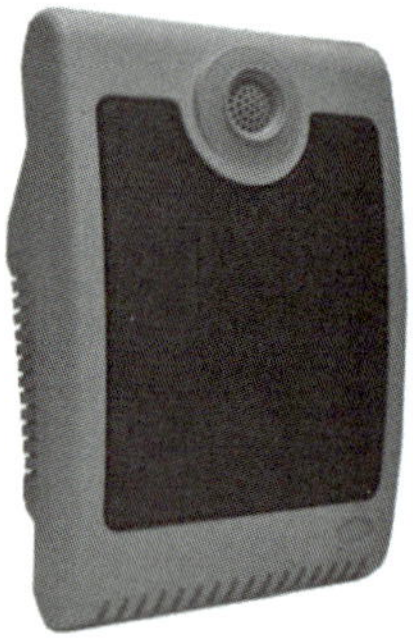	左图所示设备的名称为_____，其作用是_____
		左图所示设备的名称为_____，其作用是_____

单元七 城市轨道交通通信与信号系统

【实训评价】

【课证融通考评单】广播系统的认知		日期:	
姓名: 自评: □熟练 □不熟练 日期:	班级: 互评: □熟练 □不熟练 日期:	学号: 师评: □合格 □不合格 日期:	教师签名:
【评分细则】						

序号	评分项	得分条件	分值	自评	互评	师评
1	接受任务	明确工作任务,理解任务在企业工作中的重要程度	5			
2	实训准备	实训前掌握安全注意事项和岗位标准的程度	5			
3	能力评价	1)能根据图片识别广播系统设备	7			
		2)能根据图片描述设备的状态	8			
		3)能说出广播系统的功能和作用	15			
		4)能根据线路图,完成广播系统设备命名	15			
		5)能结合广播系统设备,简单画出广播系统原理图	15			
4	素养评价	1)工作计划性强,安排得当	5			
		2)团队合作能力强,善于沟通合作	5			
		3)自主学习能力强,勇于克服困难	5			
		4)严谨认真,积极参与课堂活动	5			
5	评价反馈	1)能快速、正确地识别图片中的设备	5			
		2)在任务实施过程中能发现问题、解决问题	5			
	合计		100			

单元练习

一、名词解释

1. 通信系统
2. 单工通信
3. 乘客信息系统
4. 转辙机
5. 列车自动防护(ATP)子系统
6. 计算机联锁(CBI)系统

二、单项选择题

1.(　　)是指传输媒介为架空明线、电缆、光缆等的通信。

A. 有线通信　　　　B. 无线通信　　　　C. 模拟通信　　　　D. 数字通信

2. (　　) 能利用安装在各车站的固定台与其管辖范围内的列车司机进行相互呼叫通话。
   A. 站务员　　　　　　B. 客运值班员　　　　C. 行车值班员　　　　D. 保安员
3. 具有全集成化、高可靠性、高防护等级是 (　　) 的特点。
   A. 固定电话　　　　　B. 普通电话　　　　　C. 手执电话　　　　　D. 区间电话
4. 专用值班台麦克风无法通话可能是车站 (　　) 故障。
   A. 无线固定台　　　　　　　　　　　　　　B. 专用调度值班台
   C. 播音控制盒　　　　　　　　　　　　　　D. 监视器
5. 通过 (　　) 不仅可以对相关区域实现实时监视,掌握人员、物资、车辆的流动情况;而且可以及时排除设备故障,保证生产的正常进行,实现生产现场的无人值守。
   A. 闭路电视监控系统　　　　　　　　　　　B. 公务电话系统
   C. 广播系统　　　　　　　　　　　　　　　D. 乘客信息系统
6. (　　) 是以计算机及多媒体应用为平台,以车站和车载显示终端为媒介向乘客提供信息的系统。
   A. 时钟系统　　　　　　　　　　　　　　　B. 通信系统
   C. 乘客信息系统　　　　　　　　　　　　　D. 专用通信系统
7. 时钟系统 (　　) 设在控制中心主机房。
   A. 一级母钟　　　　　B. 二级母钟　　　　　C. 子钟　　　　　　　D. 传输通道
8. 城市轨道交通专用无线通信的主要功能是 (　　)。
   A. 语音呼叫功能　　　　　　　　　　　　　B. 通话功能
   C. 数据业务传送功能　　　　　　　　　　　D. 系统辅助功能
9. (　　) 是行车有关人员手拿信号旗者直接用手臂显示的信号,用来表达相关的含义,指示列车或者车辆的允许和禁止条件。
   A. 手信号　　　　　　B. 视觉信号　　　　　C. 听觉信号　　　　　D. 移动信号
10. (　　) 信号表示前方道岔已锁闭,并开通直向位置,准许列车按规定速度运行。
    A. 红色　　　　　　　B. 黄色　　　　　　　C. 绿色　　　　　　　D. 红黄色
11. (　　) 能保证机车、车辆在站内或基地内的转线、编组作业能够安全高效地进行。
    A. 调车信号机　　　　　　　　　　　　　　B. 进站信号机
    C. 防护信号机　　　　　　　　　　　　　　D. 引导信号机
12. (　　) 是设在两条线路汇合处,为了防止停留在一线的车辆与邻线上的车辆发生侧面冲撞而设在两汇合线路之间间隔4m的中间标志。
    A. 百米标　　　　　　B. 公里标　　　　　　C. 警冲标　　　　　　D. 站界标
13. (　　) 采用三相交流电源或单相交流电源,由三相异步电动机或单相异步电动机作为动力。
    A. 直流转辙机　　　　　　　　　　　　　　B. 交流转辙机
    C. 内锁闭转辙机　　　　　　　　　　　　　D. 外锁闭转辙机
14. ATP 系统的主要功能是实现 (　　)。
    A. 列车自动控制　　　　　　　　　　　　　B. 列车自动防护

C. 列车自动监控　　　　　　　　　D. 列车自动运行

三、多项选择题

1. 按通信双方的分工及数据传输方向分类，通信方式可分为（　　）。
   A. 单工通信　　　B. 半双工通信　　　C. 全双工通信
   D. 有线通信　　　E. 无线通信

2. 固定台的主要功能包括（　　）。
   A. 向调度台发送呼叫请求　　　B. 紧急直呼
   C. 呼叫站区内列车　　　　　　D. 呼叫站务人员
   E. 接发预定义的短信息

3. 根据运营需要和业务性质，专用电话系统包括（　　）。
   A. 调度电话　　　　　B. 站内直通电话
   C. 站间行车电话　　　D. 轨旁电话
   E. 车辆段直通电话

4. 车站广播系统主要用于对车站乘客、维修和运行人员进行广播，通知（　　）等信息或广播预先录制的通告。
   A. 有关时间表的变更　　B. 列车的误点　　C. 安全状况
   D. 偶发事故　　　　　　E. 监听

5. PIS 采用控制中心和车站二级组网结构，由（　　）组成。
   A. 控制中心子系统　　B. 车站子系统　　　C. 车载子系统
   D. 广告制作子系统　　E. 网络子系统

6. 正线信号系统主要由（　　）组成。
   A. ATP　　　　　　　B. ATO　　　　　　C. ATS
   D. ATE　　　　　　　E. CBI

7. 列车运行采用两级控制机制，即控制中心实行（　　）。
   A. 人工控制　　　　　B. 集中控制　　　　C. 自动控制
   D. 车站现地控制　　　E. 中央自动控制

8. 地铁运行中的行车有关标志分为（　　）。
   A. 线路标志　　　　　B. 行车标志　　　　C. 通信标志
   D. 车场标志　　　　　E. 信号标志

9. 点式防护模式下可用的驾驶模式有（　　）。
   A. RMF 模式　　　　　B. RMR 模式　　　　C. ATP 模式
   D. ATPM 模式　　　　E. ATO 模式

10. 列车站后折返方式分为（　　）。
    A. ATO 驾驶模式无人自动折返　　　B. ATO 驾驶模式有人自动折返
    C. ATP 监督下的人工折返模式　　　D. 限制人工折返模式
    E. 非限制人工折返模式

四、判断题

（　　）1. 无线通信是指传输消息的媒介为看不见、摸不着的媒介的通信。

（　　）2. 值班员监视器无监控图像时，车站值班员可将话筒与控制盒连接处重新装好。

（　　）3. 中心行车调度员可对位于车辆段的全部或部分列车进行广播。

（　　）4. 全线高架区间不设区间电话，由集群无线通信手持电台设备实现高架区间内的正常通话。

（　　）5. 时钟系统的设置对保证城市轨道交通运行计时准确、提高运营服务质量起到了重要的作用。

（　　）6. 信号机的显示方式和表达的含义必须统一并且符合规定的要求。

（　　）7. 引导信号机设置在线路尽头，不准车辆越过该信号机的防护线路终端。

（　　）8. 曲线半径越小弯度越缓和，曲线半径越大弯度越紧促。

（　　）9. 运行列车必须在接触网终止标的内方停车，不得越过或者相碰，一旦越过或者相碰将构成行车事故。

（　　）10. 全线信号机原则上设置在行车线路的左侧。

（　　）11. ATO 具有自动驾驶、车站站台精确停车控制、车门控制等主要功能。

（　　）12. 试车完毕后，信号楼控制室重新收回对试车线的控制权。

（　　）13. 正常运营在 CBTC 模式下进行，即列车可通过无线通信连续地更新线路变量信息。

五、问答题

1. 简述现代通信系统的分类。

2. 专用值班台麦克风无法通话故障怎么处理？

3. 简述公务电话系统的主要功能。

4. 简述乘客信息系统（PIS）的功能。

5. 简述信号的基本分类。

6. 信号机的基本种类有哪些?

7. 不同颜色信号分别表示什么意思?

8. 简述城市轨道交通信号系统正常情况下的运营模式。

参考文献

［1］姜家吉. 城市轨道交通车站设备［M］. 北京：中央广播电视大学出版社，2010.

［2］上海申通地铁集团有限公司轨道交通培训中心. 城市轨道交通概论［M］. 北京：中国铁道出版社，2009.

［3］上海申通地铁集团有限公司轨道交通培训中心. 城市轨道交通车站机电设备［M］. 2版. 北京：中国铁道出版社，2023.

［4］上海申通地铁集团有限公司轨道交通培训中心. 城市轨道交通设备调度［M］. 北京：中国铁道出版社，2012.

［5］上海申通地铁集团有限公司轨道交通培训中心. 城市轨道交通车站消防系统［M］. 北京：中国铁道出版社，2012.

［6］上海申通地铁集团有限公司轨道交通培训中心. 城市轨道交通通信技术［M］. 北京：中国铁道出版社，2012.

［7］上海申通地铁集团有限公司轨道交通培训中心. 城市轨道交通信号技术［M］. 2版. 北京：中国铁道出版社，2023.

［8］广州市地下铁道总公司. 机电设备检修工：电梯检修［M］. 北京：中国劳动社会保障出版社，2010.

［9］广州市地下铁道总公司. 机电设备检修工：车站设备监控系统检修［M］. 北京：中国劳动社会保障出版社，2012.

［10］广州市地下铁道总公司. 机电设备检修工：环控系统检修［M］. 北京：中国劳动社会保障出版社，2011.

［11］广州市地下铁道总公司. 机电设备检修工：给排水系统检修［M］. 北京：中国劳动社会保障出版社，2010.

［12］广州市地下铁道总公司. 机电设备检修工：消防自控系统检修［M］. 北京：中国劳动社会保障出版社，2012.